별의별 삶의 온도

일러두기

1. 각 파트의 글은 저자명 순으로 수록했다.
2. '성남시 1인가구 힐링 스페이스'는 특별한 경우가 아니면 힐링스페이스로
   줄여서 표기했다.

별의별
삶의 온도

내 속도로 살고 있는 당당한 1인가구들의 이야기

가 온 권태원
김인철 김한준
김현주 남홍선
박래진 이보영
전윤주 최윤정
황재영 지음

도서
출판 니어북스

'어진사람 인(人)'처럼 뚜벅뚜벅 걸어가는
우리 모두의 이야기

성남시장 신상진

성남시 1인가구 열한 분의 이야기가 모여 『별의별 삶의 온도』라는 따뜻한 책으로 피어났습니다. 한 편 한 편에 담긴 저자 여러분의 노력과 용기에 진심 어린 박수를 보냅니다.

저 역시 젊은 시절 한동안 1인가구로 살았고, 최근에는 아내가 입원했을 때 장년기 1인가구의 삶을 직접 경험했습니다. 식사 준비나 빨래, 청소 등 모든 것이 서툴렀지만, 그 시간은 나름의 의미와 깨달음을 준 소중한 시간이었습니다. 우리 딸도 지금 서울에서 1인가구로 지내고 있습니다. 그래서인지 이 책의 이야기가 더욱 가깝게 다가왔습니다.

책 속에는 참으로 다양한 1인가구의 일상이 펼쳐집니다. 여행, 집 구하기, 경제적 독립, 운동, 건강, 취미 생활, 식사 등 일상의 장면들은 물론, 혼자 살아가며 마주하는 불안과 외로움도 솔직하게 드러냅니다. 부모·형제와 '한 지붕 네 가구'로 살아가는 이야기는 미소를 짓게 하고, 중년의 나이에 '나'를 찾아 떠나는 여정은 깊은 울림을 줍니다. 커피 한 잔으로 진심과 감사를 전하는 따뜻한 순간들도 '생활의 지혜'로 다가옵니다.

  각양각색의 삶과 마음이 담긴 이야기를 읽으며, 저는 '평안히 앉아 있는 모습'과 '걸어가는 모습'을 함께 상징한다는 사람 인(人)의 고문자, '어진사람 인(儿)'을 떠올렸습니다. 현재의 자신을 조용히 돌아보고, 또 미래를 향해 한 걸음씩 나아가는 저자들의 고백이 바로 그 모습과 닮아 있습니다.

  1인가구의 다채로운 삶이 어우러져 전해주는 공감과 감동, 그리고 따뜻한 온기가 이 책에 고스란히 담겨 있습니다. 『별의별 삶의 온도』가 많은 독자들에게 닿아, 누구에게나 열려 있는 1인가구의 가능성을 비추는 '삶의 나침반'이 되기를 진심으로 바랍니다.

나의 온도를 느끼며 살아가는 삶

차 심리상담센터장 김지연
(차 의과학대학교 상담심리학 교수)

1인가구로 살아간다는 것은, 진정한 나를 만나는 '여행'일지도 모릅니다. 누군가의 부재를 견디고 버티는 것이 아니라, 나와 오롯이 함께하는 시간을 배워 가는 것.

우리는 '혼자'라는 단어와 외로움을 연결짓곤 하지만, 사실은 자유로움과 깊은 사유의 시간도 포함되어 있습니다. 이 책은 그 조용한 순간들 속에 깃든 삶의 색채와 온도를 세심하게 기록하고 있습니다.

이 책의 글들은 꾸밈이 없고 진실합니다. 1인가구로 살아가는 작가들이 담백한 언어로 표현한 각자의 일상은, 성찰과 사유의 시간으로 가득차 있습니다.

이들의 일상을 상담심리학자의 시선으로 바라보면서 '균형의 미학'이란 표현이 떠올랐습니다. 우리는 혼자일 때 타인의 기대에서 벗어나 자신만의 리듬을 회복합니다. 비로소 내가 원하는 가치를 향해 나아가기 시작합니다. 동시에 사람은 사회적 존재이기에, 필연적으로 다시 타인과의 연결을 향한 열망을 품게 됩니다. '혼자'와 '함께' 사이의 섬세한 균형을 조율하는 것, 그 '균형의 미학'이 아름답게 그려지는 공간이 바로 1인가구의 삶이 아닐까 합니다. 그 삶에는 자율과 관계가 공존하며, 자신과 타인을 동시에 존중하는 성숙한 삶의 가능성이 담겨 있습니다.

이 책이 1인가구로 살아가는 많은 분들께 따뜻한 위로와 공감으로, '나다운 삶'의 의미를 찾아가는 모든 분들께 조용한 울림으로 다가갈 수 있기를 바랍니다.

1인가구 11명의
행복한 오디세이

'결국 나 혼자 살 줄 알았다. 혼자 밥을 먹고, 혼자 영화를 보고, 혼자 잠이 든다. 우물쭈물하는 사이 연애도 못하고, 결혼도 놓치고, 그저 나이만 실컷 먹었다.' 어디선가 많이 들어본 듯한 말이다. 영국의 유명한 희곡 작가 버나드 쇼의 묘비명 '우물쭈물 하다가 내 이렇게 될 줄 알았지.'를 연상시키는 이 말에는 혼자 사는 이들의 자조 섞인 외로움과 유쾌함이 담겨 있다.

혼자 사는 사람들이 점점 늘고 있다. 1인가구 형태도 다양하다. 성인이 된 후 가족을 벗어나서 처음부터 1인가구인 경우도 있고 단란한 가정을 이루다가 이혼, 사별로 인해 1인가구가 되기도 한다. 따라서 1인가구는 이제 낯설거나 불완전한 삶의 형태가 아니라, 우리 주변에서 흔히 볼 수 있는 일상이 되었다.

혼자만의 삶이 주는 장점은 확실하다. 남의 눈치를 볼 필요 없이 온전히 자기만의 공간과 일상을 누릴 수 있는 자유와 편안함이다. 내가 무엇을 하든, 하지 않든 타인의 시선이나 기대에 맞출 필요가 없다. 내 삶의 방식으로 하루, 한 달, 일 년을 계획할 수 있다. 매일 이불을 개지 않아도 되고 설거지나 청소를 며칠씩 하지 않아도 상관없다. 하지만 여전히 '혼자 사는 사람'을 향한 우려의 시선도 있다. 혼자이기에 감당해야 하는 고독과 외로움도 있다.

이 책 『별의별 삶의 온도』는 2023년에 전국 최초로 지자체 직영체제로 설립되어 운영 중인 '성남시 1인가구 힐링스페이스'의 중요한 성과물이다. 11명의 1인가구 회원들이 지난 5월 말부터 9월 중순까지 12주간 주1회 책 쓰기 수업에 참여하여 글을 썼다.

회원들이 책을 쓰는 과정은 결코 쉽지 않았다. 책 쓰기 프로젝트에 참여한 회원들 대부분이 글쓰기는 처음이었기 때문이다. 회원들은 책 쓰기 수업에 참여하면서도 '나의 사소한 일상이 책으로 담길 만큼 가치가 있을까?', '이렇게 나온 책을 누가 읽어줄까?' 하는 걱정을 안고 출발했다. 하지만 조금씩 시

간이 지나고 자신의 삶이 글이 되는 경험을 하며 눈빛에 자신
감이 생겼다. 어색하고 성긴 문장들은 첨삭을 거치며 완성되
었다. 자신의 이야기가 활자가 되어 책 속에 담기고, 누군가의
손에 들려 읽히게 될 순간을 기대하기 시작했다.

이 책에 실린 글들은 꾸밈없고 담백하다. 1인가구 회원들이
걸어온 고유한 삶의 발자취가 모여 청년과 중장년의 이야기
를 다양한 형식으로 들려준다. 혼자 살면서 얻는 즐거움과 행
복을 이야기하는가 하면, 혼자이기에 어쩔 수 없이 찾아오는
외로움과 불안도 솔직히 고백한다.

책은 세 개 PART로 구성되어 있다. PART Ⅰ「나를 찾아 떠
나는 여정」에서는 세 명의 1인가구들이 각자가 처한 다양한
상황에서 어떻게 '나 자신'을 찾아가고, 어떻게 '나답게' 살고
있는지를 담담하게 그려내고 있다. 혼자 살면서 흔들리는 분
들이 계시다면 이 글들을 통해 위안을 얻고 해결책을 찾을 수
도 있을 것이다.

PART Ⅱ「평균과 다른 보통의 삶」에서는 1인가구 회원들이
혼자만의 시간을 어떻게 살아가고 있는지를 섬세하게 들려준
다. 카메라에 담긴 일인분의 삶, 나 혼자 중년 살이, 나와 함께
하는 법 등 혼자만의 일상 속에서 발견한 삶의 다채로운 의미
를 들려주고 있기 때문에 따뜻한 공감을 불러일으킬 것이다.

PART Ⅲ 「혼자와 혼자 사이」는 1인가구 회원 3명이 지난 2년 동안 힐링스페이스에서 활동하며 웃음 가득히 기쁨을 나누던 순간들을 중심으로 '혼자이지만 함께 잘 살아가는 법'을 보여준다. 테드아찌의 동네 행복 한 바퀴, 네 가지 만남, 1인가구를 위한 삶의 변주 등 개인의 삶과 공동체의 이야기가 자연스럽게 조화를 이룬다.

앞으로도 1인가구는 계속 늘어날 것이다. 전국 곳곳에 1인가구를 위한 공간들이 만들어지고, 단순한 모임을 위한 공간을 넘어 교육·문화·심리 상담까지 아우르는 플랫폼으로 발전해 나갈 것이다. 『별의별 삶의 온도』 속에 담긴 11명의 이야기가 1인가구들이 미래를 준비하는 더 좋은 마중물이 되길 바란다.

마지막으로 이 책이 세상에 나올 수 있도록 지원해주신 힐링스페이스와 책 쓰기 지도 강사님에게 깊은 감사를 전한다. 『별의별 삶의 온도』가 오늘을 사는 1인가구와 언젠가 홀로서기를 하게 될지도 모르는 이들에게 행복하게 사는 방법을 전하고 따뜻한 위로와 공감이 되기를 희망한다.

2025년 11월
대표저자 김인철

PART Ⅱ. 평균과 다른 보통의 삶

PART Ⅲ. 혼자와 혼자 사이

PART I

나를 찾아 떠나는 여정

나를 다시 피우다

가 온

  하루가 문득 공허하게 느껴질 때가 있습니다. 삶이 멈춘 듯 보여도 그 안에는 여전히 조용히 자라나는 힘이 있습니다. 고요 속에서 자신을 마주하며 한 걸음씩 나아갈 때, 묶여 있던 마음의 매듭이 서서히 풀리고 잃었던 숨결이 되살아납니다. 세월의 바람을 견디며 익어가는 열매처럼 마음도 차츰 단단해집니다. 붉게 물든 저녁노을이 하루의 흔적을 품고 빛을 내듯 지나온 시간 또한 한 사람의 마음을 이루는 따뜻한 빛이 됩니다. 「나를 다시 피우다」는 그 빛을 따라 걸으며 흩어졌던 일상 속에서 다시 피어난 마음의 기록입니다. 잃어버린 자신을 향해 조용히 걸어가는 회복의 여정이 이 글 속에 담겨 있습니다.

슬픔이 숨을 쉬다

눈물이 마음을 열다

하루가 점점 무겁게 느껴졌다. 가족을 위해 쏟은 정성과 노력은 메마른 흔적만 남겼고 마음은 텅 빈 들판처럼 황량했다. 안에서는 무언가가 조금씩 무너지고 있었다.

"왜 이렇게 힘든 걸까?"

머릿속을 맴도는 물음이 발걸음을 더디게 만들었다. 큰아들의 결혼, 아버지의 부고, 작은아들의 독립. 한순간에 몰아친 변화들이 익숙한 일상의 균형을 무너뜨렸다. 겉으로는 평온을 유지했지만, 내면에는 빛조차 닿지 않는 상실의 어둠이 내려앉았다.

아버지를 떠나보내던 날은 숨조차 막히는 듯했다. 마지막 순간을 곁에서 지켜드리지 못했다는 자책과 후회가 가슴을 깊게 짓눌렀다. 고요한 절망이 서서히 마음을 잠식해 갔다.

'손을 조금만 더 잡아드렸더라면 달라졌을까?'

차갑게 식어가는 손끝을 감싸며 마지막 작별 인사를 건넸다. 창문 사이로 스며드는 햇살조차 서늘하게 느껴졌다. 어떤 위로도 닿지 않았고 따뜻한 말조차 설명해야 하는 부담으로 다가왔다. 그때 필요한 것은 이해가 아니라 충분히 슬퍼할 수 있는 쉼의 공간이었다. 어둠 속에서 새벽이 오기만을 막막한 마음으로 그저 하염없이 기다렸다.

　하지만 삶은 여전히 흐르고 있었다. 슬픔과 공허 속에서도 다시 나아갈 준비는 필요했다. 중년의 하루는 역할과 책임으로 가득했지만 아버지를 보내고 아이들이 떠난 뒤 남은 것은 깊은 정적뿐이었다. 익숙한 일상이 사라진 자리에는 낯선 하루가 찾아왔다. 앞날에 대한 두려움이 먼저 다가왔지만 창가로 스며드는 햇살 한 줄기가 작은 희망처럼 마음에 닿았다.

　그 햇살에 이끌리듯 상담이 떠올랐다. 낯설고 긴장됐지만 절실함이 발걸음을 이끌었다.

　"살림이 정리가 안 돼요."

　짧은 고백과 함께 눈물이 흘러나왔다. 오래 눌러 두었던 감정도 밀물처럼 천천히 터져 나왔다. 마음 한켠에 묻어두었던 이야기들이 먼지가 쌓인 서랍의 첫 빗장이 풀리듯 모습을 드러냈다. 멈춰 있던 마음이 숨을 돌리듯 깨어나기 시작했다. 떨리면서도 안도감이 스쳤다.

　그 만남은 내면을 마주하는 시간이자 호흡을 고르는 쉼이 되었다. 정비도 충전도 없이 달려오던 낡은 자동차처럼 더 이상 버틸 수 없음을 직감했다. 고요한 시선과 경청이 얼어붙은 마음을 녹였고 오래 묻어둔 말과 감정이 조용히 흘러나왔다. 무겁게 뒤엉킨 생각들이 물결처럼 풀리자 마음은 제 속도를 되찾기 시작했다. 지나온 날들의 흔적은 멀리 있는 듯했지만, 느리게 흐르는 시간 속에서 온기처럼 스며들며 가벼워지고 온전해졌다.

"존재만으로도 괜찮아."

그 한마디가 내적공간의 벽을 허물었다. 자책과 자기 비난은 사라지고 불완전한 모습을 받아들이는 새로운 눈이 열렸다. 화와 슬픔, 불안과 고통까지도 삶의 일부임을 깨닫고 감정을 온전히 받아들이며 지난 삶의 시간과 경험을 있는 그대로 바라볼 수 있게 되었다.

인생의 궤적 또한 허무가 아니라 치열하게 살아온 기록이었다. 자신을 만들어 온 모든 흔적을 품고 타인의 말에 "그건 네 생각일 뿐이야." 하고 흘려보낼 수 있을 때, 새로운 사람이 되려는 것이 아니라 지금의 존재를 인정하며 깊은 평온을 느낄 수 있었다.

닫힌 서랍이 열리며 묵혀둔 이야기가 세상으로 드러났다. 상처는 여전히 남았지만 숨은 조금씩 되찾았다. 내면 깊은 곳에 묻어둔 기억이 떠오를 때마다 두려움과 외로움, 인정받지 못했던 어린 시절의 마음이 지금의 공허함과 이어짐을 깨달았다. 그것은 단절된 과거가 아니라 겹겹이 쌓아온 살아 있는 흔적이자 자신을 이해하게 만드는 길잡이였다.

감정은 파도처럼 밀려왔다가 잔잔해지며 제자리를 찾았다. 그 고요함 속에서 새로운 숨결이 피어날 것임을 예감했다. 반복되는 작은 결단과 한 번의 호흡이 마음의 문을 열어 낯선 하루를 맞이하는 힘이 되었다.

숨비소리, 삶을 깨우다

바람은 여전히 불었지만 그 소리는 이전과 달랐다. 이별의 파도가 밀려온 자리에는 한동안 공허만이 머물렀다. 깊은 슬픔과 예고 없이 찾아오는 고통 속에서도 삶은 여전히 흔적을 남겼다. 그것은 울음이자 기도였고 다시 살아보려는 조용한 다짐이기도 했다.

해안 끝자락에서 들려오는 바람 소리에 발걸음이 멈추었다. 그 속에는 깊은 바다에서 떠올라 숨을 내뿜는 해녀의 숨비소리가 섞여 있었다. 서귀포 앞바다의 숨비소리는 사람의 호흡과 파도, 바람이 어우러진 하나의 음악 같았다. 그것은 삶의 가장 깊은 곳에서도 움직임이 계속되고 있음을 알려주었다. 살아 있음의 증거이자 고요 속에서 피어오르는 회복의 시작이었다. 눌려 있던 의지와 감정이 서서히 깨어나는 순간이기도 했다.

오랜 세월 동안 어머니의 기대와 요구에 순응하며 인정받지 못하는 삶이 이어졌다. '착한 딸'이라는 그림자 속 조연으로 머물며 자율보다는 그저 살아내는 데 급급했던 숨 막히는 나날이었다. 불만과 갈망이 작은 틈새를 비집고 나오려 했지만 용기를 내기란 쉽지 않았다. 버티는 데 익숙해진 마음은 변화에 대한 두려움과 설렘이 교차하며 흔들리기 시작했다.

그러던 어느 날 처음으로 어머니의 요구를 거절했다. 순간 세상에서 가장 나쁜 딸이 된 듯한 불안이 밀려왔지만 그 안에는 작고 단단한 떨림이 있었다. 자신을 위한 첫 결단이 작은 파문을 일으킨 순간이었다. 깊은 심연에서 울려 퍼진 숨비소리는 잠들어 있던 의지를 깨우고 마음의 파도를 흔들며 조용히 새로운 용기를 불러일으켰다.

변화는 한순간에 이루어지지 않았다. 관계의 매듭은 여전히 얽혀 있었고 착한 딸의 틀을 벗어나기까지는 더 많은 시간과 노력이 필요했다. 계절이 여러 번 바뀌고 중년의 시간이 찾아왔다. 끝나지 않는 하소연을 더 이상 들을 수 없어 오래 담아 둔 말이 조심스레 나왔다.

"더 이상 쓰레기통처럼 사용하지 마세요."

진심이 입 밖으로 나오자 가을 햇살이 나뭇잎 사이로 스며들고 낙엽이 바스락거렸다. 바람은 흙냄새와 풀향을 실어 두 번째 숨비소리가 되어 내면의 공간에 생기를 불어넣었다.

산책은 흩어진 생각을 잠재웠고 기도는 어둠을 몰아냈으며 음악과 그림은 메마른 영혼을 적셨다. 따뜻한 눈길과 경청은 잃었던 인정과 존중을 되살리며 마음을 평온으로 물들였다. 얼어붙은 일상에 생동감 넘치는 모든 경험이 삶의 균형을 세우는 작은 발걸음이 되었다.

몸 또한 오래된 짐을 내려놓지 못한 채 버티고 있었다. 소화는 되지 않았고 가슴은 답답했으며 잠 못 이루는 밤이 이어졌다. 치료와 돌봄으로 몸이 편안해지자 마음도 조금씩 안정을 찾아갔다. 관계에도 변화가 시작되었다. 존중과 신뢰가 없는 인연에는 힘을 덜 쏟게 되었고 회의에서 의견을 밝히는 용기와 잘못된 관계를 바로잡는 경험이 쌓이며 자기 효용감이 자라났다. 작은 칭찬과 고개 끄덕임 하나가 자존감을 지탱하는 버팀목이 되었고 축적된 감정과 경험을 받아들이며 자기 수용의 길이 조금씩 모습을 드러냈다.

회복은 직선이 아니었다. 밀려왔다가 다시 제자리를 찾아가는 과정이었다. 집은 여전히 어수선했고 관계는 복잡했으며 마음 또한 자주 요동쳤다. 그럼에도 모든 흔들림은 살아 있음을 보여주었다. 하루를 무사히 견디는 것만으로도 위로였고 마음에는 안도감이 흘렀다.

삶은 들숨과 날숨처럼 흐르고 있었다. 울음 뒤에 찾아오는 고요, 절망 뒤의 비치는 빛, 끝이라 여겼던 자리에서 시작되는 또 다른 이야기. 바람과 파도가 만들어내는 숨결 속에서 잊고 있던 내면이 천천히 깨어나 움직임을 되찾았다. 숨비소리는 고요 속에서 삶을 일깨우는 리듬이자 회복의 신호였다. 홀로 서 있는 시간은 다시 자신을 피우는 첫 걸음이 되었고 삶은 그렇게 조용히 제자리로 돌아오며 다시 피어올랐다.

무채색의 삶에 색을 품다

멈춰 있던 일상에 숨비소리처럼 새 숨이 들어왔다. 어린 시절 책에서 얻던 위안을 제외하면 삶은 늘 타인의 기대에 맞춰 흘렀고 존재는 서서히 희미해졌다. 잠에서 깨어난 빛을 따라 미술관으로 향하자 텅 빈 일상 속으로 고운 색채가 서서히 스며들기 시작했다.

그림 앞에 선 시간은 조용한 감정의 산책이었다. 예술가들의 삶과 작품에는 평안과 상처, 밝음과 그림자가 어우러진 균열이 담겨 있었다. 화가의 붓끝에서 흘러나온 빛과 색은 내면의 상처를 살며시 어루만졌다. 말로 다 담지 못한 감정은 색으로 번졌고, 그 산책은 어느새 자신을 바라보는 침묵의 시간으로 이어졌다. 슬픔과 고통은 저마다 달랐고 언어가 닿지 못하는 깊은 공간이 존재했다. 누군가는 말로 토해냈고 누군가는 가만히 삼켰다. 그 안에 공통된 것은 '살아내려는 마음'이었다. 상실을 품은 시간은 고통이 아니라 다시 숨을 배우는 시간이 되었다. 멈춘 듯한 시간 속에서 마음은 조금씩 정돈되었고 가라앉았던 감정들이 물결처럼 밀려왔다. 그 침묵은 공허가 아니라 충만이었다. 빈자리는 다시 살아갈 힘을 품은 새로운 숨의 공간이 되었고 그 안에서 삶은 조용히 방향을 틔워갔다.

빛과 어둠의 경계에서 만난 화가 카라바조는 또 다른 성찰을 남겼다. 전시장에 들어서자 강렬한 명암 대비가 온몸을 압도했다. 어둠 속에서 번쩍이는 빛은 인물의 심리와 움직임을 선명하게 드러냈다. 낮은 조명 아래에는 의심과 믿음, 고통과 쾌락, 연약함과 강인함이 맞닿으며 존재의 깊이를 보여주었다. 그 빛은 마치 인간 내면을 꿰뚫는 통찰처럼 다가왔다.

빛을 따라 <성 토마스의 의심> 앞에 섰다. 부활한 예수의 상처를 더듬는 도마의 손끝은 눈으로 확인하는 믿음과 마음으로 느끼는 신앙 사이의 간극을 또렷이 드러내고 있었다. 도마처럼 의심을 통해 믿음을 점검하는 과정도 필요하다는 생각이 들었다. 믿음은 확신이 아니라 질문을 품은 기다림이라는 깨달음이 마음에 스쳤다. 그림의 명암은 밝음과 어둠, 의심과 신뢰가 어우러져 신앙의 깊이를 일깨웠다. 그것은 안정과 긴장이 대립하는 힘이 아니라 서로를 의지하며 균형을 이루는 관계였다. 삶 또한 독립성과 상호 지지가 맞물릴 때 더 깊은 울림이 생긴다는 사실을 그림은 조용히 일러주었다. 전시장은 내면의 불안과 고통을 비추는 거울이자 상처와 울분을 품어 안으며 치유와 회복으로 이끄는 공간이었다.

미술관 밖으로 한 걸음 내딛자 빗방울에 섞인 촉촉한 공기가 얼굴을 스쳤다. 빗속을 지나 길상사 진영각 법정 스님의 빠삐용 의자 앞에서 걸음을 멈췄다. 고요히 안식하시는 아버지의 옷깃 한 자락이 눈앞에 아른거렸다. 코끝이 찡하고 가슴이 묵직하게 울렸다. 적막을 가르는 사찰의 진한 향내를 맡으며 숨을 고르고 조용히 자신에게 물었다.

"지금 인생을 어떻게 살아가고 있는가?"

그 순간은 잠자던 내면의 의식을 깨우고 아버지와의 기억을 따라 과거를 되짚는 여행의 출발점이 되었다. 삶을 돌아보면 매 순간은 성실함과 배려로 엮여 있었다. 오랜 노력 끝에 균형을 잡았고 불필요한 관계를 내려놓는 일은 무소유의 의미로 다가왔다. 완벽하지 않아도 괜찮았다. 홀로 있어도 함께 있어도 괜찮았다. 질문 속 깊은 사유는 오래된 상처를 살포시 감싸며 농익은 붉은 석류처럼 하루를 받쳐주는 지혜가 되어 모든 순간을 품어주었다.

멈춤은 경계에서 길을 찾게 하는 표지판이었다. 한 걸음 뒤로 물러서 바라본 발걸음은 뜻밖의 통찰과 이해를 안겨주었다. 발견된 마음의 풍경은 앞으로 나아갈 길을 준비하게 했다. 무심히 스쳐 간 찰나에도 저마다의 색이 담겨 생생한 일상이 되었고 작은 기쁨과 배움의 흔적까지 선명히 남았다. 그 색은 하루를 물들였고 그 빛은 자신을 곱게 물들였다.

마음의 의식을 깨우다

내면의 풍경을 마주하다

삶의 여정에는 언제나 빛과 그림자가 함께 흐르고 있었다. 카라바조의 화폭처럼 밝음 속에는 어둠이 깃들었고 어둠 속에도 은은한 빛이 스며 있었다. 전시회를 나설 때마다 숨겨진 감정과 속삭이듯 맴도는 생각들이 메아리처럼 가슴 깊이 오래도록 여운을 남겼다.

"나는 누구인가?"

"어떤 삶을 살아야 하는가?"

그 질문은 지나온 세월의 상처와 기쁨을 온전히 받아들일 때 비로소 답을 찾을 수 있었다. 앞날에 대한 두려움을 품은 채 낯선 문을 두드리는 한 줌의 용기가 작은 등불이 되었다. 폭설을 뚫고 참석한 인문학 강의에서 들은 한마디가 잊고 있던 길을 밝혀 주었다.

"옳고 그름보다 중요한 것은 지금 살아 있다는 사실입니다."

낯설지만 따뜻한 위로였다. 수요일마다 강의실에서 만난 이들의 도전은 잠자던 호기심과 용기를 일깨웠다. 40대에 심리학을 배우고 50대에 그림을 시작하며 70대에 시를 쓰는 동료들은 각자의 방식으로 삶을 빚어가고 있었다. 따뜻한 음식과 살뜰한 배려, 유쾌한 농담 그리고 흔쾌히 열리는 마음은 잊고 있던 인간관계의 아름다움을 다시 느끼게 해주었다.

강의가 끝난 뒤 여행을 떠난다고 하자 주변 반응은 의심과 우려로 가득했다. 혼자를 결핍으로 보는 시선도 있었지만 설렘과 기대로 가슴은 차올랐다. 이어진 인문학 동료들의 따뜻한 격려는 새로운 길에서 맞이할 경험과 만남에 대한 용기를 한층 북돋아 주었다.

"건강히 잘 다녀오세요."

"부럽습니다."

"인생은 직관입니다."

그들의 말과 태도는 각자가 선택한 삶의 증거이자 앞으로 나아갈 길의 소중한 지표가 되었다. 작은 용기가 만들어낸 변화는 잊고 있던 살림을 챙기고 음식을 준비하며 누군가를 돌보는 일로 이어졌다. 그 과정에서 자신을 대하는 태도도 한결 부드럽고 따뜻해졌다. 하루하루 반복되는 소소한 순간 속에서 느껴지는 따스한 손길과 존중이 삶을 채워주었고 오래된 기쁨이 조용히 되살아났다. 매일 마주하는 평범한 일상의 숨결과 빛, 향기와 온기가 감각을 깨우며 살아있음의 소중함을 일깨워주었다. 그렇게 하루가 알차게 채워져 갔다.

 인문학은 세상을 새로운 시선으로 바라보고 관계를 재정립하는 과정이었다. 미술과 심리, 철학과 신화를 통해 인간과 근원의 문제를 탐구하면서 세상과 자신을 바라보는 눈이 조금씩 달라졌다. 프로이드와 융, 나르시시스트와 에코이스트, 피카소와 뷔페, 모네와 샤갈의 이야기를 접할 때마다 인간의 욕망과 상처가 생생히 다가왔다. 배움이 깊어질수록 내면 깊은 곳에 잠들어 있던 감정들이 모습을 드러냈고 색채와 형태, 이야기와 개념이 얽히며 얻은 통찰은 일상과 내면에 섬세한 위로와 미묘한 변화를 선사했다. 불편한 감정을 의식적으로 들여다보고 스스로를 이해하며 삶에 적용하려는 시도로 자연스럽게 이어졌다.

 그것은 관계를 다루는 방식을 바꾸어 주었다. 사람과의 관계에서 느끼는 혼란과 불안은 단순한 사고만으로는 쉽게 풀리지 않았다. 상황을 객관화하고 감정을 관찰할 때 비로소 이유가 선명해졌다. 갈등이 생기면 한 걸음 물러서 바라보았고 욕구가 일면 그 내면의 이유를 살폈다. 관찰의 눈이 깊어질수록 생각의 폭은 넓어지고 선택도 한층 분명해졌다. 표현되지 못한 감정은 때로 고통으로 남았지만 한 줄의 글과 한 번의 붓질이 반복되며 눌린 마음은 조금씩 풀려나갔다. 시와 그림, 춤과 음악은 정서를 어루만지는 조용한 치유의 씨앗이 되었고 무너진 기억조차 자아를 들여다보는 창이 되었다. 스치는 순간과 섬세한 관찰이 하루를 채우며 상처는 아물어갔고 영혼의 자리에는 잔잔한 평화가 스며들었다.

　인문학과 예술적 경험은 단순한 지식이나 취미를 넘어 삶을 새롭게 인식하고 불완전한 자신을 이해하는 통로가 되었다. 시각과 청각, 후각과 미각, 촉각 그리고 도무지 설명할 수 없는 직감까지 자신과 세상 사이의 균형과 조화를 찾아가는 수행의 재료가 되었다. 철학적 질문과 예술적 감각, 심리적 통찰이 얽힌 배움은 내면의 풍경을 풍성하게 가꾸었고 경험 속에서 길어 올린 깨달음은 관계와 선택을 더욱 성숙하게 만들었다. 그 결과 삶 속에서 이전보다 깊고 넉넉한 이해와 여유를 누릴 수 있었다. 그리고 마침내 그 의미를 깨달았다.

　고요한 시간은 결핍이 아니라 성숙으로 향하는 여정이었다. 어둠과 빛은 마침내 친구가 되었고, 삶을 단단히 세운 그림자 위로 희망의 빛이 서서히 타올랐다. 그렇게 새벽이 찾아왔고, 영혼과 의식은 깊이를 더하며 세상을 바라보는 시선에도 은은한 평온과 확신이 깃들었다.

하얀 길 위에 서다

오롯이 길 위에 서자 혼자 살아가는 존재의 의미가 새롭게 다가왔다. 예전에는 결혼과 가족이 삶의 기본 단위였지만 이제는 각자가 중심을 세우며 살아가는 시대다. 젊은 세대가 선택적 독립을 택한다면 중년1인가구는 이혼이나 사별, 병원 생활, 장거리 부부 관계 등 자발적인 선택과 어쩔 수 없는 숙명이 뒤섞인 누구도 대신할 수 없는 길을 걷는다.

삶이 고단할 때마다 벚꽃이 기다려졌다. 인내 끝에 피어나는 하얀 꽃송이는 생의 존재를 확인시켜 주었다. 구불구불 이어진 오솔길 위에 흩날리는 꽃잎은 불안과 근심을 잠재우고 오직 환희만 남겼다. 자연은 긴 기다림 끝에 선물 같은 아름다움을 보여주었고 그 순간은 생의 찬가처럼 다가왔다. 올해는 약과 파스를 챙겨, 계획도 제한도 없는 여행을 시작했다.

새벽어둠을 헤치고 구례 화엄사 홍매화 나무 앞에 섰다. 흐드러지게 고혹적인 자태를 드러낸 꽃에 첫발을 내디뎠다. 섬진강 위 하얀 물결 사이로 세상을 읽는 시선이 열렸다. 웃음소리 하나 심장 박동 하나에도 살아 있음이 온몸으로 전해졌다. 남해에서 진해, 경주, 영덕, 울진, 삼척을 지나 속초에 이르기까지 눈부신 풍광이 물 흐르듯 이어졌다. 햇살과 바람이 잠자던 감각을 깨우고 몸과 마음이 하나 되어 세상을 가득 품을 준비가 되었다.

새벽녘 구례 화엄사 홍매화　　경주 황룡원 앞 만개한 벚꽃　　진해 경화역 철길 벚꽃과 우산

　양평에서 가평, 춘천과 양구를 지나 인제, 임실, 진안, 충주, 제천까지 이어진 길 위의 나날들은 살랑이는 봄바람을 타고 흘러갔다. 이슬 머금은 꽃망울과 물결 위로 반짝이는 윤슬이 시야를 가득 채우며 무채색의 공간을 은은하게 물들였다. 풍경 속에서 존재의 의미가 다시 읽히고 마음에는 잔잔한 위로가 스며들며 내적 균형이 조용히 자리 잡았다. 어느새 세월의 바람을 견디며 익어가는 열매처럼 한걸음 한걸음마다 단단함이 쌓여갔다.

　며칠 동안 길을 걷는 사이 해마다 함께했던 아버지의 기억이 자연스레 떠올랐다. 추억은 목포 유달초등학교와 영란횟집, 유달산, 목포 상고로 이어졌다. 어린 시절 아버지의 발자취를 따라 걷는 동안 떠난 이와 남겨진 자의 시간이 겹쳤다.

그것은 단순한 추모가 아니었다. 상실과 그리움이 뒤섞인 가슴 깊은 곳에서 올라온 애절한 고백이자 기도였다.

하의도와 소악도 12사도 순례길을 새벽에 걸으며 아버지와 할머니를 위한 기도를 파도에 실려 흘려보냈다. 손끝에서 피어난 감사와 용서, 만남과 소망이 담긴 예물은 바다의 숨결과 함께 멀리 퍼져 나갔다. 사랑하는 이는 떠났지만 그리움과 추억은 고요히 머물렀다. 치유의 바다를 건너며 마음결이 잠잠해지고 평온과 안식을 찾아 다시 발걸음을 이어갔다.

거친 바닷바람을 헤치며 자전거로 섬과 섬을 잇는 노둑길을 달렸다. 바닷물이 빠질 때만 드러나는 그 길은 '연결'의 의미를 새롭게 전해주었다. 낯선 골목을 헤매며 책임감이 몸에 새겨졌다. 한계와 두려움을 넘어선 걸음은 있는 그대로의 자신을 축복하는 행위였다. 고독은 자유를 선물했지만 동시에 감당해야 할 무게도 안겨주었다. 보폭을 조율하며 속도와 리듬을 찾아갔고 결핍조차 자기 발견의 기회가 되었다. 행복은 비교 속의 우월이 아니라 '지금 여기' 살아 있음을 온전히 느끼는 데 있었다. 힘들었던 날들에 뿌려놓은 거름이 오늘의 작은 열매로 맺히듯 오솔길 위의 발자국마다 빛의 숨결이 스며들었다.

벚꽃길과 섬, 바다를 지나며 보낸 35일 7천 킬로미터의 여정은 과거와 현재가 어우러진 장엄한 의식이었다. 하나님과 아버지, 자연의 경이로움과 낯선 이들의 따뜻한 배려가 삶의 매듭을 서서히 풀어 주었다. 그 길 위에서 인간은 단순하지 않고 신비한 존재임을 새삼 깨달았다. 슬픔과 고통은 더 이상 극복의 대상이 아니었다. 회피하거나 묻어두기보다 마주 앉아 함께 머무는 일이 필요했다. 벚꽃 아래에서 흘린 눈물은 치유의 시작이자 멈췄던 리듬을 되살리는 신호였다. 계절의 순환 속에서 감정과 존재는 한결 자유로워지고 다시 살아있음을 느꼈다. 멈췄던 호흡이 다시 이어지며 새로운 계절을 맞을 준비를 했다.

　꽃은 해마다 피지만 그해에 피는 꽃송이는 단 한 번뿐이다. 인생도 마찬가지다. 단 한 번뿐이기에 더욱 소중하다. 봄날의 여행은 꽃망울이 터지듯, 선택의 길목에서 자신을 확인하고 마음결을 다듬는 걸음이었다. 바람과 햇살, 물결과 하나 될 때 어둠 속에 묻혀 있던 삶의 조각들이 하나둘 빛을 되찾았다. 이제야 어른이 되어 깨닫는다. 존재했던 모든 순간이 이미 행복이었음을. 실패와 상실, 기다림과 외로움도 삶의 일부임을 받아들인다. 모든 경험 위에서 자신을 충분히 안아주며 세상을 온전히 느낀다. 마음이 고요해지자 발걸음이 향할 방향이 선명해졌고 끊임없는 질문과 깨달음은 다시 걷게 하는 힘이 되었다.

　혼자의 여정은 그 통찰을 품은 채 옛길과 지금의 숨결이 만

나는 자리에서 완성되었다. 우주 만물의 기운을 느끼며 잃었던 숨을 되찾고 흔들리던 중심을 다시 세웠다. 움직이는 걸음마다 사라졌던 것들이 차츰 돌아왔다. 영혼의 숨결이 되살아나며 평온이 조용히 피어올랐다. 흩어졌던 숨과 중심이 제자리를 찾으며 길 위에 다시 설 용기를 얻었다. 삶은 멈추지 않았다. 다만 조금 더 깊고 조금 더 느리게 흐르고 있었다. 보이지 않는 손길이 존재를 감싸 안으며 다시 나아갈 힘을 건넨다. 길 위의 모든 순간이 결국 빛으로 향하는 여정이었다.

침묵이 빛이 되다

홀로 머무는 시간은 단절이 아니었다. 스치는 일상의 감각 하나하나를 붙잡으며 하루를 새롭게 느낄 때 내면을 해석할 여유가 피어났다. 향긋한 커피 한 잔, 마음을 울리는 문장 하나가 시선과 감정을 멈추게 할 때면 정답을 찾으려 애쓰거나 타인의 평가에 흔들릴 필요가 없었다. 고요는 거울처럼 자신과 세상을 비추며 삶의 깊은 결을 조용히 드러냈다. 평범한 하루 속에서 마음은 제자리를 찾아 본연의 모습을 천천히 회복하고 있었다.

돌봄의 짐을 내려놓자 지친 심장은 잠시 멈춰 마음을 추스리며 안식처를 찾았다. 해가 저물면 호흡을 가다듬고 묵상에 잠겼다. 기도가 막히는 날에도 괜찮았다. 흐르는 심연을 말없이 바라보는 것만으로도 충분했다. 이제 깃털처럼 가벼운 숨결이 고요와 따스함을 품고 온전히 머물 수 있는 여유가 찾아왔다. 잔잔히 전해지는 위로가 마음을 부드럽게 감쌌다.

그러나 모든 날이 평온하지만은 않았다. 불현듯 밀려오는 허전함과 이름 모를 불안이 내면 풍경을 흔들 때가 있었다. 그럴 때 힘이 되어 준 것은 따뜻한 사람과의 연결이었다.

다름을 존중해 주는 유치부 교사 모임은 숨통을 트이게 하는 작은 쉼터였다. 곁에 있던 두 친구도 각자의 방식으로 마음을 북돋아 주었다. 한 사람은 묵묵히 귀 기울이며 꼭 필요한 말만 담백하게 건넸다. 말 없는 위로는 말보다 깊은 빛을 품고 있었다. 또 한 사람은 지혜와 말씀을 아낌없이 나누며 신앙의 길을 밝혀 주었다. 때로는 버거웠지만 어둠 속을 비추는 등불 같았다. 두 빛은 서로 부딪히지 않고 조화를 이루었고 그 사이에서 믿음의 뿌리는 땅에 깊게 자리 잡았다. 하나님과의 관계는 막막할 때도 고립되지 않았다. 밥 한 끼와 물고기 잡는 법에 담긴 정성, 서로를 북돋는 손길 속에서 중심을 회복했다.

참된 쉼의 길은 순탄하지 않았다. 때로 '하나님의 계획'이라는 말은 위로라기보다 너무 쉽게 던지는 정답처럼 느껴지기도 했다. 그러나 예수님조차 십자가 앞에서 다가올 고난과 죽음을 마주하며 세 번이나 간절한 기도로 두려움과 망설임을 드러내셨다. 그 모습은 고난 앞에서 흔들리는 인간의 마음이 결코 낯설지 않음을 여실히 보여주었다.

"내 아버지여, 만일 내가 마시지 않고는 이 잔이 내게서 지나갈 수 없거든, 아버지의 뜻대로 되기를 원하나이다." – 마태복음 26장 42절

인간은 연약하고, 결코 완벽하지 않은 존재였다. 고통은 말이나 설명으로 쉽게 사라지지 않았고 때로는 따뜻한 눈빛과 묵묵한 동행만이 필요할 때가 있었다. 신앙은 정답을 제시하는 능력이 아니라 상처 입은 마음을 살며시 감싸 안고 닫힌 공간을 조용히 열어주는 동행이었다. 그 안에서 새 생명이 천천히 싹트고 무너졌던 자리에는 이전보다 더 견실하고 아름다운 회복이 자리 잡았다. 아픔과 연약함 속에서도 희망은 잔잔한 빛으로 피어났다.

신앙의 발자국과 고독한 걸음은 서로를 비추었다. 발걸음 하나하나가 기도로 쌓이며 세상과 하나님께 다가가는 순례의 길이 되었다. 때로 찾아오는 갈등과 좌절은 작은 빛이 되어 내면을 더욱 튼튼하게 만들었다. 믿고 털어놓을 수 있는 몇

사람만 곁에 있어도 마음의 짐은 한결 가벼워졌고 발걸음은 다시 희망과 기쁨을 안고 앞으로 나아갔다.

평온한 공간에서 드리는 예배는 상처와 부족함이 온전히 새롭게 세워지는 과정이었다. 인간의 힘으로 하루를 버티려 할 때 쉽게 지치지만, 하나님 품으로 피할 때 비로소 평화가 스며들었다. 안으로는 성숙이 자라나고 바깥으로는 존재의 영역이 넓어졌다. 그 사랑의 따스함이 하루의 길을 밝히는 빛이 되어 오늘의 자신에게 잔잔한 평안을 선물했다.

언어로 길을 열다

일상의 기록은 과거와 오늘 그리고 다가올 날들을 섬세하게 이어주는 실타래 같았다. 무심히 흘러가던 하루의 장면들은 글과 그림, 음악과 몸의 움직임 속에서 차츰 숨을 되찾았다. 사소한 순간조차 의미로 채워지고 보이지 않던 삶의 맥락이 선명해졌다. 성찰은 하루의 선택과 행동을 바꾸며 한 걸음씩 내적성숙과 세상, 관계까지 연결하는 길을 열었다.

삶의 균형이 흔들릴 때마다 다양한 창작과 표현은 숨을 고르게 하는 쉼표이자 자기 이해의 출발점이 되었다. 억눌린 심경이 언어와 감각으로 흘러나오며 오래 잠들어 있던 자아가 깨어났다. 가족의 기대와 사회의 기준, 타인의 요구를 채우며 쌓인 공허함은 감각의 조화 속에서 마침내 자기 목소리를 되찾았고 새로운 시선이 열렸다. 이제 표현은 일상 속에서 자신과 세상을 연결하며 삶의 조화를 회복하게 하는 길잡이가 되었다.

"왜 이렇게 지쳐 있을까? 누구의 길을 걷고 있는 걸까?"

그 물음은 자유로운 표현을 통해 얽힌 생각을 풀고 마음의 짐을 내려놓게 했다. 때로는 손끝으로 때로는 목소리로 풀어내는 작은 움직임이 깊이 쌓인 무거움을 녹였다. 내면을 살피며 관계의 온도와 거리를 조절할 때 상처는 서서히 아물고 하루의 호흡은 새로워졌다. 기억 속에 갇혀있던 감정과 장면이 표현을 통해 빛을 되찾았다. 분노와 두려움, 불안과 혼란은 글과 색, 소리 속으로 흘러 매듭을 풀었고 기쁨과 슬픔이 함께 녹아든 자리에는 따뜻함이 스며들었다. 햇살은 상처에 머물지 않고 그 속에 다시 일어설 힘이 있음을 일깨워 주었다. 슬픔과 고통뿐 아니라 그것들을 품고 설 수 있는 용기도 함께 자라났다.

그때 글쓰기를 만났다. 허공을 떠돌던 감정이 문장 안에 자리를 잡을 때마다 오래된 응어리가 하나씩 풀렸다. 말로 표현하지 못했던 마음과 기억이 한 줄 한 줄 속삭이듯 드러났다. 글쓰기는 마음의 언어이자 자아 회복의 도구가 되었다. 매 순간의 감정과 사소한 깨달음이 문장 속에서 빛을 발하며 자아를 다독였다. 언어는 정신을 정화했고 일상의 순간들은 내적 풍경으로 피어났다. 스치는 사람들의 표정, 카페에서 나누는 대화, 공원에서 뛰노는 아이들의 맑은 웃음소리까지 모든 장면이 글의 재료가 되었다. 세심한 관찰과 마음이 글 안에서 살아서 움직였고 그 안에서 자신과 마주했다. 문장을 따라가다 보면 아버지를 떠올리며 눈물이 솟구치기도 했고 따뜻한 추억을 기록하며 미소가 번지기도 했다. 소소한 실수와 좌절, 꿈과 희망이 글 안에서 숨을 고르며 '다시 설 수 있는 나'를 만났다.

진심을 드러내는 표현은 보이지 않는 관계의 다리를 놓았다. 완벽하지 않아도 솔직함은 마음을 움직였고 서툰 말속에서도 진심은 전해졌다. 오해와 갈등의 순간에도 서로의 상처를 조심스레 마주하며 이해의 길이 열렸다. 진정한 관계는 단순한 위로만으로 완성되지 않았다. 함께 견디고 소통할 때 의미는 더욱 깊어졌다. 낙숫물이 바위를 뚫듯, 사소한 말과 행동이 삐걱거리고 멈추기도 하면서 관계를 견고하게 만들어갔다. 욕구를 억누르지 않으면서 불편함을 감수할 줄 아는 분별력은 관계를 한층 성숙하게 했다. 좌절은 성장을 위한 밑거름이 되었고 사람들의 다양한 모습은 거울이 되어 자신을 비추며 중심을 세워 주었다. 그렇게 관계는 삶을 이어가는 원동력이자 지탱해주는 든든한 지지대가 되었다.

이런 경험들이 쌓이며 중년의 나날은 생존의 무게를 조금씩 벗고 있었다. 자유와 성찰, 만족과 기쁨이 스며들며 일상은 이전과 다른 빛깔로 채워졌다. 혼자여서 누릴 수 있는 여유, 친구와의 만남, 취미와 여행, 문화 체험과 깊은 사색이 삶의 다양한 결로 풍요롭게 얽혀갔다. 관계를 통해 자신이 존중받을 만한 존재임을 확인했고 잠시 멈춰 서 있던 마음을 다시 일으켜 주는 손길도 느껴졌다. 불안과 공허함이 서서히 가라앉자 내면은 스스로를 다독이는 포근함으로 채워졌다. 잃어버린 자신에게 보내는 감사와 위로도 가능해졌다.

"참 잘했어. 수고 많았지? 미안해. 그리고 많이 사랑해."

묵직했던 과거는 평안으로 녹아내렸다. 다양한 경험과 표현을 통해 오래된 상처를 다독이는 동안 아버지에게서 물려받은 성실함과 책임감이 자신을 지탱해온 뿌리임을 깨달았다. 멀리 돌아 왔지만 글을 통해 정적 속의 울림을 듣고 사랑과 위로를 품은 채 자신의 길에 닿았다. 오늘의 고요 속에서 선택과 책임을 온전히 품은 존재로 서 있었다. 자아는 한층 단단해졌고 삶에 대한 확실한 행복과 성취의 믿음이 자리 잡았다.

침묵은 결핍이 아니라 회복의 공간이었다. 그 고요는 마음의 숨을 고르게 하는 시간이자 다시 피어날 준비를 하는 토양이었다. 글쓰기를 통한 감정의 발현은 그 시간을 자유롭고 창의적인 영역으로 발전시켰다. 힘겨움 속에 지나온 모든 순간이 삶을 이루는 한 조각임을 깨달았다. 그 조각들이 모여 마음의 길이 되었고 그 길 위에서 다시 자랐다. '그날이 오늘일까?' 하며 버텨온 날들 속에서 흩뿌려진 거름이 노을빛처럼 마음을 물들이며 작은 열매로 익어갔다. 그 열매를 하나씩 음미하며 오늘에 감사했다. 상처는 흔적이 되고 흔적은 희망의 씨앗이 되었다. 삶은 그렇게 잃음의 끝에서 그리고 기다림 속에서 다시 피어났다.

이 여정의 주인은 분명해졌다. 더 이상 자신을 잃는 희생은 없었다. 이제는 두려움보다 믿음으로 상처보다 사랑으로 걸을 수 있었다. 꿈을 향해 천천히, 서툴더라도 제 속도로 나아가는 길 위에 서 있었다. 홀로 있음은 고립이 아니라 온전함으로 향하는 길이었다. 언어의 여정은 마침내 한 줄기 길을 열었고 그 길 위에서 천천히 그러나 흔들림 없이 서 있었다. 여전히 불완전하지만 그 자리에 서 있는 것만으로도 충분히 아름다운 삶이었다.

* * * * *

멈춘 듯한 시간이 조용히 흐르며 세상을 다시 비추었다. 흔들리던 발걸음은 지나온 흔적을 돌아보며 조금씩 단단해졌다. 스며든 기억과 순간 속에서 평온이 다시 깨어났다.

중년의 홀로 사는 하루는 자유와 책임이 어우러지는 풍경이었다. 혼자여도 충분했고 느리더라도 괜찮았다. 숨 쉬는 것만으로도 이미 의미가 있었고 하루하루 쌓이는 소소한 기쁨과 성취가 마음속에 조용히 피어났다. 그 평온은 긴 기다림 끝에 찾아온 선물이었다.

한두 번의 웃음과 몰입의 순간이 겹겹이 쌓이며 마음은 부드럽게 녹아내렸다. 삶의 의미와 가치를 확인하며 조금씩 단단해지는 자신을 느낄 수 있었다. 행복은 거창한 성취가 아니라 회복과 성장을 거듭하는 흐름 속에서 밀려오는 파도처럼 잔잔하게 다가왔다.

두려움과 상처도 즐거움과 희망도 고요히 품으며 자신의 속도로 걸어가는 법을 배웠다. 흔들리는 마음과 작은 발걸음 속에서 고독은 결핍이 아니라 스스로를 마주하게 하는 힘이 되었고 다시 깨어날 준비를 돕는 고요한 안식이 되었다. 그 길 끝에서 마침내 나를 만났다.

이 글이 길을 잃은 이에게는 작은 등불이, 걷고 있는 이에게는 따뜻한 위로와 쉼이 되길 바란다. 바람에 흔들려도 꺾이지 않고 햇살을 향해 조용히 꽃망울을 터뜨리며 다시 피어나길 응원한다. 언젠가 그 길 끝에서 마주할 '나'에게 환한 미소를 건네길 바란다.

혼자인 날들,
나로 채워가는 중입니다[1]

전윤주

나뭇잎이 조용히 푸르러지던 5월. 연희는 평소처럼 알람을 끄고, 평소처럼 일어나, 평소처럼 출근 준비를 했다. 그리고 늘 하던 대로 그 사람을 배웅했다.

"잘 다녀와."

"다녀올게."

익숙한 인사가 오갔고, 익숙한 하루가 시작되는 줄 알았다. 그게 마지막이었다. 그 순간은 몰랐지만 얼마 지나지 않아 알게 되었다. 그 모든 평범했던 장면이 조용한 이별의 문 앞이었다는 것을.

---

1) 이 글은 실제 경험을 바탕으로 재구성한 소설형 에세이다. 일부 인물과 상황은 창작되었다.

혼자가 된 생활의 시작, 익숙함 속에서 느껴지는 낯섦

다음날 아침. 집 안은 어제와 다를 바 없었다. 현관 앞에 걸린 외투 한 벌, 식탁 위에 가지런히 놓인 두 개의 머그컵, 그리고 욕실 세면대 옆에 나란히 놓인 칫솔 두 개. 모든 것이 제자리에 있었다. 그대로, 멀쩡하게. 그런데, 달라진 게 하나 있었다. 그 자리에 사람이 없었다. 연희는 여느 날처럼 움직였다. 씻고 커피를 내리고, 구두를 신었다. 몸은 평소처럼 반응했지만 마음 어딘가는 자꾸만 삐걱거렸다. 혼자인 게 낯설었다. 몸이 기억하는 루틴과 마음이 감당해야 하는 공백 사이, 그 사이가 어색하고 서글펐다. 그제야 연희는 자신이 혼자가 되었다는 사실을 조금씩, 아주 천천히 받아들이기 시작했다.

연희는 평소와 다를 것 없이 집을 나섰다. 현관문을 닫고 발걸음을 옮기면서 생각했다. '이 시간쯤 그 사람은 카페에 앉아 있을지도 몰라. 늘 마시던 아이스 아메리카노 한 잔을 앞에 두고 노트북 화면을 가만히 들여다보고 있겠지.' 그 사람은 유난히 말수가 적은 사람이었다. 속상한 일이 있어도 좀처럼 말하지 않았고, 늘 한 발짝씩 물러서 생각하는 사람이었다. 그래서인지 무던하고 담담한 줄로만 알았다. 연희가 먼저 묻지 않으면 그저 '아무 일 없는 듯' 조용히 하루를 넘기곤 했다. 문득 생각이 스쳐 지나갔다. '그 사람도 속상하지 않을까?

에이, 아니야. 음, 연락 한번 해볼까? 괜찮겠지?' 연희는 걸음을 멈추고 생각했다.

주머니에서 핸드폰을 꺼내 들고 화면을 켰다. 익숙한 손끝이 잠금을 풀고 메시지 앱을 눌렀다. 오늘은 날이 조금 쌀쌀한 것 같네. 문장을 쓰자, 그 말처럼 바람이 코끝을 스치고 지나갔다. 이 정도면 자연스러워 보이지 않을까? 이모티콘 하나를 조심스레 붙였다. 웃는 얼굴, 조금은 밝아 보이게. 하지만 곧 그마저도 지웠다. 손가락이 문장 위에서 멈췄다. '이렇게 연락하면 혹시 더 싫어하게 되진 않을까. 온종일 아무 말 없던 사람에게 내가 먼저 말을 거는 것, 그것도 마치 아무 일도 없었다는 듯 가볍게.' 너무 가벼워 보일까 봐 망설였고, 또 너무 애절해 보일까 봐 더 망설였다. 한참을 고민하다 결국 모든 문장을 지우고 화면을 껐다. 잠금 화면 너머 어슴푸레 비친 자신의 얼굴이 왠지 낯설었다.

일하는 내내 연희는 핸드폰을 몇 번이나 들여다보았다. 진동이 울릴 때마다 혹시나 하고 기대했다. 하지만 도착한 건 카페 쿠폰, 택배 알림, SNS 추천 친구, 배터리 10% 경고 메시지. 연희는 매번 핸드폰을 툭 떨구곤 했다. 그 사람이 아닐 거라는 걸 연희는 누구보다 잘 알고 있었다. 그럼에도 불구하고 진동한 번에 가슴이 쿵, 그리고 뚝 떨어졌다. 그조차 반가워했다는 사실이 가끔은 조금 슬펐다. 어쩌면 아주 많이.

연희가 퇴근 후 돌아온 집은 예상보다 더 조용했다. 늘 그랬는데 그날따라 그 고요가 유난히 진했다. 무게가 있었다. 공기에도, 바닥에도, 연희의 어깨 위에도.

현관에 들어서자 자동으로 켜지던 불빛 아래 연희는 한참을 멈춰 섰다. 도어락 소리는 무심했지만, 그 뒤로 펼쳐진 적막한 집 안은 지나치게 솔직했다. 정말 아무도 없다는 사실을 마주하는 일이 이토록 겁나는 일이었나.

심호흡을 한 번 하고 연희는 중얼거리듯 말했다.

"다녀왔어."

말끝은 부드럽게 허공으로 퍼졌고 돌아오는 대답은 없었다. 대답이 없다는 게 당연한 일이었는데도, 그 당연함이 오늘은 괜히 더 서럽게 느껴졌다. 집 안은 적막했지만, 정리되지 않은 흔적들이 곳곳에 남아 있었다. 연희는 가방을 내려놓고 의자에 앉아 거실 한쪽에 걸린 그림을 멍하니 바라봤다. 그 그림은 두 사람이 함께 고른 것이었다. 하얀 테두리 액자 속 풍경은 변한 게 없었지만, 그걸 바라보는 연희의 마음은 더 이상 예전 같지 않았다. 그 그림은 이제 연희에게 아무런 감흥도 주지 않았다. 며칠째 그대로 두고만 보던 그림이었다. 치우기 망설여져 손이 가지 않았던 그림. 그런데 왜일까. 갑자기 이제는 치워야겠다는 생각이 들었다. 그렇게 마음먹은 순간, 연희는 망설이지 않고 그림을 들어올렸다. 그러면서도, 액자를 드는 손끝엔 아쉬움이 분명히 남아 있었다. 조심스레 그림을 내려놓는 순간 가슴 어딘가도 함께 덜컥 내려앉는 듯했다. 그 감각은 이상하게 익숙했다. 처음 마음이 무너졌던 날에도, 마지막 말을 나누던 그날 밤에도 연희는 그 비슷한 무게를 느꼈다. 그런데 오늘은 조금 달랐다. 슬픔보다는 공허함, 아쉬움보다는 체념이 먼저 찾아왔다. 그리고 그 뒤를 아주 천천히, 차가운 안도감 같은 것이 따라왔다.

액자가 사라진 벽면. 그 빈자리는 생각보다 단정했고 쓸쓸했지만 왠지 모르게 편안했다. 한참을 멍하니 벽을 바라보다가 연희는 일어섰다. 그림이 있던 자리의 먼지를 손바닥으로 한번 훑었다. 그저 먼지일 뿐인데 그 한 겹이 몇 년의 시간을 닦아내는 것처럼 느껴졌다. 진짜 치웠구나. 진짜 끝난 거구나. 이제 이 공간은 내가 좋아하는 것들로 채워야지. 생각보다 그 다짐은 또렷했고, 그 다짐을 하는 자신의 목소리가 다소 낯설면서도 믿음직스러웠다.

연희는 그림이 사라진 자리에 조심스럽게 달력을 걸었다. 자주 가던 카페에서 받은 작은 커피 일러스트가 그려진 달력이었다. 소박한 종이 질감, 매달 한 페이지씩 넘기며 계절을 따라가게 만든 디자인. 연희는 한 장 한 장을 넘겨 5월의 페이지를 벽에 걸어두었다. 이미 흘러가버린, 하지만 이제는 스스로가 붙잡아야 할 시간.

　그러고는 책장에 놓여 있던 향초 하나를 꺼냈다. 몇 달 전, 그 사람의 가족에게 선물 받았지만 단 한 번도 켜보지 못했던 유칼립투스 향초였는데, 그것에 불을 붙이는 일은 어쩐지 오래도록 망설여졌다. 그의 가족과는 애써 잘 지내보려 했다. 그들도 나름의 방식으로 다가오려 했던 걸 알았지만, 때로는 그게 더 아프게 다가왔다. 그래서 그 향초를 바라보는 일조차 내가 마치 그 관계에 괜찮은 척, 감사한 척 해야 할 것만 같은 마음을 떠올리게 했다.

　'쓸모없어졌으니 건넨 게 아닐까?' 하는 애써 묻어둔 생각이 비집고 올라왔지만 그래도 오늘은 괜찮다고, 이제는 내가 이걸 '내 것'으로 써도 된다고 스스로에게 말해주고 싶었다. 조심스레 라이터를 들어 심지에 불을 붙였다. 작은 불꽃이 닿자 익숙하지 않은 따뜻한 온도가 먼저 손끝에 전해졌고, 이내 방 안을 감싸는 은은한 향이 천천히 퍼져나갔다. 연희는 잠시 눈을 감고 그 향을 깊이 들이마셨다. 무언가 아주 미세하게 풀리는 기분. 피곤했던 어깨가 조금 느슨해졌고, 마음 한가운데에 부드러운 공간이 생긴 것 같았다. 이제 조용한 음악을 틀어도 괜찮을 것 같았다. 스피커를 켜고, 예전에 자주 듣던 로우파이 재즈 플레이리스트를 재생했다. 소리는 천천히 공간을 채웠다. 소파 등받이에 등을 기댄 채 연희는 노래를 들으며 작게 흔들리는 불빛을 바라보았다. 고요한데, 이상하게 따뜻했다. 쓸쓸한데, 어딘가 단단했다. 오늘 하루를, 나름대로 잘 견뎌낸 것 같았다. 이 공간과 이 하루는 조금씩 '나답게' 살아가려는 연희의 것이 되었다.

흔들리면서도 나를 안아주는 법

연희의 하루하루는 놀랄 만큼 조용하게 흘러갔다. 어떤 날은 너무 멀쩡해서 정말 혼자가 된 게 맞나 싶을 때도 있었다. 출근을 하고, 사람들과 아무렇지 않은 척 웃고 떠들고, 퇴근을 하고, 집안일을 하며 하루를 보냈다. 겉보기엔 익숙하고 무난한 일상이었지만 일상이 조용하다는 건 생각보다 많은 감정과 마주하게 된다는 뜻이었다. 특히 밤이 되면 더 그랬다. 낮의 연희는 괜찮은 척, 익숙한 일상을 해냈지만 밤의 연희는 진짜 감정 앞에 무방비로 드러나 있었다. 두 사람은 마치 서로 다른 얼굴을 가진 사람처럼 느껴졌다. 그런 시간들 속에서 무엇보다 괴로웠던 건 '내가 뭘 잘못한 걸까, 내가 틀린 걸까, 왜 나는 남들처럼 살지 못하는 걸까.' 하는 마음이었다.

자기 전 습관처럼 접속한 SNS에는 친구들의 데이트 사진, 결혼 준비 과정, 가족과의 평온한 일상이 매일같이 올라왔다. 누군가는 새로운 가족을 만들어가고 있었고, 누군가는 이미 만든 가족을 단단히 지켜가고 있었다. 연희는 조용한 방 안, 어두운 스탠드 조명 아래서 그런 사진들을 바라보며 생각했다. '이 사진들에도 분명 다 말하지 못한 순간들이 있을 거야.' 삶은 언제나 보이는 것보다 더 복잡하다는 걸 연희는 누구보다 잘 알고 있었다. 그럼에도 불구하고 마음속 깊은 곳에서는 자꾸만 이런 질문이 고개를 들었다. '나는 지금 이대로 괜찮은 걸까?' 결국 연희는 어느 날, 별다른 예고도 없이 SNS를 삭제했다. 그동안 이런 것에 흔들릴 사람이 아니라고 여겼지만, 지금의 연희는 사소한 이미지 하나, 짧은 문장 하나에도 쉽게 마음이 휘청이는 자신을 자주 마주하고 있었기 때문이다. SNS를 지우고 당장은 어떠한 변화도 일어난 것 같지 않았지만 그 빈 시간은 조용히 연희에게 말을 걸었다.

"이제 이 시간을 다른 것들로 채워도 좋지 않을까?"

먼저, 연희는 혼자인 시간에 유난히 천천히 움직여 보기로 했다. 급할 것도 없었고 누군가의 눈치를 볼 일도 없었기에 가능한 느림이었다. 그렇게 천천히 세상을 마주하니 이전에는 잘 들리지 않던 소리들이 하나씩 귀에 들어왔다. 창밖 나뭇잎이 바람에 흔들리는 소리, 옆집 강아지가 누군가를 반기는 발소리, 저 멀리 골목 어귀에서 들려오는 아이들의 웃음소리까지. 소리는 조용히 마음을 두드렸고, 연희는 혼자 있는 저녁 시간이 예전처럼 싫지만은 않다고 느끼기 시작했다.

연희는 평소 음악 듣는 것을 좋아했지만, 누군가와 함께일 때는 늘 저 사람도 이 음악을 좋아할까를 먼저 생각하곤 했다. '혹시 이 음악을 싫어한다면 어쩌지? 이 감정을 공유할 수 없다면 괜히 마음이 멀어질까?' 사소한 취향 하나에도 연희는 조심스러웠다. 그래서 자연스럽게 선택하는 노래들도 함께 들을 수 있는 '무난한 곡'이었고, 그마저도 상대가 좋아한다고 하면 마음을 놓았지만 그렇지 않다면 연희도 덩달아 흥미를 잃는 것 같았다. 좋아하는 노래가 있었지만 나중엔 그게 정말 자신이 좋아하는지조차 헷갈려하곤 했다.

그런데 이제는 달랐다. 조용한 방 안, 작은 스피커에서 흐르는 음악은 더 이상 누구를 위한 것이 아닌 오롯이 '나를 위한 음악'이 되었다. 최근 연희는 신나는 댄스 음악보다는 잔잔한 피아노 선율이 흐르는 재즈나 클래식이 더 마음에 와닿는다는 걸 알게 되었다. 무심하게 흘러가는 듯한 선율에 오히려 마음이 고요해졌고, 가사 없는 음악을 들을 때 생각이 더 정리된다는 사실도 새삼스럽게 느꼈다. 처음엔 배경처럼 틀어두던 음악이었는데 어느새 그 음악이 하루의 분위기를 바꿔주고 있다는 걸 깨달았다. 커피를 내리는 아침에도, 퇴근 후 조용히 앉아 하루를 정리하는 저녁에도 음악은 언제나 조용히 곁을 지켜주고 있었다.

그 안에서 연희는 '이 노래 누구한테 들려줘야지.'가 아니라 '이 노래, 나한테 어울리는 것 같아.'라고 느끼기 시작했다. 혼자 듣는 음악은 외롭지 않았다. 오히려 그 순간, 연희는 자신이 누구인지 조금 더 분명히 느낄 수 있었다.

음악이 마음을 다독여 주었다면, 식물은 연희를 따스한 일상 속으로 데려다주었다. 어느 주말, 햇살이 거실 바닥에 고요히 내려앉던 아침이었다. 연희는 문득 침실에 작은 화분이 하나 있었으면 좋겠다는 생각이 들었다. 말을 걸어주지 않아도, 손이 많이 가지 않아도 그저 곁에 있어주는 존재가 필요했다. 그 길로 가까운 화원에 들른 연희는 잎사귀에 예쁜 무늬가 돋보이는 칼라데아를 골랐다. 크지 않았지만 독특한 결이 마음에 들었다. 생각보다 예민한 식물이라는 점도 연희의 마음과 닮아 있었다.

그날 이후, 연희는 출근 전과 퇴근 후 식물 앞에 앉아 흙의 촉촉함을 확인하고 잎의 상태를 살폈다.

"오늘은 잘 있었어?"

혼잣말처럼 건넨 말에 칼라데아가 조용히 대답해주는 듯한 기분이 들었다. 그 짧은 루틴은 연희에게 작지만 분명한 책임감을 만들어주었다. 누군가를 돌보는 일이 아니라 '나와 함께 사는 존재에게 마음을 주는 일'이었다. 그리고 그 마음은 거꾸로 연희 자신에게도 되돌아왔다. 돌봄은 결국 자신을 더 잘 들여다보는 일이기도 하다는 것을 연희는 이 작은 화분을 통해 알게 되었다.

또 하나의 작은 변화는 연희가 거주하고 있는 성남시의 동아리에 참여하게 된 것이었다. 그전까지 연희는 누군가와 함께 있을 때면 '혼자 한다'는 것이 어색하게 느껴졌다. 늘 함께 해야 자연스럽다고 생각했고, 혼자 무언가를 하면 괜히 미안할 것 같았다. 또 신경 쓰이는 일을 만들고 싶지도 않았다. 궁금한 프로그램을 발견하였을 때, 누가 막은 것도 아닌데 스스로 접어버린 적이 많았다. '이런 건 함께 해야 하는 거 아닌가? 내가 혼자 이런 걸 한다고 하면 싫어하지 않을까?' 이런 생각들이 연희의 발걸음을 자꾸만 멈추게 했다. 하지만 연희는 이제 더 이상 눈치를 보지 않기로 했다. 자신이 진짜 즐거워질 수 있는 일을 스스로 찾아보기로 했다.

그렇게 시작하게 된 것이 바로 '동영상 제작' 동아리였다. 동영상 제작은 사실 이전부터 관심은 있었다. 하지만 내가 이런 걸 할 수 있는 사람일까라는 의문이 늘 따라붙었다. 그러나 최근 연희의 마음에는 작은 변화가 생겨 있었다. '일단 해보자. 나에게 맞는지 안 맞는지는 그다음에 생각하자.'

첫 수업을 듣고 집으로 돌아오는 길, 연희는 자신이 창작의 기쁨을 좋아하는 사람이었다는 사실을 새롭게 알게 되었다. 한 편의 동영상을 기획하고, 카메라를 들고 풍경을 담고, 화면에 자막을 붙이고. 그렇게 편집된 영상에 음악을 입히는 과정은 연희 안에 조용히 잠들어 있던 창작 욕구를 톡톡 건드렸다. 그날 밤, 연희는 문장 하나를 다이어리 한 귀퉁이에 적어두었다.

내가 좋아하는 걸 찾아가보자. 누구의 눈치를 볼 것도, 평가받을 필요도 없는 '나를 위한 하루'를 만들자.

연희는 음악을 듣고 식물을 돌보고, 새로운 사람들을 만나며 조금씩 마음을 다독이는 방법을 찾아갔다. 하루하루는 예전보다 덜 흔들렸고 마음속 무게도 아주 조금은 가벼워지는 듯했다. 그러나 잔잔해지는 듯 보이던 마음속에는 여전히 깊은 물결이 일렁이고 있었다. 겉으론 무탈해 보여도, 그 아래 감정은 늘 조용히 파도를 준비하고 있었다.

어느 날은 별일 없이 하루를 보내다가도 갑작스러운 감정이

거센 파도처럼 몰려왔다. 버스를 타고 창밖을 보던 중, 아무 이유 없이 눈물이 차올라 멈추지 않아서 사람들 시선을 피하려고 고개를 숙여야 했다. 또 어떤 날은 부엌에서 물을 데우던 중 흘러나온 노래 한 소절에 그동안 눌러왔던 감정이 터지듯 울음이 쏟아졌다. '나 괜찮은 줄 알았는데 아직 아니구나.' 그 순간의 울음은 조용하지 않았다. 숨이 가쁘게 차오르고 가슴속이 뜨겁게 뒤흔들렸다. 연희는 그 자리에 주저앉았다. 그러다 울음이 잦아들면 그저 '그래, 오늘은 그냥 이런 날이구나.'라고 생각했다. 차분해진 연희는 감정을 억지로 밀어내지 않기로 마음먹었다.

그렇게 몇 번의 고비를 버텨냈을 무렵, 연희는 문득 오가며 보기만 했던 동네 성당을 떠올렸다. 평소엔 늘 지나치기만 했던 곳이었지만, 그날따라 이상하게 발걸음이 그쪽으로 향했다. 입구를 조심스레 열고 들어선 성당은 예상보다 더 조용하고 아늑했다. 성당 안은 고요했지만, 미사가 시작되자 연희의 마음은 오히려 요동쳤다. 낯선 공간에 앉아 있으면서도 이상하게 익숙한 감정이 밀려왔다. 숨을 고르려 해도 가슴이 빠르게 뛰었고, 오래 눌러왔던 어떤 감정이 터져 나올 듯했다. '왜 이렇게 두근거리지?' 이유를 찾을 수 없었지만, 몸과 마음이 반응하고 있었다.

기도를 시작하려고 무릎을 꿇는 순간 눈물이 불쑥 차올랐다. 특별히 슬픈 기억이 떠오른 것도 아니었는데 눈물이 차올라 멈추지 않았다. 연희는 그런 상황이 난감하여 손등으로 눈가를 훔쳤지만 계속해서 더 굵은 눈물이 흘러내릴 뿐이었다. '왜 이러지? 나 아직 괜찮지 않은 건가?' 애써 스스로를 다그쳤지만 이상하게도 그 울음은 참을 수가 없었다. 깊숙이 묻어둔 마음이 억지로 드러난 듯했다. 지금 이곳이 성당 안이라는 이유 하나만으로.

한참 울고 난 뒤, 연희는 자신에게 다른 질문을 던지기 시작했다. '난 지금, 정말 무엇을 바라고 있을까? 나는 어떤 삶을 살고 싶은 걸까?' 전에는 '난 왜 이렇게 힘든 걸까? 내가 뭔가 잘못하고 있는 걸까?'라는 질문만 붙들고 있었지만, 이제는 조금 달랐다. 더 이상 남들의 시선에 맞추지 않고 오롯이 자신의 삶을 마주 보게 된 것이다.

성당을 나서는 연희의 마음 한편에는 여전히 정체를 알 수 없는 불안이 남아 있었지만, 이상하리만치 따뜻한 기운이 조용히 스며들고 있었다. 살랑거리는 바람에 가볍게 흔들리는 나뭇잎, 그리고 노을빛으로 붉게 물든 하늘까지 평소라면 스쳐 지나쳤을 풍경들이 그날따라 조용히 다가와 말을 건넸다.

"괜찮아. 아주 조금씩, 그렇게 나아가면 돼."

그리고 또 어느 날, 조심스럽게 털어놓은 말에 친구가 말했다.

"그럴 수 있지. 너 정말 잘하고 있는 거야."

예전 같았으면 날 동정하는 건가 싶은 마음에 마음을 꽁꽁 닫았을 텐데, 그 날은 따뜻하고 깊게 들렸다. 순간 연희는 같은 말도 내가 어떻게 듣느냐에 따라 이렇게 다정하고 용기 있게 다가올 수 있다는 사실을 깨달았다. 위로란 누군가의 말이 아니라 그 말을 받아들일 준비가 된 나의 마음에서 시작되는 것임을. 그 말은 연희에게 처음으로 편견 없이 받아들인 진짜 위로로 스며들었다.

무언가 극적으로 바뀐 건 아니지만 분명히 '어딘가에서 시작된 변화'가 삶에 스며들고 있었다. 감정이 또다시 파도처럼 밀려올지라도, 연희는 이제 그 파도 속에서도 스스로를 지켜낼 수 있으리란 믿음을 가지게 되었다.

새로운 계절의 문턱에서

새로운 활동을 시작한 이후, 연희는 이전에는 만나보지 못했던 사람들을 하나둘 알아가게 되었다. 나이도, 직업도, 살아온 환경도 각기 다른 이들과 함께 시간을 보내면서 연희는 비로소 알게 되었다. 누구의 삶도 결코 단순하지만은 않다는 것을. 겉으로 보기엔 아무렇지 않은 듯해도 사람마다 저마다의 사연을 안고 살아간다는 것을 말이다.

처음 동아리 모임에 참여했을 때 연희의 마음은 단순했다. 그냥 새로운 활동을 해보자는 마음뿐이었다. 그 자리에 모인 사람들을 사귀어보자는 생각은 크지 않았다. 하지만 시간이 지나 이야기를 나누다 보니 생각보다 마음이 쉽게 열렸다. 누군가는 오랜 회사 생활에 지쳐 있었고, 또 다른 누군가는 자신만의 작은 브랜드를 키우며 고군분투하고 있었다. 그런 이야기에 연희는 조심스럽게 귀를 기울였고, 오랜만에 누군가의 인생에 진심으로 관심을 가질 수 있게 되었다.

모임이 끝날 무렵 한 참가자와 함께 집으로 돌아가던 길, 그 사람이 조심스레 말을 꺼냈다. "저 사실 이번 주에 연인과 헤어졌어요. 괜찮은 척하는 게 더 힘들더라고요." 그 말끝의 떨림에 연희는 자신도 모르게 멈춰 섰다. 최근에 비슷한 아픔을 겪었던 터라 그 마음이 고스란히 전해졌다. 연희도 자신의 외로움과 혼란을 조심스레 이야기했다. 낯선 이와의 이러한 대화가 오히려 마음 깊숙한 위로가 되었다. 그날 이후로 연희는 사람들의 이야기에 조금 더 귀 기울이고, 대단한 조언이 아니더라도 그저 '듣는 존재'가 되어주는 것만으로도 관계가 깊어질 수 있다는 걸 깨달았다.

예전의 연희는 늘 자신의 고통에만 잠겨 있었다. 다른 사람의 말을 듣기보다는 자신의 아픔을 어떻게든 설명하려 애썼고, 그마저도 마음처럼 잘되지 않아 더 외로워지곤 했다. 그러나 이제는 조금 달라졌다. 사람들과 눈을 마주치고, 그들이 말을 멈출 때의 숨소리까지도 조심스레 들으려는 자신을 발견했다. 타인을 이해하려는 노력은 어느 순간 자신을 더 이해하게 되는 길이 되었다.

관계 안에서의 태도도 달라졌다. 예전처럼 단숨에 가까워졌다가 작은 오해로 상처받고 등을 돌리는 일을 더는 반복하고 싶지 않았다. 그래서 연희는 의식적으로 속도를 늦추었다. 마음을 여는 데에도 시간을 들이고, 낯선 이와 대화를 나눌 때면 마음을 닫고 경계하는 대신 '이 사람은 어떤 마음으로 이 자리에 왔을까?'를 먼저 떠올려 보았다. 그렇게 연희는 관계 속에서 상대를 내 기준에 맞춰 이해하려 애쓰는 대신, 있는 그대로 바라보고 받아들이는 법을 배워가고 있었다.

그리고 어느 순간 연희는 깨달았다. 내 주변의 사람들에게 진심을 담아 친절하게 대하는 일이 결코 헛되지 않았다는 것을. 말없이 곁을 지켜주는 이들이 생겼고, 가끔은 짧은 인사 한마디가 그날 하루를 환하게 밝히기도 했다. 우연처럼 스쳐 가는 관계들 속에서 연희는 알게 되었다. 타인을 향한 작은 관심이 결국은 나에게 돌아와 나를 살게 해주는 힘이 될 수 있다는 것을.

 어느 깊은 밤. 그날은 좀처럼 잠이 오지 않았다. 조용히 책상 앞에 앉은 연희는 생각을 정리할 수 있을 것 같은 마음에 펜을 들었다. 누군가에게 보내는 편지라고는 할 수 없었다. 그저 지나온 시간의 어딘가에 남아 있을, 오래전의 자신에게 말을 걸 듯이 한 줄씩 써 내려갔다.

그때의 나에게

그날의 너는 정말 당황했지.
갑작스러운 이별 앞에서, 스스로를 돌보기보단
사람의 마음에 맞추려 애쓰느라
자신을 너무 아프게 했던 것 같아.
매일 아침 아무렇지 않은 척 출근하고,
사람들 앞에서는 괜찮은 얼굴로 웃으면서도
밤이 되면 이불 속에서 조용히 울던 너.
지금 돌이켜보면, 정말 대견해.
그렇게 마음이 휘청이는 와중에도
다른 사람들과의 관계를 지키려 애쓰고,
그 사람과의 마지막 끈을 놓지 않으려 하고,

또 한편으론 너만의 성취와 꿈을

붙잡기 위해 안간힘을 썼지.

참 열심히 살았더라.

그땐 몰랐지.

네가 얼마나 외롭고, 얼마나 불안했는지.

그 감정들이 너를 어떻게 갉아먹고 있었는지도.

무엇이 그렇게 힘들었는지조차 말로 설명할 수 없어

더 막막했을 거야.

그러니 어디서부터 빠져나와야 할지도 몰랐겠지.

지금의 나는, 그때의 너를 조금은 이해하게 되었어.

그건 네가 약해서 그런 게 아니었어.

오히려 네가 얼마나 깊이 사랑하고,

진심으로 관계를 지켜내려 했는지를 보여주는 증거였던 거야.

그 마음이 얼마나 귀한지, 지금은 나도 알아.

이제 나는 네 편이야.

그때 미처 안아주지 못했던 마음들을,

하나씩 꺼내어 다독여줄게.

괜찮다고, 정말 잘 살아냈다고

말해줄 수 있을 만큼

이제는 나도 너를 조금 이해하게 된 것 같아.

지금의 나는,

너의 연장선에서 자라고 있지만

분명히 어딘가는 달라졌어.

다 괜찮아, 이제.

우리는 아주 잘 살아가고 있어.

어느덧 아침저녁의 온도가 달라졌다. 뜨거웠던 계절이 지나고, 아직은 어색한 찬바람이 스며들기 시작했다. 연희는 그 온도를 느끼며 생각했다. 이제 나답게, 내가 우선인 삶을 살아보자.

며칠 전 연희는 그동안 일하던 직장을 옮겼다. 꽤나 큰 결정이었지만 그것을 해낸 자신이 기특했다. 익숙했던 출근길이 낯선 방향으로 바뀌었고 통근 시간은 더 길어졌지만, 오히려 기분은 한결 가벼웠다.

무엇보다 놀라웠던 것은 새 직장에서 동료들과의 첫 만남이었다. 어색한 자기소개 뒤에 돌아온 따뜻한 인사, "앞으로 잘 부탁드려요!"라는 말 한마디에 연희는 자신도 모르게 입꼬리가 올라갔다. 예전 같았으면 낯선 환경에 주눅이 들었을 텐데 이제는 새로운 시작이 주는 설렘이 더 컸다. 괜찮아질 거라는 믿음이 어느새 자연스럽게 따라왔다.

그리고 연희는 '혼자'라는 시간을 조금 더 안정적으로 보내게 되었다. 혼자 밥을 먹고, 혼자 퇴근하고, 혼자 침대에 누워

하루를 정리하는 그 순간들이 이전에는 외로움으로 다가왔지만, 지금은 그 안에서 나를 다듬고 돌보는 시간으로 채워졌다. 아직 서툴고 완전히 괜찮아진 건 아니지만 예전보다 훨씬 단단해졌고, 사람들과의 관계도 내 마음의 속도를 지키며 한 걸음씩 만들어갈 줄 알게 되었다.

그렇게 연희는 오늘을 살아간다. 새로운 계절의 문턱에서, 분명한 걸음으로. 어제보다 단단해진 마음으로 다음 이야기를 맞이할 준비를 하며.

혼자 걷는 시간 속에서, 연희는
조금씩 완성되어가고 있었다.

조금은 느리고,
서툴지만 소중한 나의 하루

황재영

혼자 사는 삶은 때로는 자유롭고, 때로는 외롭다. 하지만 역설적이게도 함께 산다고 해서 외롭지 않은 것은 아니다. 그래서 함께 있을 때의 외로움이 더 큰 법이라고 하지 않던가! 실제로 연애 하던 시절 느낀 감정 중에 제일 힘들었던 부분이기도 하다.

그래서 지금 혼자 있는 이 상태가 너무 편하고 좋기도 하다. 하지만 편함만 있는 건 아니다.

나만의 속도로 흐르는 아침

나는 경기도 성남의 오래된 구시가지, 골목 사이사이로 오래된 분식집과 세탁소, 작은 문방구가 여전히 남아 있는 동네의 작은 아파트에 혼자 산다. 창문 너머로는 낮게 자리한 건물들이 옹기종기 붙어 있고, 계절에 따라 그 위로 펼쳐지는 하늘의 색도 조금씩 다르다. 이곳에서 독립해 살아온 시간이 벌써 10년을 훌쩍 넘었는데, 처음에는 모든 것을 스스로 해야 하는 부담감과 낯섦이 컸다. 그러나 세월이 흐르면서 '혼자'라는 상태는 나를 더 가볍고 유연하게 만드는 힘이 되었고, 이제는 마치 내 삶에 원래부터 존재했던 배경처럼 자연스럽게 스며 있다. 혼자 산다는 건 더 이상 특별한 선택이 아니라, 내 일상과 가장 잘 맞아떨어지는 방식이 되었음을 매일 실감한다.

나만의 공간 나의 지구별

아침이 오면, 알람 소리에 쫓기던 예전과 달리 지금은 커튼 사이로 비집고 들어오는 햇살에 천천히 눈을 뜬다. 햇빛이 하얀 이불 위로 부드럽게 내려앉아 방 안을 은근하게 덥히고, 그 따스함이 마치 "오늘도 괜찮을 거야."라고 속삭이는 듯하다. 예전에는 아침이면 눈을 뜨자마자 시계를 확인하고, 분 단위로 움직이며 세수, 화장, 옷차림을 끝내야 했다. 엘리베이터가 도착하기 전까지 현관 앞에서 숨을 고르는 일도 다반사였다. 그러나 지금의 나는 하루의 첫 장면을 스스로 천천히 연출한다. 침대 옆에 두었던 책을 덮고, 부드럽게 몸을 일으켜 발을 바닥에 디딘다. 이 순간만큼은 세상과 단절된 듯, 오로지 나만의 속도와 리듬으로 살아가는 사람처럼 느껴진다.

거실로 나가 테이블 위에 머그잔을 올려놓고 커피머신의 버튼을 누른다. 기계에서 낮게 울리는 예열음이 들리고, 곧 진하고 깊은 커피의 향이 방 안 가득 퍼져나간다. 단순한 커피 향이 아니라, 지난 10년간의 아침을 차곡차곡 쌓아올린 내 시간의 냄새 같다. 커피를 기다리는 동안 시선을 돌리면 창가에는 크고 작은 다육이들이 빽빽하게 자리 잡고 있다. 그들은 계절이 바뀌어도 쉽게 시들지 않고, 묵묵히 제 자리를 지키며 살아간다. 벽면에는 여행지에서 가져온 엽서와 사진들이 실핀에 매달려 있다. 조금은 삐뚤고 제멋대로 걸려 있지만, 그 불완전함이 오히려 내 공간을 더 따뜻하고 진짜처럼 만든다. 여기에는 다른 사람의 기준이 아닌, 오롯이 나의 취향과 선택만이 존재한다. 커피를 한 모금 들이킨 뒤, 요즘 유난히 자주 듣게 되는 플레이리스트를 켠다. 차분한 피아노 소리와 부드러운 색소폰의 울림이 배경이 되고, 그 공간 안에서 천천히 스트레칭을 시작한다. 목을 부드럽게 돌리고 어깨를 풀며, 아직 덜 깨어난 몸 구석구석에 온기를 불어넣는다. 이런 아침 루틴은 누가 시켜서 하는 것이 아니라, 나를 위해 내가 만든 작은 의식이다. 세상이 요구하는 속도보다 조금 느려도 괜찮다. 오히려 그 느림이 하루를 더 선명하게 느끼게 해주고, 나 자신과 대화할 수 있는 여유를 준다.

얼마 전 뉴스에서 나온 통계청 발표를 보니, 2025년 대한민국의 1인가구 수가 800만 명을 넘어섰다고 한다. 그 수치 속에는 나와 같은 나이대의 여성들이 점점 많아지고 있다는 사실도 포함되어 있었다. 기사를 읽는 순간, 마음 한 켠이 묘하게 따뜻해졌다. 예전에는 혼자 사는 여성이 어딘가 '특별한' 범주에 속한다고 여겨지던 시절이 있었다. 그 시절, 나는 나의 선택을 때로는 설명해야 했고, 때로는 방어해야 했다. 하지만 이제는 그렇지 않다. 나도, 우리도 예외가 아닌, 대한민국의 일상적인 풍경의 일부가 되었다. 이러한 변화는 단순한 사회 현상이 아니라, 나와 같은 사람들에게 깊은 심리적 안도감을 준다. '나만 이런 게 아니구나.' 하는 생각, '우리 모두의 보통'이라는 새로운 기준이 생겼다는 사실이, 홀로 살아가는 나의 삶을 조금 더 단단하고 든든하게 만든다.

아침 햇살이 방 안을 가득 채우고, 커피 향이 부드럽게 공기를 감싸는 순간, 나는 안다. 혼자인 지금이 결코 비어 있는 시간이 아니라, 오히려 가장 충만하고 온전한 시간이라는 것을. 그리고 이 아침의 평온함이 오늘 하루를 지탱해줄 힘이 될 것임을,

혼자라서 좋은 순간, 혼자라서 불안한 순간

혼자 지낸다는 것의 가장 좋은 점 중 하나는, 아주 사소한 것이라도 모든 걸 내 마음대로 할 수 있다는 게 아닐까 싶다. 주말이면 굳이 알람을 맞추지 않고, 눈이 저절로 떠질 때까지 늦잠을 잔다. 느지막이 일어나면 부스스한 머리로 부엌을 기웃거리다, 귀찮으면 배달 앱을 켜서 치킨이나 국수를 시킨다. 음식이 도착하면 소파에 푹 파묻혀 영화를 보며 먹는다. 방이 어질러져 있어도 치우라는 잔소리를 들을 일 없고, 설거지를 며칠 밀어둔다 해도 누구 하나 눈치를 주지 않는다. 집 안에서 내 기분과 컨디션에 맞춰 리모컨을 잡고, 음악을 크게 틀

든, 조용히 책을 읽든, 오롯이 나만의 선택이 허락된다는 건 생각보다 큰 해방감이다. 예전 친구들이나 가족과 함께 살 때는 서로의 생활 패턴에 맞춰야 했고, 사소한 부분에도 신경을 써야 했지만, 지금은 훨씬 자유롭다.

솔직히 고백하자면, 예전의 나는 이렇게 혼자 있는 시간을 즐길 수 있는 사람이 아니었다. 혼자 있는 시간이 길어질수록 외롭고 허전하다고 느꼈고, 그 공백을 메우기 위해 일부러 약속을 채워 넣었다. 그러나 시간이 지나면서, 혼자 있는 동안에만 발견할 수 있는 나의 취향과 생각들을 알아가는 재미를 알게 됐다. 무엇을 먹고 싶은지, 어떤 영화를 보고 싶은지, 오늘은 어디로 산책을 나갈지 이 모든 걸 내가 스스로 결정할 수 있다는 점이 오히려 삶을 더 단단하게 만들었다. 다른 사람의 기분이나 사정에 맞추지 않아도 된다는 건, 나 자신에게 집중할 수 있는 가장 큰 여유다.

물론, 혼자 살아서 힘들고 불안한 순간들도 분명 찾아온다. 예전에 독감에 걸렸을 때가 그랬다. 하루 종일 끙끙 앓다가, '만약 여기서 더 기운이 빠져서 움직이지 못하면 어떡하지?' 하는 생각이 불현듯 들었다. 그때 느꼈던 막막함은 꽤 오래 마음에 남았다. 독감에 걸렸을 때보다 더 아찔했던 일도 있었다. 식탁에 앉아 좋아하는 밤을 칼로 손질하다가 갑자기 몸이 휘청이며 의자에서 바닥으로 쓰러졌을 때였다. 칼을 손에 쥔 채로 바닥으로 고꾸라졌는데 순간 눈앞이 빙빙 돌고, 균형을 전혀 잡을 수 없었다. 살면서 처음 겪어보는 상황이라 몹시 당황스러웠고, 몸을 가누기도 힘든 상태에서 혼자 병원에 가야 한다는 엄두조차 나지 않았다. 다행히 친구에게 도움을 청해 병원에 갈 수 있었고, 병원에 가서야 '이석증'이라는 낯선 병명을 진단 받았는데 달팽이관 안의 작은 결정이 제자리를 벗어나 균형감각을 무너뜨리는 증상이라고 했다. 약을 먹고 하루 이틀이 지나자 언제 그랬냐는 듯 멀쩡해졌다. 이런 상황을 한 번씩 맞닥들이게 되면 '만약 완전히 혼자라면 어떤 상황이 벌어졌을까?' 하는 끔찍한 생각이 들곤 한다.

돌이켜 생각해보면, 이런 사고나 질병은 혼자 살아서만 일어나는 일이 아니다. 함께 사는 가족들에게도 언제든 생길 수 있는 일이고, 굳이 그것을 '혼자여서 위험하다.'는 식으로 확대 해석할 필요는 없다는 결론에 이르렀다. 게다가 1인가구를 위한 병원동행서비스 같은 복지가 점차 늘어나는 추세이기도 하다. 적절한 보험 상품에 가입만 되어 있어도 간병비 보장을 받을 수 있고, 병원마다 간호 병동이 활성화되어 있어 갑작스러운 상황에도 대응이 가능하다. 덕분에 '혹시나'라는 걱정이 예전처럼 크지는 않다. 오히려 혼자라는 사실이 나를 더 신중

하고 계획적으로 살게 만들고, 그 과정에서 내 삶은 조금씩 안정적인 구조를 갖춰 가고 있다.

혼자 살면서 배우게 된 것들

4형제의 막내로 자란 덕분에, 나의 어린 시절은 늘 누군가의 존재 속에서 흘러갔다. 밥을 먹을 때도, 숙제를 할 때도, 잠들기 전까지도 집 안에는 언제나 사람들의 발자국 소리와 말소리가 가득했다. 아침에 눈을 뜨면 부엌에서는 엄마가 아침상을 차리는 소리가 들렸고, 오빠나 언니들이 부스럭거리며 학교 갈 준비를 하고 있었다. 막내라는 이유로 집안일에서 빠지는 경우가 많았고, 심지어 중학생이 되던 여름까지도 내가 스스로 해낸 일은 그리 많지 않았다. 밥이 차려져 있으면 먹고, 옷이 필요하면 누군가 챙겨줬다. 그때는 그 모든 것이 너무나 당연하다고 생각했다. 어릴 때의 이런 것들은 나에게 아주 지대한 영향을 끼친 듯하다.

혼밥, 혼술, 혼자만의 여행... 그런 단어들은 나에게는 아직도 어려운 단어들이다. 그런데 나 혼자 산다니 아이러니하다. 처음에는 낯선 공기가 집 안을 감쌌다. 방 안에 나 혼자뿐이라는 사실이 마치 텅 빈 운동장에 홀로 서 있는 기분이었다. 하지만 시간이 흐르면서 '혼자 있는 것'이 조금씩 자연스러워졌고, 어느 순간부터는 그 고요함이 오히려 안정감을 주기 시작했다. 혼자 살면 대화가 줄어들고, 집 안의 소리가 현저히 적어진다. 그러다 보니 마음속 깊은 곳의 생각들이 더 또렷하게 들리기 시작했다. 이를테면 어느 날 저녁, 전등을 끄고 이불 속에 누워 창밖을 바라보다가 문득 이런 질문이 떠올랐다. "나는 지금 행복한가?" "내일은 무엇을 하며 보낼까?" 예전에는 이런 근본적인 질문을 할 겨를이 없었다. 가족이나 룸메이트와 함께 살던 시절에는 늘 누군가와 이야기를 나누거나, 그들과의 관계 속에서 오는 트러블들을 해결하느라 에너지 소모가 많아 내 마음을 깊이 들여다볼 시간이 없었던 것이다.

혼자 살게 되면 집안일도 모두 내 몫이 된다. 쓰레기 분리수거부터 시작해 설거지, 세탁, 가구 조립, 전구 교체까지 작고 사소해 보이지만 생활에 꼭 필요한 일들이다. 처음에는 못을 박는 일조차 무서웠다. 망치질을 하면 벽이 부서질 것 같고, 나사가 헛돌면 어쩌나 하는 걱정이 앞섰다. 하지만 이제는 유튜브나 블로그에서 방법을 찾아보면 웬만한 일은 스스로 해결할 수 있다. 조급해하지 않고 천천히, 서툴더라도 하나씩 시도하다 보면 어느새 해결이 된다. 그럴 때마다 '아, 나도 조금씩 자라고 있구나.' 하는 뿌듯함이 밀려온다. 처음에는 단순히 생활 기술을 익히는 과정이라고 생각했는데, 지금 돌이켜

보면 그 속에는 스스로를 믿는 힘이 조금씩 자라나는 순간들이 숨어 있었다.

이런 경험을 하고 나니, 가끔 친구들의 이야기가 새삼스럽게 들릴 때가 있다. 어떤 친구는 집 안 전등이 나가면 남편이 돌아올 때까지 기다리다가, 그 일이 미뤄지면 결국 다툼으로 이어진다고 했다. 나로서는 의아했다. 전등 교체는 생각보다 간단한데, 왜 굳이 감정이 상할 때까지 놔두는 걸까? SNS나 유튜브 등 조금만 검색해 보면 스스로 해결할 수 있는 방법이 수두룩하게 나오는 세상인데 말이다.

사실 나 역시 처음부터 능숙했던 건 아니다. 혼자 산 첫 해에는 세탁기 필터 청소를 할 줄 몰라서 물이 역류해 바닥이 흥건해진 적도 있었고, 커튼을 달다가 잘못 고정해서 한밤중에 와르르 떨어지는 소리를 듣기도 했다. 하지만 그 모든 경험이 결국은 나를 단단하게 만들었다. 실패를 겪더라도 다시 시도하는 방법을 배웠고, 모르면 배우면 된다는 단순하지만 중요한 사실을 몸으로 깨달았다. "처음엔 누구나 서툴지. 하지만 해보면 생각보다 별거 아니야. 하다 보면 익숙해져."라고 귀띔해 주고 싶다.

이제 혼자 사는 일상은 내게 단순한 생활 형태가 아니라, 하나의 학교와도 같다. 매일 작은 과제가 주어지고, 그걸 해결하며 배우는 과정이 반복된다. 그리고 그 속에서 나는 점점 내 삶의 주인으로 서게 된다. 누군가 대신 해주는 보호막이 사라진 자리에는, 스스로를 돌보고 지키는 힘이 자리 잡았다. 혼자라는 환경이 내게 준 가장 큰 선물은 바로 그 힘이었다.

예전에는 혼자라는 상태가 '결핍'처럼 느껴졌다. 누군가와 함께해야만 온전해질 수 있다고 생각했고, 그 '함께'가 사라지면 모든 게 부서질 것처럼 느꼈다. 하지만 지금의 나는 안다. 혼자 있는 시간 속에서도 삶은 충분히 단단할 수 있고, 오히려 더 깊고 진하게 나를 채울 수 있다는 것을. 그 과정에서 생긴 자신감은 생활의 구석구석에 스며들었다. 이제는 예상치 못한 상황이 닥쳐도 '이건 내가 해결할 수 있을 거야.'라는 믿음이 먼저 든다.

물론 여전히 서툴고 실수도 한다. 가끔은 혼자 해결하려다 오히려 더 크게 고생할 때도 있다. 하지만 그조차도 내 이야기의 일부가 되고, 나를 조금 더 강하게 만든다. 혼자 살아간다는 건 완벽해야 하는 것이 아니라, 그 불완전함을 끌어안고 앞으로 나아가는 과정이다.

나만의 공간, 나를 담는 그릇

혼자 살기 전에는 '집'이라는 공간에 대해 깊이 생각해본 적이 없었다. 그저 하루를 마치고 잠을 자고, 밥을 먹고, 잠깐 머무는 장소였을 뿐이었다. 집은 단순히 생활을 이어가기 위한 배경처럼 존재했을 뿐, 나와 특별한 연결고리를 가지지 못했다. 하지만 혼자 살게 된 지금, 집은 단순한 배경을 넘어 내 생활의 전부이자 나를 온전히 드러내는 그릇이 되었다.

아침 햇살이 드는 방향에 맞춰 커튼을 골랐고, 그 커튼 사이로 들어오는 빛은 하루를 시작하는 작은 신호가 되었다. 계절이 바뀔 때마다 작은 소품을 교체하면서, 공간은 늘 새로워졌다. 봄에는 파스텔 톤의 쿠션과 가벼운 러그를, 여름에는 시원한 린넨 패브릭을, 가을과 겨울에는 조금 더 차분하고 따뜻한 색감을 들였다. 여행지에서 사온 엽서와 사진들은 벽 한 켠에 모아 두었는데, 그 하나하나가 그 시절의 기분을 고스란히 품고 있다. 미니멀리스트의 성향으로 듬뿍 담아 불필요하게 복잡하지 않으면서도, 쓰는 물건 하나하나가 마음에 드는 것들이 되도록 조금씩 바뀌왔다. 그 과정은 단순한 인테리어가 아니라, 내 삶의 방식과 취향을 차곡차곡 쌓아 올리는 일이었다. 이 공간은 누군가의 시선이나 취향을 고려할 필요가 전혀 없다. 내가 좋아하는 색을 선택하고, 내가 편하다고 느끼는 배치를 하고, 내가 쓰기 좋은 위치에 물건을 두면 된다. 작은 화분 하나를 창가에 놓는 일조차도 하나의 의식처럼 느껴진다. 정성스레 물을 주고 작은 생명이 자라는 모습을 지켜볼 때, 집이라는 공간도 함께 살아 숨 쉬는 것 같다. 하루 동안 세상에서 부딪히고 돌아와 이 공간에 발을 들이는 순간, '아, 여기는 나를 지켜주는 곳이구나.' 하고 안도하게 된다.

물론 완벽하게 꾸며진 집은 아니다. 페인트가 덜 마른 자리나, 높이를 맞추지 못한 가구, 아직 정리하지 못한 서랍도 있다. 하지만 그 불완전함마저도 나의 일부다. 시간이 흐를수록, 이 공간은 나와 함께 변해가고, 그 안에서 나는 조금 더 나다운 사람이 되어 간다.

혼자 사는 사람에게 집은 단순한 생활의 무대가 아니다. 하루의 시작과 끝을 품고, 기분 좋은 날도, 지치는 날도 모두 받아주는 조용한 동반자다. 외부에서 들려오는 소음과, 다른 이들의 기대와 요구로부터 벗어나 오롯이 내 속도를 회복할 수 있는 공간, 그게 바로 집이다. 내가 웃고 울고, 아무도 보지 않는 모습으로 하루를 정리할 수 있는 곳. 이곳이 있기에 나는 내 속도와 리듬을 유지하며 살 수 있다. 결국 나만의 공간을 가졌다는 건, 내 삶의 중심을 스스로 잡을 수 있는 힘을 얻었다는 뜻이기도 하다.

그리고 언젠가 이 집을 떠나 다른 곳으로 옮기더라도 내가 살았던 모든 공간은 그 순간의 나를 담아내고, 나를 기억하게 만들 것이라는 사실을 나는 안다. 지금의 집은 나의 현재를 비추는 거울이자, 동시에 미래의 나에게 전해줄 편지 같은 존재다. 집은 단순히 벽과 천장으로 이루어진 구조물이 아니라, 나라는 사람을 담고 기록하는 또 하나의 '나'이기 때문이다.

느슨한 연결, 그래서 더 소중한 관계들

혼자 산다는 건, 완전히 사람들과 떨어져 고립된 채 살아간다는 뜻이 아니다. 오히려 홀로 지내는 시간이 길어질수록, 내 삶에 스며드는 관계들의 소중함을 더 절실하게 느끼게 된다. 가족과 함께 살 때는 늘 곁에 사람들이 있었기에 그 존재를 당연하게 여겼지만, 혼자 살게 되면서는 누군가를 만나고 대화를 나누는 시간이 훨씬 귀하게 다가온다.

그래서인지 가까운 친구들과의 약속은 단순한 식사나 수다를 넘어, 나를 다시 세상과 이어주는 중요한 끈이 된다. 가끔은 맛집을 찾아가 함께 음식을 즐기기도 하고, 때로는 서로의 집에 초대해 홈파티를 열기도 한다. 그 자리에서는 그동안 쌓아두었던 소소한 일상의 이야기부터, 누구에게도 쉽게 꺼내지 못했던 고민까지 자연스럽게 흘러나온다. 혼자 사는 친구들끼리 모이면 더 그렇다. 서로의 생활 속 작은 실수들, 예를 들어 빨래를 하루 종일 세탁기에 둔다든지, 냉장고에서 유통기한이 지난 반찬을 발견한다든지를 웃으며 나눌 수 있다. 그런 대화 속에서, 나만 겪는 줄 알았던 일이 사실은 모두의 일상이라는 걸 깨닫게 된다.

최근에는 '싱글 모임'이나 '블로그 소모임' 같은 커뮤니티에도 꾸준히 발을 들이고 있다. 처음엔 낯선 사람들과 만나 이야기를 나누는 게 조금 어색했지만, 같은 1인가구라는 공통점을 나누다 보니 금세 편안해졌다. 우리는 집 관리 팁, 간단 요리법, 비용 절약 방법 같은 실용적인 정보뿐 아니라, 혼자 사는 데서 오는 외로움이나 불안 같은 감정까지도 주저 없이 이야기한다. 그 속에서 '나 혼자가 아니구나.' 하는 묘한 안도감을 느낀다.

온라인에서도 이런 연결은 계속된다. 여러 커뮤니티와 SNS 그룹에 가입해 다른 사람들의 '혼자 살기' 노하우를 구경하거나, 집 꾸미기 아이디어를 얻는다. 어떤 날은 "오늘은 너무 외로웠다."라거나 "뭐 먹을지 몰라서 그냥 라면 끓였다." 같은 짧은 글이 눈에 띄기도 한다. 그런 글을 보면 나도 모르게 웃음이 나고, 공감 댓글을 단다. "저도 오늘 저녁 라면이었어요."

같은 짧은 문장 하나가 의외로 큰 위로가 된다. 그 짧은 교류 속에서, 서로가 보이지 않는 거리를 두고 있지만 분명 연결되어 있다는 확신이 든다.

이렇게 만들어진 관계는 '느슨하지만 든든한 연결'이라고 표현할 수 있다. 매일 연락하지 않아도, 자주 만나지 않아도, 필요할 때 서로의 존재가 떠오르는 사람들. 혼자 사는 나에게는 이 관계들이 예상보다 큰 힘이 된다. 사람과의 연결이 꼭 끈끈하고 밀착된 형태일 필요는 없다. 오히려 이렇게 가볍고 자유로운 관계가, 나의 일상 속에서 무심하게도 중요한 지지대가 되어준다.

이 느슨한 연결들이 내 삶에 스며들면서, 나는 사람과 거리를 두는 방법과 다가가는 방법을 동시에 배우게 됐다. 예전에는 가까운 관계일수록 모든 것을 공유하고, 멀어지지 않기 위해 끊임없이 연락해야 한다고 생각했다. 하지만 지금은 그렇지 않다는 걸 안다. 매일같이 연락하지 않아도, 서로의 삶을 존중하면서 필요한 순간에 마음을 나누는 관계야말로 오래 간다는 것을 깨달았다. 특히 힘든 일이 생겼을 때, 이 관계의 진가가 드러난다. 예를 들어, 갑작스러운 감기몸살로 며칠 집에만 누워있을 때, 평소 자주 보지 않던 친구에게서 "필요한 거 있으면 말해."라는 메시지가 온다. 단순한 한 문장이지만, 그 말이 생각보다 큰 위로가 된다. 누군가가 내 상황을 알고 있다는 사실만으로도 혼자가 아니라는 안도감이 생긴다.

이러한 연결을 통해 새로운 관심사와 취미도 자연스럽게 생겼다. 소모임에서 알게 된 사람을 따라 등산을 가게 되었고, 온라인 커뮤니티에서 본 사진을 참고해 집안 한 켠을 화초로 꾸미기도 했다. 혼자 살다 보면 취향이 고정되기 쉽지만, 이런 만남과 교류는 내 삶에 신선한 변화를 불어넣어 준다. 무엇보다도, 나는 이제 '관계의 방식'이 바뀌었다. 예전처럼 의무감에 누군가를 만나거나, 외로움을 달래기 위해 억지로 약속을 잡지 않는다. 대신 만나면 좋은 사람, 이야기하면 기분이 나아지는 사람에게 시간을 쓴다. 그리고 그 선택이 나를 더 가볍게 하고, 내 시간을 더 소중하게 만든다.

혼자 사는 삶이 완전히 혼자만의 세계로 닫히는 게 아니라, 이렇게 느슨하지만 따뜻한 연결 속에서 더 단단해진다는 것을 나는 매일 실감한다. 우리는 서로의 일상을 깊이 파고들지는 않지만, 필요한 순간에는 꼭 옆에 있을 수 있다는 믿음 — 이 믿음이야말로 혼자 사는 나에게 가장 든든한 사회적 안전망이 되어준다.

천천히, 조금씩 성장하는 나

나는 아직도 혼자 사는 일이 완벽하게 익숙하지 않다. 하루하루가 마치 훈련과도 같고, 때로는 여전히 작은 일에도 버거움을 느낀다. 집안일은 여전히 귀찮을 때가 많다. 설거지를 하다 말고 멍하니 창밖을 보다가 그릇을 그대로 두고 책상으로 돌아올 때도 있고, 빨래를 세탁기에 넣어놓고 까맣게 잊어 하루가 지난 뒤에야 꺼내는 경우도 있다. 그럴 때면 '아직 멀었구나.' 하는 생각과 함께, 그래도 전보다 나아졌다는 작은 위안이 동시에 밀려온다. 예전의 나는 이런 일들을 대수롭지 않게 넘기기보다, 스스로를 심하게 책망하곤 했다. 하지만 지금은 조금 더 너그러워졌다.

처음 이 집으로 이사 왔을 때, 나는 스스로를 '셀프 인테리어 장인'이라고 부르며 의욕적으로 도전했다. 문고리를 새 걸로 교체하고, 낡은 형광등을 LED 조명으로 바꾸고, 구옥 아파트의 칙칙한 몰딩과 방문, 빛바랜 현관문에 셀프 페인트칠까지 시도했다. 상상 속에서는 잡지에 나올 법한 깔끔한 공간이 완성될 줄 알았다. 하지만 현실은 그리 호락호락하지 않았다. 페인트칠은 생각보다 고르고 매끈하게 하기 어려웠고, 조명은 처음 설치할 때 전선 연결이 잘못돼 몇 번이나 다시 시도해야 했다. 완성되지 못한 색의 경계선은 지금도 벽 한쪽에 남아 있다. 예전 같으면 그 미완성의 흔적이 눈에 거슬렸겠지만, 지금은 그마저도 '내가 시도했다.'는 흔적이자 경험으로 보인다. 그 모든 서툰 시도가 결국은 내가 혼자 잘할 수 있다는 자신감을 만드는 밑거름이 되어 주었기 때문이다.

그렇다고 미래에 대한 걱정이 사라진 건 아니다. 나이가 들면 지금보다 더 자주 아플 수도 있고, 혹은 몸이 불편해져 집안일이 힘들어질지도 모른다. 언젠가 이 집을 떠나야 할 때가 오면, 다시 짐을 싸고 새로운 환경에 적응해야 하는 어려움이 찾아올 것이다. 이런 생각을 하다 보면 마음 한구석이 무거워진다. 하지만 나는 예전에 우연히 보았던 달라이 라마의 글귀를 종종 떠올린다. "문제의 해결책이 있다면 걱정할 필요가 없다, 해결책이 없다면 역시 걱정해도 소용없는 일이다." 그 문장을 믿고 싶다. 그래서 불확실한 미래에 머무르기보다, 오늘 내가 발 딛고 있는 이 순간에 더 집중하려 한다.

혼자 산다는 건, 자유와 두려움이 동시에 존재하는 생활이다. 내 마음대로 시간을 쓰고, 내가 원하는 방식으로 하루를 꾸릴 수 있다는 건 분명 큰 자유다. 하지만 모든 결정과 책임이 나에게만 있다는 건 때로는 두려움이 되기도 한다. 그럼에도 불구하고, 오늘 하루에 포커스를 맞추면 보인다. 소소하지만 미소를 머금게 해주는 일들 — 창문을 통해 들어오는 기분 좋은 바람, 아파트 단지 내를 유유히 돌아다니는 고양이, 배달 음식을 기다리는 설렘, 새로 산 머그잔에 내린 커피 향 등 ─ 이 생각보다 많다는 것이. 그 작은 기쁨들이 모여 하루를 지탱하고, 나를 다시 내일로 이끌어준다.

누구나 처음은 서툴다. 불안과 실수는 피할 수 없지만, 조금씩 자신의 속도와 방식대로 살아가다 보면 저마다의 리듬이 생긴다. 완벽하진 않지만 그 리듬이 조금씩 자신을 닮아간다. 나는 앞으로도 삶 속 작은 용기와 변화를 놓치지 않고, 지금 이 자리에서 나답게 살아갈 것이다.

혼자 사는 모든 사람들에게 말하고 싶다. 천천히 익숙해져도 괜찮다고. 서툴러도, 가끔은 불안해도 괜찮다고. 완벽하게 잘하지 않아도, 그 하루를 온전히 살아낸 것만으로 충분하다고. 나 역시 여전히 배우는 중이고, 평범한 하루를 살아가는 한 사람일 뿐이지만 그 평범함 속에 이미 충분한 의미가 있다는 것을, 지금 나는 조금씩 알아가고 있다.

* * * * *

혼자 살기 시작했을 때, 솔직히 많은 두려움이 앞섰다. 집 안에 들어서면 반겨주는 이 하나 없고 밥상에 마주 앉을 얼굴도 없어 혼밥은 엄두도 못 냈다. 하지만 점점 시간이 지나며 알게 된 것들이 있다. 혼자의 시간은 나 자신을 더 깊이 들여다보는 순간을 갖게 하고 스스로의 취향을 알아가고 존중하는 연습이었다는 것을. 나만의 공간으로 채워 가는 기쁨, 그리고 고요 속에서 비로소 들리는 자신 본연의 목소리. 그 모든 순간들이 켜켜이 쌓여 지금의 나를 조금씩 단단하게 만들고 있다.

이 글에 담긴 이야기가 거창한 성공담도 특별한 모험담도 아니지만 혼자 사는 일상 속에서 건져 올린 작은 지혜와 마음의 기록들을 보며 '나도 충분히 잘 살고 있구나.'라는 안도감을 느낄 수 있다면 좋겠다.

혼자라는 길을 걷고 있는 우리 모두 외롭지 않기를, 오히려 더 자유롭고 스스로 빛나기를 바란다.

PART Ⅱ

평균과 다른 보통의 삶

카메라에 담긴 일인분의 삶

김인철

어쩌다 보니 홀로 산 지 삼십 년이 다 되어간다. 혼밥, 혼술, 혼여행… 결국 남는 것은 사진이다. 요즘 휴대폰은 전문 카메라만큼 성능이 좋다. 휴대폰 카메라로 사진을 찍으면 자동으로 클라우드에 저장된다. 이렇게 클라우드에 저장된 사진들은 과거의 나를 불러낸다.

템플스테이

몇 년 전 지인의 소개로 전북 남원에 있는 귀정사에서 일주일간 템플스테이를 한 적이 있다. 일요일부터 금요일까지 다섯 밤 여섯 날, '쉼'과 '체험'이 적절히 어우러진 여정이었다.

이곳에서는 '인드라망 사회연대 쉼터'를 함께 운영하며, 사회적 약자와 민주주의를 위해 애쓴 이들을 위한 숙식 공간을 무료로 제공했다.

첫날은 비가 많이 내렸다. 차창 너머로 흐릿하게 번지는 능선과 산의 윤곽은 안개에 감싸여 화선지 위의 수묵화 같았다. 흠뻑 젖은 차창 풍경이 낯설면서 한편으로는 차분한 기분을 안겨주었다. 귀정사는 오후 세 시가 조금 넘어서 도착했다. 법당에는 처사님과 세 명의 참가자들이 바른 자세로 가부좌를 튼 채 앉아 있었다.

귀정사 법당(보광전)

처사님은 첫마디부터 진중했다. 귀정사의 역사와 부처의 형상, 사천왕에 얽힌 이야기까지 들려주셨다. 놀랍게도 아미타불, 미륵, 석가모니불 모두 같은 얼굴이란다. 처사님의 설명을 듣고 나니 어릴 적 무섭게만 느껴졌던 사천왕도 조금은 다르게 보였다.

요사채에 짐을 풀고 귀정사 경내를 찬찬히 둘러봤다. 돌담
에 기대 선 대나무와 이끼 낀 돌계단, 물기 머금은 나뭇잎들
이 빗방울에 반짝이고 있었다. 처마 끝에 매달린 연등이 바
람에 흔들리며 달그락대는 소리가 산사의 깊은 정적을 깨뜨
렸다. 찰칵, 찰칵. 스마트폰을 꺼내 산사의 풍경을 몇 컷 담았
다. 사진마다 촉촉하게 젖은 초록의 결이 살아있다. 전에 갔
던 순천의 선암사와 비슷한 느낌이지만, 이곳은 좀 더 아담하
고 다정하다.

공양은 채소 위주의 소박한 식사였다. 깻잎과 묵은지는 깊
은 맛이 났고, 콩나물국은 조금 싱거웠지만 눅눅하던 마음을
따뜻하게 했다. 밤이 되면 배가 고플 것 같았다. 컵라면을 챙
겨 오길 잘했다. 술과 담배는 금지지만, 이 맑은 공기와 풀벌
레, 새소리에 취한다면 충분히 견딜 수 있으리라.

다음 날 아침, 격자 창문 사이로 노란 햇살이 스며들었다. 새
벽이슬을 머금은 풀벌레와 이름 모를 새소리가 문틈을 비집
고 방 안으로 들어온다. 두 눈은 감은 채 양쪽 귀를 열어 산사
와 인근 산야에서 들려오는 다양한 자연의 소리들을 들었다.

오전엔 처사님이 진행하는 마음 챙김 명상에 참여했다. '명

상은 지금 이 순간에 집중하는 것'이라는 처사님의 말이 마음을 울린다. 호흡에 집중하고, 흐트러지려는 상념을 숨결로 되돌리는 연습을 했다. 간단하지만 쉽지 않았다.

점심 후엔 배롱나무 앞 벤치에 앉아 가지고 온 책을 펼쳤다. '세상에서 가장 느린 달팽이의 속도'라는 제목처럼, 이곳은 시간이 천천히 흐른다. 사사삭, 다람쥐 한 마리가 돌담을 오른다. 순한 눈을 가진 고양이 보리는 사찰에 머무는 순례자들에게 제 몸을 슬며시 비벼댄다. 짧은 다리로 절을 누비는 웰시코기 산동이는 산사 어디서든 나타난다.

템플스테이 삼일 차다. 오전에 만행산 천황봉을 오르기로 했다. 이정표를 보니 정상까지 1.6km다. 남한산성을 제외하고 산행은 10년 만이다. 산 초입부터 경사가 가파르다. 한 걸음씩 내디딜 때마다 숨이 거칠어진다. 온몸은 땀으로 젖는다. 바람결에 묘한 풀 냄새가 코끝을 스친다. 길가에 핀 꽃들과, 묘역 주변에 핀 하얀 야생화들이 다정하다. 산중턱을 지나면서 수풀 사이로 희붐한 빛이 번진다. 나뭇잎 사이로 내리꽂히는 햇살은 금가루 같다.

전주 이씨 지묘를 지나며 털썩 주저앉은 채 잠시 숨을 고른다. 세 번쯤 발길을 돌릴까 고민했지만, 여기서 포기하면 두고두고 후회할 것이다. 굵은 밧줄을 잡고 바위를 딛는 마지막 구간, 온몸은 너덜너덜했지만 마음만은 가벼웠다.

　결국 나는 산행 세 시간 만에 만행산 정상에 올랐다. 천황봉 표지석 앞에서 사진을 찍었다. 얼굴은 땀범벅이지만 진심이 담긴 순간이다. 하산은 짧고 빠르다. 허벅지가 욱신거렸지만, 내려가는 발걸음은 한결 가벼웠다.

　저녁엔 같이 템플스테이를 하면서 친해진 상현 씨와 인드라 망 쉼터 카페를 찾았다. 찻잎을 덖는 녹차 향이 실내를 감쌌다. 상현 씨가 머무는 황토방에선 장작불이 타닥타닥 타올랐다. 붉은 화롯불 앞에서 이런저런 이야기를 나누다보니 밤이 깊었다. 사찰을 밝히는 희미한 조명을 따라 걸으며 고개를 들었다. 인공조명 하나 없는 까만 하늘은 별들로 가득하다. 수백만 년 전의 빛이 지금 내 눈 앞에 도달했다. 마음속 무언가가 조용히 정리되어 간다. 사진으로 남기는 순간보다, 사진을 찍지 않은 순간들이 더 오래 남을지도 모르겠다. 오직 나만 알고 있는 장면들. 산사의 깊은 시간은 그렇게 흘렀다.

화창함 주의보

　토요일이다. 늦잠을 잤다. 이 가을이 가기 전의 늦은 아침이다. 기지개를 펴며 커튼을 열었다. 눈이 부시다. 창틀에 비친 햇살과 사방의 새소리가 가을의 '화창함 주의보'를 알린다. 기

상청의 슈퍼컴퓨터도 기상 예보관도 결코 전하지 못하는 주
의보다. 대설주의보나 폭염주의보와는 다르다.

　사방에서 들리는 새와 꽃들의 화창함 주의보 때문인지 마음
이 싱숭생숭하다. 이런 날은 조건 없이 떠나야 한다. 가벼운
옷차림으로 배낭을 하나 메고 집을 나섰다. 어디를 가지? 길
상사? 그래 길상사. 지인이 자주 방문한다던 길상사가 떠올랐
다. 지하철 3호선을 탔다. 길상사는 성북동에 있다. 본래 '대원
각'이라는 고급 요정으로, 일제 강점기 시절 정·관·재계 인사
들이 드나들던 사교장이었다.

백석, 김영한, 법정스님의 인연으로 유명한 길상사

　길상사는 세 사람의 소중한 인연으로도 유명하다. 기생 김
영한(자야), 시인 백석, 그리고 무소유의 법정스님이다. 김영
한은 대원각의 기생이자 마담이었다. 그녀는 시인 백석을 사
랑했지만, 백석 집안의 반대로 끝내 헤어져야 했다. 그녀는

평생 백석을 그리워했다. 말년에는 대원각을 법정 스님에게 시주했다. 법정 스님은 그 자리에 절을 세우고 '길상사'라 이름 지었다.

 길상사는 1만 평이 넘지만 사찰만 보면 아담하다. 대법당(설법전), 극락전, 지장전, 요사채가 있다. 길상사 입구를 지나면 돌계단 옆에 이정표가 보인다. 사연이 있는 공간은 더 깊이 들여다보게 된다. 극락전 오른편에 있는 돌탑으로 향했다. 방문객 두 사람이 탑돌이를 한다. 나도 그들을 따라서 돌탑을 몇 차례 천천히 돌았다. 경내를 천천히 걷다 보니 자연스레 백석의 시 <나와 나타샤와 흰 당나귀>가 떠오른다.

 가난한 내가
 아름다운 나타샤를 사랑해서
 오늘 밤은 푹푹 눈이 나린다

 자야와 백석, 백석과 자야. 고결한 나타샤와 흰 당나귀였을 두 사람. 하지만 경내 어디에서도 두 사람의 애틋하고 절절했던 사랑 이야기는 보이지 않았다. 내가 찾지 못하는 것일까? 법정 스님과 자야의 인연은 쉽게 보이는데. 월북 시인의 이름은 여전히 공적인 공간에서 비껴 있는 걸까?

이곳에 온 지 한 시간이 지났다. 길상사의 오후가 천천히 흐른다. 이곳에서도 새와 나무들이 화창함 주의보를 알린다. 경내의 해사한 풍경과 멀리서 울려 퍼지는 목탁 소리가 최근 부잡스럽던 마음을 차분하게 한다. 극락전을 지나 안쪽으로 더 깊숙이 들어가자 '선방'이라 불리는 수행자들을 위한 참선 공간이 나온다. 가까이 다가가니 '참선 중'이라는 푯말이 보인다. 걸음은 물론 숨소리마저 조심스러워진다. 저 안에서 참선을 하는 수행자들은 어떤 마음으로 참선을 수행하고 있을까.

당분간 넘치는 건 시간뿐이다. 길상사는 한 시간이면 충분히 둘러볼 수 있지만 일부러 느릿느릿 걷는다. 나에겐 평생 연인을 그리워 한 나타샤도, 푹푹 나리는 눈길을 걷는 흰 당나귀도 없지만, 누군가를 떠올리며 길을 걷는 이 시간이 소중하다. 함께 있지 않아도 인연은 닿아 있고 서로의 안녕을 위해 기도한다. 이제 집으로 돌아갈 시간이다. 사찰 안의 굽이진 길을 지나 내가 왔던 길로 발걸음을 돌린다. 시절은 흐르고, 사방에서 여전히 햇살이 푹푹 나린다. 길상사의 오후를 천천히 즐기며, 이 가을의 '화창함 주의보'를 무사히 지나왔다.

문경새재를 거닐다

4월의 문경은 풍경에 진심이다. 발걸음이 닿는 곳마다 무수한 초록의 질감들이 상춘객들의 경탄을 자아낸다. 문경새재는 여정에 없던 여행지였다. 몽골 여행을 하고 싶었다. 몽골의 맑은 밤하늘에서 은하수와 별을 보고 싶었다. 나와 닮은 사람을 만날 수 있다는 설을 확인하고 싶었다. 하지만 코로나19로 인해 포기하고 무작정 길을 나섰다.

귀정사 템플스테이 이후 간간이 안부를 주고받는 상현 씨가 겨우내 머물고 있다는 괴산의 한 공동체 삶터부터 들러 짧은 만남을 가졌다. 트렁크에 캠핑 장비를 실었지만 목적지는 미정이다. 점촌 시내의 모텔에 하루 머물렀다. 모텔 벽을 뚫고 들려오는 남녀상열지사의 새벽은 싱숭생숭했다.

다음날 목적지를 문경새재로 정하고 캠핑장으로 향했다. 캠핑장은 문경 진흥공단에서 위탁 운영한다. 이용료는 이만 원이다. 미리 예약을 하지 못해 ─ 4월부터 예약제로 바뀌었다고 한다 ─ 캠핑장 위치가 높고 차를 사이트에 바로 대지 못하는 점이 아쉬웠다. 데크마다 전기도 들어오고 캠핑장에서 바라본 풍경이 아름다웠다.

솔로 캠핑은 이번이 처음이다. 텐트를 치는 몸짓이 서툴다. 삼십 분여 낑낑댔더니 텐트가 완성되었다. 새벽에 춥지만 않았으면 좋겠다. 캠핑장 관리소 직원이 지나가다 왜 타프는 안 치냐고 묻는다. 캠핑이 처음이라고 했더니 웃으신다.

"산이라 밤이 되면 춥고, 새벽엔 고라니랑 멧돼지가 나타나서 겁을 주기도 해요."

지나가며 농을 던지신다. 까짓것 고라니랑 같이 놀지 뭐. 외부의 힘보다 내부의 힘이 강한 나는 개의치 않는다.

"아직은 밤에 추울 텐데 핫팩이나 전기장판이 있어야 할 거예요."

해가 지자 바람이 불고 새벽녘에는 추웠다. 새벽 찬 바람이 얇은 텐트를 비집고 들어왔다. 간간이 산짐승 소리도 들렸다. 자다가 추워서 두 번이나 깼다. 이불을 머리까지 덮고서 몸을 벌레처럼 웅크렸지만 두 발이 시렸다. 궁여지책으로 헤어드라이기를 켰다. 이불 안이 금방 따듯해졌다. 하지만 새벽 찬 공기는 드라이기의 온기를 금세 빼앗는다.

햇반과 라면으로 아침을 간단히 먹고 문경새재를 걸었다. 제2관문인 조곡관까지 가는 게 목표다. 문경새재는 조선시대 과거를 보는 선비들이 한양으로 가던 길이다. 새재라는 말에는 새도 날아서 넘기 힘든 고개, 억새가 우거진 고개라는 의미가 담겨있다.

제1관문을 지나면 조선시대와 고려시대 드라마 촬영 장소인 오픈세트장과 조령원터, 동화원, 그리고 장원급제 길이 나오고 교귀정(交龜亭), 산불됴심비, 제2관문(조곡관), 제3관문(조령관)으로 이어진다.

매표소에서 이천 원에 입장권을 사고 오픈세트장부터 들렀다. 제1관문까지는 전동차를 타고 갈 수 있다. 평일인데도 관광객들이 제법 보였다. 마주 오는 전동차에서 귀에 익숙한 동요가 흘러나온다. 하지만 전동차에 탄 승객들은 대부분 머리가 희끗희끗하다. 광화문과 경복궁 등 오픈세트장은 타임슬립이라도 한 것처럼 고려와 조선시대의 거리와 풍경을 재현해 놓았다. 이곳에서 <태조 왕건>, <불멸의 이순신>, <대조영> 등을 촬영했다. 계곡물이 시원하게 흐르는 바위 길가에는 드라마 <태조 왕건>에서 궁예가 최후를 맞이하기 전에 자신의 부하들에게 했던 대사가 적혀있다.

"결코 짧지 않은 세월이었어, 인생이 찰나와 같은 줄 알면서도 왜 그리 욕심을 부렸을꼬, 허허허. 이렇게 덧없이 가는 것을."

광화문과 경복궁을 보고 반대편 초가집 세트장으로 향했다. 초가 입구의 얼기설기 엮은 사립문이 어릴 적 살던 시골집을 연상시킨다. 앞을 보며 걷는데 좌, 우, 정면으로 풋풋한 커플셋이 휴대폰으로 서로를 찍어주고 있다.

최근에 복원된 듯한 작은 초가집 한 채가 외로이 자리 잡고 있다. 과거를 보러 문경새재를 넘던 과객들이 하룻밤 묵던 시골집이다. 제1관문과 제2관문 사이에는 조령원터가 있는데 고려시대와 조선시대 출장을 가는 관리들에게 숙식을 제공하던 시설이다. 터벅터벅 새재를 넘다보니 조선시대 후기에 세워진 '산불됴심' 표지석이 보인다. 한문이 아닌 한글로 쓰인 표지석이 인상적이다. 휴대폰 카메라로 사진을 한 장 찍었다.

제2관문까지 세 시간 남짓 걸었더니 제법 출출하다. 관문을 지나자 등산복 차림의 중년 여성 네 명이 바위 사이 벤치에 앉아 쉬고 있다. 시원한 약수를 한 모금 들이켜니 살 것 같다. 공원 입구 편의점에서 산 빵과 바나나 우유로 허기를 달랬다.

하산하는 길은 수월했다. 출발할 때 눈여겨 두었던 식당에서 더덕구이 정식을 시켰다. 식당마다 보이는 메뉴판이 무척 크다. 커다란 메뉴판 아래 작게 쓰인 영문은 어설픈 영어가 아닌 한글식 발음을 그대로 표기했다. 빨간 양념이 잘 밴 더덕구이 향이 막힌 코를 자극한다. 침이 고인다. 식감도 좋고 된장찌개와 반찬도 맛이 깔끔하다. 공깃밥이 모자라 하나 추가했다.

첫날은 새벽에 두 번이나 잠이 깰 정도로 추웠는데 이튿날은 몸이 적응한 탓인지 별로 춥지 않았다. 사방에서 아침을 깨우는 향기와 소리들이 밤새 굳었던 몸을 풀어주고 두 귀를 맑게 열어준다.

시선이 가는 곳마다 4월에만 볼 수 있는 무수한 질감의 초록들이 경쟁이라도 하듯이 스스로를 마음껏 뽐낸다. 잠이 덜 깬 몽롱한 의식으로 텐트 안에서 보는 주흘산의 일출이 장관이다. 주흘산 일출은 예상하지 않은 선물이다. 빛의 명암에 따라 나무와 꽃으로 가득한 산야의 풍경을 다채롭게 수놓는다. 자연이 내게 주는, 함부로 계량할 수 없는 선물이다.

에머슨의 '자연', 소로우의 '월든'이 이러했을까? 이쯤 되면 만물에 신이 깃들어 있다는 스피노자의 '범신론'에 저절로 고개를 끄덕이게 된다. 노 시인의 부름으로만 존재의 의미를 갖게 된 꽃들은 완전한 존재가 아니다, 이곳에 만개한 꽃들은 누군가의 부름 이전에 꽃으로서 스스로를 증명하고 있다. 나는 발견자가 아니라 단지 그 향기와 곁을 스쳐 가는 낭인이다.

이 세상에 나를 태어나게 해 주신 부모님과 신에게 감사하게 되는 아침이다. 눈앞에 펼쳐진 초록의 비경을 바라볼 눈이 있어, 새들의 지저귐을 들을 귀가 있어, 무엇보다 새벽 찬 기운을 느낄 촉감이 있어 감사하게 되는 아침이다. 몽골의 맑은 밤하늘 어둠 속에서 빛나는 무수한 별들과 은하수를 보지 못했어도, 나를 닮은 사람을 만나지 못했어도 지금 여기에서 충분히 행복하다.

소록도 가는 길

카메라에 담아 두었던 추억을 좀 더 먼 과거로 보냈다. 남해의 작은 섬 하나가 떠올랐다. 소록도. 이청준의 소설 『당신들의 천국』의 배경이 된 섬이다. 소설을 읽으며 한센병 환자들이 일제 강점기부터 근현대사에 이르기까지 소록도에서 겪어야 했던 차별과 편견, 고통과 질곡의 역사를 알았다. 책을 다 읽고 나서 순례자들이 성지를 찾아 떠나듯이 나도 한 번은 소록도를 다녀와야겠다는 생각을 했다.

오전 11시 수원역에서 순천행 기차를 탔다. 기차는 나를 순천역에 내려주고 홀연히 떠났다. 나는 한동안 그 자리에 선 채 서서히 사라지는 기차의 뒷모습을 바라보았다. 스쳐 지나가는 것은 정류장만이 아니라는 생각이 들었다. 지금 가고 있는 소록도 또한 잠깐의 인연일 것이다. 시계를 보니 다섯 시가 조금 넘었다. 초행길이라 물어야 하는 것들이 많다. 역무원에게 물었다.

"소록도를 가려고 하는데요?"

"소록도요?"

"네."

"저 약국을 돌아가면 녹동행 간이 버스정류장이 있어요. 한 시간쯤 걸릴 거요. 여섯 시 넘으면 뱃길이 끊길 텐데, 근처 여관에서 하룻밤 머물고 내일이나 갈 수 있겠네요."

중년의 역무원은 소록도 가는 길을 친절히 설명해 주었다. 녹동행 표를 끊고 십여 분을 기다리자 고흥·녹동행 버스가 정류장 앞에 섰다. 날은 완전히 저물어, 듬성듬성 비치는 마을의 불빛을 제외하곤 온 세상이 까맣다. 보성, 벌교, 고흥을 지나 여덟 시가 조금 넘어 녹동에 도착했다. 정류장에 서 있는 택시 한 대를 잡으며 물었다.

"소록도 선착장요?"

"지금요? 배 끊겼어요."

버스정류장 근처의 허름한 여인숙에 여장을 풀었다. 밤이 늦은 탓인지 식당은 대부분 문을 닫았다. 겨우 찾아낸 식당 문을 열고 들어서니, 펑퍼짐한 몸매의 식당 여주인과 단골손님으로 보이는 사내가 얼큰히 술에 취한 채 깔깔거리며 웃고 있었다. 사천 원짜리 된장찌개를 시켰더니 각종 푸성귀와 반찬이 풍성하게 나왔다. 김이 모락모락 나는 찌개가 커다란 뚝배기에 담겨 나오는데, 세 사람이 배불리 먹어도 남을 지경이다.

"와, 정말 푸짐하네요."

"그라요? 도시서 왔는가 본데 많이 드시소."

다음 날 아침, 핸드폰 알람 소리에 잠이 깼다. 일곱 시였다. 8시쯤 녹동항으로 갔다. 부두에는 소록도행 배가 승객과 자동차를 기다리고 있었다. 녹동항에서 바라본 섬은 정말 가까웠다. 600여 미터, 채 십 분도 걸리지 않는 거리다. 잠시 후 소록도에 도착했다. 선착장 한켠에 안내판이 있었다.

한센인들이 사는 마을은 부두에서 깊숙한 곳에 있다. 2차선 도로를 따라 걸으니 『당신들의 천국』에 나오는 성당과 교회가 보인다. 한센인 한 분이 '사발(미니 오토바이)'을 탄 채 내 옆을 비켜갔다. 해변을 따라 이십여 분을 걸었을까, 국립소록도병원과 한센인들이 살고 있는 마을이 보였다.

병사지대인 이곳은 '일반인 출입금지'라는 푯말이 세워져 있고, 한센인들이 사는 신생리·남생리·동생리 등 안쪽으로는 들어갈 수가 없다. 왼쪽으로 방향을 틀어 병원을 마주 보고 있는 감금실과 수탄장을 둘러보았다.

감금실 입구 안내문에는 한센인들이 감금, 감식, 금식, 체벌 등을 당했던 사실이 자세히 기록되어 있다. 마치 교도소에 들어선 듯 삭막하다. 복도를 지나 오른쪽 맨 끝 방 중앙에는 단종대가 놓여있다, 한센인들은 결혼이나 한센병 완치 판정을 받고 출감하기 전 여기에 누워 정관절제수술을 받아야 했다. 벽에는 일제강점기 4대 수호 원장 시절, 명령을 거역한 벌로 감금실에 갇혔다 풀려난 뒤 단종 수술을 받았다는 한 한센병 환자의 절절한 시 <단종대>가 걸려 있다.

그 옛날 나의 사춘기에 꿈꾸던

사랑의 꿈은 깨어지고

여기 나의 25세 젊음을

내 청춘을 통곡하며 누워 있노라

장래 손자를 보겠다던 어머니의 모습

내 수술대 위에서 가물거린다

정관을 차단하는 차가운 메스가

내 국부에 닿을 때

모래알처럼 번성하라던

신의 섭리를 역행하는 메스를 보고

지하의 히포크라테스는

오늘도 통곡한다

감금실을 나와 위쪽으로 걸음을 옮기니, 일제강점기 한센인들의 애환을 담은 자료를 전시한 건물 두 동이 보인다. 제2전시관에는 소록도를 배경으로 한 시와 소설이 연도별로 정리되어 있다. 그곳에서, 나를 이곳까지 이끈 이청준의 소설도 만났다. 전시물에는 한센인들이 겪어야 했던 고통과 가족과의 생이별, 원주민과의 갈등, 그리고 힘겨웠던 오마도 간척사업의 기록이 연대순으로 배열되어 있다. 특히 일본인 수호 원장의 탄압을 견디다 못해 살인을 저질렀던 이춘상 사건은 소록도의 비극적인 역사를 더욱 선명하게 드러낸다.

제2전시관을 나오자, 한센인들이 직접 가꾸었다는 중앙공원이 눈에 들어왔다. 규모는 작고 아담했지만 조경이 훌륭해, 환자들은 물론 일반인에게도 편안한 쉼터가 되고 있었다. 잠시후 중앙공원을 내려와 환자들의 복지 기금 마련을 위한 '선물의 집'에 들어섰다. 안에선 일본인으로 보이는 여성 셋이 서툰한국말을 섞어 가며 기념품을 고르고 있었다.

핸드폰 액세서리를 사서 밖으로 나오니 휴게실이 보였다. 소파에 앉아 믹스커피 한 잔을 음미하며 쉬고 있는데, 할머니 두분이 들어오셨다. 한 분은 하반신이 불편해 보였고, 다른 한분은 양손에 손가락이 없었다. 그중 한 할머니가 자판기에 동전을 넣는 데 어려움이 있는지 나를 불렀다.

"총각, 커피 좀 뽑아 줄라요."

할머니가 건네준 잔돈으로 커피 두 잔을 뽑아 소파로 갖다드렸다.

"고맙소."

연세가 어떻게 되냐는 나의 당돌한 물음에, 한 분은 예순둘, 한 분은…

"나는 내가 몇 살인지도 몰러. 여든 셋인가, 넷인가?"

"이곳에 오신 지 얼마나 되셨어요?"

"50년도 더 됐어. 삼천포에서 왔지. 그러는 총각은 어디서 왔는가?"

"서울에서 왔습니다."

나는 할머니 두 분과 한동안 이야기를 주고받았다. 대화 말미에 사진 한 장만 찍어도 되냐는 요청에, 여든이 넘으셨다는 할머니는 "아이고, 그럼 안경을 벗어야지." 하시며 손가락 없는 뭉툭한 팔목으로 돋보기를 벗으셨다.

"이래야 더 이쁘게 나오거든."

찰칵, 찰칵. 사진을 다 찍자 할머니는 볼일을 다 보셨다는 듯 일어서셨다.

"총각, 새해 복 많이 받고 건강혀."

"예, 할머니도 건강하게 오래오래 사세요."

병사지대 안쪽으로 사라지시는 두 할머니의 뒷모습을 바라보며, 이제 그만 이곳을 떠나야겠다는 생각을 했다. 왔던 길을 되돌아 나가는데 시야에 펼쳐지는 소록도 풍경이 올 때와는 다른 모습이다. 슬프고 어두울 것만 같았는데, 백 년 동안의 비극은 사라지고 지금은 잔잔한 수면처럼 평화롭다.

머무는 것이 아니라 잠시 스쳐 지나가는 이방인의 시선으로만 바라보는 데서 오는 한계일 것이다. 어디를 가든 이방인은 결코 알 수 없는 사정이 있기 마련이다. 한센인들에게 차별이나 편견, 고통이 없기를 바란다. 그것은 사회적 약자를 향한 동정이나 연민이 아니라, 인간에 대한 예의여야 한다.

숲은 번호표가 없다

집 나가면 고생이라는 말이 있다. 여행은 떠날 때는 설레고 신이 나지만 떠나기 전까지는 준비하고 신경 쓸 것이 많다. 막상 여행을 하면 일정이 계획대로 되지 않을 때도 많다. 여행을 떠날 때는 좋고 집으로 돌아 올 때는 더욱 좋다. 그래서 마지막 글은 나와 가장 가까운 곳에 관한 이야기다.

나는 웬만해선 줄을 서지 않는다. 유명한 맛집이라도 대기 번호가 길거나 한 시간을 넘게 기다려야 한다면 가지 않는다. 하지만 그건 내가 선택할 수 있는 경우이다. 삶에는 번호표가 없다. 하지만 살아가는 방식에는 번호표가 넘쳐난다. 요즘은 예약이나 번호표 없는 생활은 상상하기 어렵다. 도시에서는 말할 것도 없고, 한적한 시골도 마찬가지다. 병원진료를 받으려면 번호표를 뽑아야 진료를 받을 수 있고, 은행이나 관공서의 창구 앞에서도 마찬가지다. 커피 한 잔을 사려고 해도 줄을 서야 하고, 미술관이나 공연장엔 온라인 예약 없이는 입장조차 어렵다. 번호표는 현대를 살아가는 이들이 지켜야 하는 기본 질서다.

기다림은 예전에도 있었다. 훨씬 먼 과거에도 있었다. "줄을 서세요.", "순서를 지키세요."라며 질서를 요구하는 이들은 말한다. 효율을 위해서라고, 모두에게 공평한 기회를 주기 위한 것이라고. 틀린 말은 아니다. 하지만 나는 종종 피로감을 느낀다. 요즘은 고객센터에 전화하면 인공지능이 나의 민원을 응대한다. 몇 단계의 안내 끝에 결국 포기하고 만다.

삼십여 년 전 나는 산업기능요원으로 병역특례를 받았다. 4주간 기초군사훈련을 받던 훈련병 시절 나는 154번이었다. 수십 년이 지났지만 여전히 그 번호를 기억한다. 이름 대신 '154번'으로 불릴 때마다, 나라는 인간은 사라지고 고된 훈련에 지친 채 숫자로 환원된 존재만 남았다.

그러다 문득 떠올렸다. 번호표가 없어도 언제든 나라는 존재를 온전히 받아주는 곳이 있다는 사실을. 숲이다. 집에서 멀지 않은 곳에 숲이 있었다. 나는 매일 숲으로 향했다. 휴대전화 전원을 끄고, 아무런 약속도, 목적도 없이, 그저 두 발이 이끄는 대로 향했다.

숲은 번호표를 묻지 않는다. 삶에 번호표가 없듯이 숲 또한 번호표가 없다. 숲은 문턱이 없다. 무질서하지만 평온하다. 그 자체로 완성된 자연의 질서다. 나무는 묵묵히 자리를 지키고, 살랑거리는 바람이 잎사귀와 나뭇가지 사이를 흔들고, 내 볼을, 이마를, 어깨를 어루만진다. 아무것도 하지 않아도 괜찮다고, 지금 이대로도 충분하다고, 숲은 가능한 모든 언어로 내 귓속에 조용히 속삭여준다.

카메라 속 사진이 과거의 나를 불러낸다면, 숲은 지금 이 순간의 나를 온전히 일으켜 세운다. 무기력함 대신 밝고 따스한 기운이 내 몸과 마음을 채운다. 숲의 속삭임이 내 귓가를 스치며 숨을 깊이 내쉬고, 다시 들이마실 때마다 공기 속 향기와 바람, 흙냄새가 함께 몸속으로 스며든다. 이곳에는 세상이 요구하는 성과도, 번호표도, 설명이나 평계도 필요 없다.

눈부신 햇살이 잎사귀 사이로 부서지고, 나무껍질의 거친 질감이 손끝에 전해진다. 살랑거리는 바람에 꽃잎이 난분분 흩날리고, 작은 새들이 지저귀며 날갯짓하는 소리가 고요를 더한다. 나는 그 속에서 아무것도 하지 않고, 그저 존재한다. 부러움이나 초조함 없이, 오롯이 자연이 내어준 자리 위에 앉아 있는 것만으로 충분하다.

숲은 나를 숫자가 아닌 나 자신으로 존재할 수 있게 해준다. 이 숲을 벗어나면 세상은 다시 나를 번호로 부를지라도, 숲 속에서 나는 온전한 나로 서 있다. 고민과 짐은 나뭇가지와 푸른 잎사귀 사이로 흘러가고, 나는 숨을 내쉴 때마다 조금씩 가벼워진다. 매일 저녁, 나는 그렇게 나만의 숲을 찾아간다. 그곳에서 나는 비로소 나, 그 자체로 존재한다.

나 혼자 중년 살이

김현주

어느덧 혼자 중년의 세월을 보내고 있는 나를 발견하고 있다. 청년 시절 열정이 넘쳐 들끓거나 불안했던 것과는 달리 대체로 여유롭고 평온하다. 대신 삶에 대한 책임감은 점점 더 무거워지는 듯하다.

등기권리증이 생겼다

부모님으로부터 독립해서 혼자 살기 시작한 지 20년 남짓 되었다. 직장 출퇴근 문제 때문에 혼자 살기 시작했는데 결혼이나 룸메이트 등 동거인 없이 오롯이 혼자 살아온 시간이 20년이다.

그동안 전세를 전전하다가 주택 시세를 알아보기 시작했다. 지금 형편에 주택 매입이 쉬운 결정은 아니었지만, 임대인이 월세를 받겠다고 선언했고, 나는 월세를 지급하고 싶지 않았다. 임대인이 줄곧 말해왔던 월세 금액이면 은행 이자를 내고 집을 사는 게 이득이라고 판단했다. 그 때문에 전세살이든 매입이든 이사를 하는 편으로 생각이 기울었다. 신축 아파트는 언감생심이었고, 살고 있던 아파트가 혼자 살기에 크기도 적당하고 구축이라서 저렴했다.

'집을 사? 말아?', '대출을 받으면 늙어 죽을 때까지 은행에 내 인생을 저당 잡히는 거 아닌가?', '성남에는 가족도 없는데, 여기에 집을 사게 되면 나중에 가족과 소원해지는 거 아닌가?', '로또 1등 당첨되면 집살까?' 등등 오랜 고민 끝에 집을 사기로 마음먹었다. 부동산에 매물이 있는지 알아보니 마침 능력에 맞게 매입 가능한 집이 나와 있었다.

집을 알아보고 매입하는 모든 과정이 낯설고 힘들었다. 전세 계약을 하는 것과는 차원이 다른 일이었다. 계약 금액도 상당했고, 전세보증금이 자산의 전부라 나머지 자금은 대출을 받아야 했다. 생애최초 주택 마련은 대출 혜택이 괜찮다는 정보가 있어 자금 신청을 하려고 했지만 1인가구에 허용되는 주택가격은 3억 원까지였다. 내가 매입하려는 주택가격은 그보다 훨씬 비싸서 디딤돌 대출은 어려웠다. 생애 최초면 다 되는 줄 알았는데 좌절되니 짜증이 머리끝까지 치솟았다. "쳇, 1인가구는 좁고 낡은 집에서 살라는 건가? 혼자 벌어서 먹고 사는 것도 힘들어 죽겠는데, 이거 완전 복지 사각지대야." 들어주는 사람도 없으니 홀로 투덜거렸다. 어쩔 수 없이 일반 은행 주택담보대출을 신청했고 다행히 각종 규제 전이라 높지 않은 이자로 대출을 받을 수 있었다.

  주택담보 대출을 받으려면 은행에 직접 가서 처리해야 하는 일들이 많았다. 예상했던 것보다 훨씬 바빴다. 혼자 처음 하는 일이라 매번 긴장하며 선택의 순간들을 맞았다. 시중 은행 중 유리한 조건의 은행을 선택해야 했고, 원금균등상환, 원리금 균등상환 중에 선택을 해야 했고, 대출 기간을 선택해야 했고, 어떤 것이 나에게 유리한지 판단해야 했다. 그리고 전세대출 만기 시점과 잔금일이 열흘 정도 차이가 나서 계약서를 추가로 작성하고 전세대출도 연장했다.

  주택매입과 함께 채권구입, 등기설정, 법무사의 등기 대리와 같은 새로운 개념을 접했고, 도배 및 장판 교체, 청소, 이사업체 선정, 가구 폐기, 새 가구 구입과 설치 등 해야 할 일이 너무 많았다. 이 모든 걸 혼자서 하려니 힘들어 눈물이 날 지경이었다. 이사업체는 12번째 연락 만에 간신히 예약이 되었다. 봄, 가을 이사철의 월말은 예약을 빨리 하지 않으면 원하는 날로

잡기가 힘들단다. 간신히 예약한 그 이사업체는 솜씨가 엉망이었다. 침대모서리가 긁혔고, 장판이 찍혔고, 세탁기도 살짝 찌그러졌다. 정리도 엉망이었다. 항의를 했더니 5만원을 깎아주기는 했는데 상한 물건들을 볼 때마다 속상했다. 혼자라서 함부로 한 건가 싶어 괜히 억울하고 화딱지가 나기도 했다.

난생처음 갖게 된 등기권리증

이사 후 인터넷 이전, 붙박이장, 에어컨 설치 등 추가로 해야 하는 일들이 있어 두어달은 일정을 맞추고 정리하느라 정신이 없었다. 이사하는 데 연차휴가의 절반은 소진한 것 같다. 혼자가 아니라 누구라도 거들 사람이 있었다면 조금 더 수월했을까? 선택의 순간 겪었던 긴장을 줄일 수 있었을까? 그래도 난생처음 등기권리증을 갖게 되었고 내 집이 생겼다. 이제는 더 이상 이사 다닐 일도 없다.

나, 수고했다. 장하다.

보호자가 필요한 순간

　혼자 살면서 크게 불편함은 없다. 오히려 삶이 간편하고 복잡하지 않아서 좋다. 하고 싶은 일을 하고, 먹고 싶은 것을 먹고, 귀찮으면 쉬고, 취향껏 영화도 골라보고, 심지어 당장 사람과 대화가 어려운 상황이라면 인공지능 프로그램과 상담도 하고 농담도 가능하다. 그런데 얼마 전 보호자가 필요한 일이 생겼다. 건강검진 결과 정밀 검사가 필요하다고 해서 각종 검사를 받았는데, 심각하지는 않으나 간단한 수술이 필요하다는 진단이 나왔다. 하찮은 병을 큰 병으로 키우지 말자고 결심하고 수술하기로 했는데, 간단한 수술이지만 보호자의 동의가 필요하단다. 이 나이에, 혼자 받아도 되는 수술에 보호자의 동의라니! 결국 엄마에게 연락해야만 했다. 칠십이 넘은 엄마는 혼자 사는 자식이 항상 걱정일 텐데 수술을 받는다고 하니 놀라서 걱정이 태산이었다. '아, 이럴 줄 알고 연락하기 싫었는데, 당분간 잔소리 폭탄 속에서 살겠군.' 다행히 엄마가 직접 방문을 하지는 않아도 되었다. 전화로 주치의와 통화를 하고 개인정보 확인과 수술에 대한 설명, 동의 여부를 확인하면 되는 간단한 절차였다. 엄마는 전화로 연신 "선생님, 잘 부탁합니다.", "정말 간단한 수술 맞지요?" 확인과 부탁을 하였다.

　나이가 이만큼 들면 내가 부모님의 보호자인 게 당연한 이치라 생각했다. 그런데, 1인가구로 살다 보니 마음과는 달리 내가 아무리 성숙한 판단 능력을 갖추고 있어도 늙고 약한 부모님이 보호자가 될 수밖에 없다는 현실이 아이러니로 여겨진다. 내가 배우자도 없고, 자녀도 없으니까 뭔가 미숙하거나 미흡한 존재로 취급받는 것 같아 언짢기도 하고 우습기도 했다. 한편으로는 혼자 나이 드는 자식 걱정에 맘 졸이고 있을 부모님을 생각하니 죄송스럽기도 하고 안쓰럽기도 했다.

수술을 마치고 가장 먼저 엄마에게 전화했다.

"엄마, 수술 잘 끝나고 멀쩡히 걸어가는 중이야. 아주 멀쩡해."

"어, 그래. 수술 잘 했어? 엄마가 갔어야 되는데, 손주를 봐야 되니 힘들어 못 갔어."

"에이 뭘 와. 진짜 간단한 수술이었다니까. 괜히 와서 유난 떠는 게 더 이상한 수술이야."

"그래도 엄마가 가서 반찬이라도 해줘야 하는데, 미안해."

"아, 뭘 또 미안하대. 이래서 연락하기 싫다니까."

"엄마가 걱정돼서 그러지."

엄마와의 대화는 항상 이런 식이다. 늘 자식에 대한 걱정이 많은 엄마는 연락이 뜸하면 애가 닳는단다. 나는 엄마의 심정이 어떤지 잘 알지 못한다. 그저 자식에 대한 사랑, 헌신, 걱정 등 추상적인 이해만 할 뿐이다. 그런 심정을 이해하는 이가 보호자 자격이 있는 것일까? 사회적인 유능함과 경제력 따위로는 취득할 수 없는, 특히 1인가구로 살게 되면 결핍될 수밖에 없는 법적 보호자의 자리는 어떻게 채워야 할까? 예고 없는 사고나 질병이 찾아올 때는 어떻게 하지? 아무리 생각해 봐도 나를 증명해 주고 무조건 보호해 줄 수 있는 이는 지금은 부모님밖에 없다. 어른인 줄 알았는데 여전히 나는 보호자가 필요하다.

다초점 안경

마흔 중반쯤부터였을까? 가깝거나 멀리 있는 사물이 흐리게 보이거나 초점을 맞추는 데 오랜 시간이 걸리기 시작했다. '어, 내 눈이 이상하네? 큰 병에 걸린 건 아니겠지?' 걱정스러운 마음으로 안과를 찾았다. 안압 검사, 안구 촬영, 시력검사 등 여러 검사를 했는데, 다행히 질환이 있는 건 아니었다. 노화로 인한 조절력 저하, 즉 노안이라는 의사의 설명이었다. 근시가 심한 편이 아니기 때문에 독서할 때는 안경을 벗으면 잘 보이고, 그런 경우를 황금 근시라고 한다는 설명을 덧붙였다. 근시가 아니었던 사람은 돋보기를 착용해야 하는데, 어지간한 근시는 노안 교정용 돋보기가 필요 없으니 안경 두 개를 번갈아 쓰지 않아도 된다는 거였다. 의사의 설명대로 안경을 벗고 책을 보니 글씨가 선명하게 보였다. 그렇지만 시선을 돌려 다른 곳을 볼 때는 근시가 교정된 상태가 아니므로 안경을 다시 써야 했다. 몇 년 전 한참 유행하던 "백내장 수술을 하면 근시며 노안이 감쪽같이 교정 된다."는 말이 기억나 문의했더니, 나는 백내장 정도가 정상 범주로 너무 경미해서 수술 명분이 없고, 이젠 보험 심사도 매우 까다로워져서 함부로 할 수가 없단다.

사무실에 앉아서 서류를 보거나 책을 읽을 때 안경을 벗는 것은 아주 어려운 일은 아니었다. 안경을 벗으니, 글씨가 크고 선명하게 잘 보였다. 그런데, 서류를 보다가 모니터로 시선을 돌리면 글씨가 흐리게 보였다. 아주 먼 거리도 아니고 고작 20~30cm 정도 달라졌을 뿐인데 시야 차이가 났다. 외출 중에는 버스노선을 확인하려고 지도 앱을 켤 때가 종종 있는데, 글씨가 작으니 안경을 손에 들거나 이마나 코에 걸치고 봐야 했다. 또 버스 도착 정보는 정류장에 있는 전광판을 확인해야 하니 안경을 다시 써야 보였다. 마트에서 물건의 위치를 찾을 땐 안경을 쓰고, 물건의 설명서나 소비기한을 확인할 때는 안경을 벗어야 했다. 주로 혼자 다니다 보니 누구에게 대신 확인해달라고 부탁하기도 어려웠다. 노안으로 일상생활이 번거

롭기가 이루 말할 수 없었다.

나에게 안경은 제2의 신체 같은 그런 물건이다. 중학교 3학년 때부터 근시 교정용 안경을 줄곧 착용했는데, 눈이 건조한 편이라 렌즈 착용이나 시력 교정을 위한 수술은 하지 못했다. 인생 후반도 안경은 나와 함께 해야 할 운명이다. 누군가는 근시는 노안이 오면 시력이 상쇄되어 눈이 좋아진다더라는 얘기도 했는데, 적어도 나에게는 틀린 말이었다. 결국 안경으로 근시와 원시를 동시에 해결할 수 있는 다초점 안경을 착용하기로 마음먹었다. 다초점렌즈에 대한 사람들의 경험담은 다양한데, '시야가 울렁거린다.', '적응하다 실패해서 안 쓴다.'는 등의 실패담을 많이 들었던 터라 안경을 맞추기까지 오랜 기간 망설였다.

안경원에 가서 다초점 안경을 맞추고 일주일 후 찾으러 갔다. 착용하고 시선을 위, 아래로 옮겨보는데 먼 곳, 가까운 곳 모두 보였다. 책상 위 모니터까지 약 50cm 정도의 거리도 렌즈의 가운데쯤으로 보니 선명히 보였다. 오, 이런 신세계가 있다니! 진작 영접해야 했는데 너무 오래 망설였구나.

안경을 벗지 않아도 책을 읽을 수 있었고, 멀리도 잘 보였다. 핸드폰 글씨나 제품 사용 설명서도 뚜렷이 보였다. 사진 찍을 때 핸드폰으로 보이는 화면이 흐려서 초점 맞추는 게 영

시원찮았는데 이젠 사진 촬영도 문제없었다. 다만 렌즈 아래쪽이 원시 기준이라 시선의 각도를 아래로 내리는 정도는 감수해야 하지만, 안경을 썼다 벗었다 하는 불편함에 비하면 아무것도 아니다.

안경 하나로 편리함을 얻었는데, 편리함 정도가 아니라 자유를 얻은 듯하다. 어떤 구속으로부터 풀려난 것 같은 느낌이다. 그래서일까, 다초점 안경을 처음 써본 날은 유독 시원하고 후련했다. 답답하고 뿌연 안개가 걷히고 맑은 하늘을 맞이하는 것처럼.

의사는 '스승 사(師)'를 쓰는 게 맞네

몇 년 전 원형탈모로 피부과에 다닌 적이 있다. 500원짜리 동전만 한 탈모가 정수리로부터 왼쪽으로 이어지는 부분쯤에 진행되고 있었다. 혼자 살다 보니 가족을 챙기는 등 개인적으로 신경 쓸 일이 별로 없었고, 당시 중요한 업무가 있어 직장에서 살다시피 했다. 일이 너무 바쁘고 정신없는 데다가 체력도 마음도 고갈되어 가던 시기였는데, 오랜만에 방문한 단골 미용실에서 원형탈모가 있다고 알려주었다. '몸이 골고루 아프더니 이제는 원형탈모까지 왔구나. 말로만 듣던 원형탈모가 내게도 생기다니 성가시게 됐네.' 저절로 한숨이 나왔다.

너무 놀라서 탈모 전문병원을 폭풍 검색했고, 원형탈모가 진료 분야에 명시되어 있는 근처 H 피부과를 찾았다. 연세가 들어 보이는 원장님이 진료 중이었다.

"환자분, 어떻게 오셨어요?"

"원형탈모가 생긴 것 같아요."

"어디 봅시다."

나는 머리카락을 뒤적여 만질만질한 곳을 찾아 집게손가락을 고정한 후 의사에게 그대로 가져갔다.

"탈모가 진행된 지 좀 된 것 같네요. 탈모가 다 진행되고 솜털이 좀 나오네요."

"아, 그래요? 몰랐네요."

"스트레스가 많은가 봐요?"

"네, 좀."

"스트레스를 많이 안 받으려면 어떻게 살아야 할까요?"

"뭐, 내가 행복해야겠죠."

"어떻게 해야 행복한 건가요?"

"음, 내가 하고 싶은 거 하고 그렇게 사는 거."

"하고 싶은 걸 하려면 어떻게 해야 할까요?"

"하고 싶은 걸 하려면, 음..."

"내가 답을 얘기해줄게요. 건강해야죠?"

"아, 네. 건강해야죠."

"건강해야 하고 싶은 걸 하고, 행복하고, 스트레스를 안 받지요."

"네, 그러네요."

피부과 진료 시간 중에 소크라테스식 대화라니! 의사가 진료 행위를 한 것에 지나지 않겠지만 그 시간 중 차분하게 진행된 대화는 나에게 큰 위로가 되었다. 진료 시간 마무리쯤에는 눈물이 날 뻔했으니까. 치료는 유쾌하지만은 않았다. 두피에 주사로 수십 번은 찔리고 대머리 치료제로만 알던 탈모약품을 받아 와서 환부에 두드려 발라야 했다. 그러나 그 진료 시간은 생각지도 않게 마음을 치료받은 따뜻한 기억으로 남는다.

의료계의 파업 사태를 보면서, 의사가 본래 소임에 맞게 의술로 가르치고, 진찰하고, 치료하는 사람이 아니라 돈벌이 잘하는 고급 기술자인가 싶을 때가 있었다. 우수한 지능을 갖고 있으면 리더로서 역할을 해야 하는 것이 세상에 대한 도리가 아닐까 생각하다가 H 피부과 원장님이 떠올랐다. 아마도 원형탈모 치료받으러 가서 증상이나 처방 얘기만 한 것이 아니라 질병의 근원부터 차근차근 대화로 이끌었던 과정이 인상적이었기 때문에 기억난 것이 아닐까? 의사답게 행복은 건강에서 비롯된다는 결론으로 마무리되기는 했지만, 그 이상 명쾌한 답을 찾기는 힘들 것 같다. 참으로 간단하지 않은가!

내가 좋아하는 성경 구절이 있는데, 저자는 자신이 깨달은 삶의 이치를 말하면서 사람의 본질에 대해 순수하고 간단하게 표현한다.

"This is all that I have learned: God made us plain and simple, but we have made ourselves very complicated."(Ecclesiastes 7:29)[2]

솔로몬이 저자 — 혹은 알려지지 않은 현자라는 설도 있다 — 라고 알려진 부분인데, 삶의 스승으로서 인생의 진리와 의미를 알려주는 내용이다. 그 가운데서 'God made us plain and simple.' 문구는 삶이 복잡해지고 스트레스가 차오를 때마다 나를 가볍게 비워주곤 한다.

지혜로운 스승들은 복잡하지 않고 간결하게 깨우침을 준다. 나에게 많은 스승이 있지만 H 피부과 원장님과 같은 의사는 그냥 의료인이 아니라 스승이 맞다. 물론 그분은 나 같은 비의료인 제자는 생각지도 못하겠지만, 멀리에서나마 존경의 마음을 전한다.

---

2) 공동번역성서 번역: "그러나 이것 하나만은 깨달았다. 하느님은 사람을 단순하게 만드셨는데 사람들은 공연히 문제를 복잡하게 만든다."(전도서 7:29)

아버지의 달력

두어 달에 한 번 정도 본가에 가서 부모님을 뵙고 온다. 혼자 사는 자식을 궁금해하시고, 걱정이 많으시니 그 정도는 얼굴 뵈 드리고 안심시켜 드리는 그런 날이다. 주말에 갔다가 하루 자고 오기도 하고 바로 그날 돌아오기도 한다. 동생이 쓰던 방은 결혼 후 아버지가 사용하시는데 내가 가서 자는 날은 그 방을 내주신다. 평소 사용하시던 이불과 베개를 치우고 예전에 동생이 쓰던 핑크 계열 — 나는 핑크를 별로 좋아하지는 않는다 — 침구로 싹 바꿔 깔아 놓기까지 하시는데, 내가 알아서 꺼내 쓸 테니 안 하셔도 된다고 해도 항상 미리 준비해 놓으신다. 아버지는 여든이 넘어 조금 구부정해지셨지만 그래도 건강하고 부지런하시다.

옷가지와 가방을 정리하고 책상 위 아버지의 물건들을 찬찬히 관찰해본다. 평소 아버지의 생활 습관이 펼쳐있다. 성경책과 해설집이 가장 눈에 잘 띄는 위치에 놓여 있고 볼펜 두 자루, 이면지를 잘라서 집게로 묶어 놓은 메모지도 가지런하다. 약 봉투와 연고류가 들어 있는 상자가 한쪽에 있고 그 옆에 탁상달력이 놓여 있다.

탁상달력에는 메모가 가득하다. 수학 선생님이었던 아버

지는 매우 꼼꼼한 성격으로 뭐 하나 허투루 하는 게 없었다. '꼬장꼬장한 노친네 뭘 또 이렇게 많이 적었나?' 생각하며 달력을 집어 들었다. 혈압약 받으러 가는 날, 아파트 소독하는 날, 교회 행사 같은 일정이 있고, 주말쯤에는 '큰딸 집에 옴'이 적혀 있었다. '어? 이런 것까지 적어?' 내가 집에 오는 게 무슨 공식 일정이라도 되는 것처럼 달력에 남긴 것이다. 그냥 한 번 쓱 보려고만 했던 달력의 전 달을 넘겨보고, 그 전 달, 그리고 올해의 첫 달까지 넘겨보았다. 내가 집에 왔던 주말이나, 여행 가서 보낸 물건이 도착할 때마다 빼놓지 않고 메모가 있었다. '큰딸 저녁', '큰딸 명란젓', '큰딸 간장게장' 이런 식으로 말이다. 물론 나뿐만 아니라 동생과 관련된 메모도 꼼꼼히 적혀 있었다.

표현이 인색해서 잘 몰랐는데, 자식을 많이 그리워하셨나 보다. 자식이 잠깐 머물다 간 시간, 자식이 보내 준 물건 그게 뭐라고 손끝으로 한 글자 한 글자 기억을 남기셨다. 아버지는 어린 시절 나의 롤모델이자 자랑스러운 분이었지만 따뜻하고 말랑말랑한 모습은 엄격함에 가려져 잘 몰랐다. 아버지가 미처 표현하지 못했던 자식 사랑이 달력에 담겨 있었다. 달력을 보고 있자니 코끝이 뜨끈해졌다. 아버지를 많이 닮은 나는 사랑과 존경을 적극적으로 표현하는 것이 어색한 탓에 달력을 통해 얻은 감정은 마음에만 담아 두었다. 아버지의 사랑법은 수줍고 소극적이라서 바로 알아챌 수는 없지만 늘 그 자리에 있는 달력과 단정하게 정자체로 쓴 글씨가 아버지의 사랑인 것을 이제는 안다.

부모님 집에 다녀오는 길
신호를 기다리다
문득 뒤를 돌아다보았다.
맑은 저녁 하늘에 노을이 붉게 물들었다.
딸을 보내는 엄마의 눈시울일까
밝을 때 얼른 가라던 아빠의 배웅일까
해의 끝자락을 붙잡아둔 노을이
부모님 마음 같아 자꾸만 돌아본다. [3]

냥집사님, 미안합니다

나는 고양이를 싫어한다. 평소 사람이든 동물이든 나만 건드리지 않으면 된다고 생각하는 편인데, 고양이는 나를 건드리지 않아도 싫다. 혼자 살고 있으니, 반려동물을 길러보면 어

---

3) 2022년 9월 10일, 본가에 갔다가 돌아오는 차 안에서 핸드폰 노트에 적은 단상이다. 그날은 맑은 하늘에 석양이 유독 붉었고, 부모님의 아쉬워하는 마음이 전달되는 듯 느껴져 글로 남겼다.

떻겠는지 권유하는 이들이 많다. 개는 좋아하는데 홀로 두는 것이 마음에 걸리고, 여러 마리를 기르자니 부담스럽다고 하면 고양이를 권하는 경우가 많다. 나는 생각할 틈도 없이 "어유, 난, 고양이는 싫어." 반사적으로 답한다.

어린 시절 친구네 집에 놀러 갔을 때의 일이다. 나를 맞이하는 친구의 품에는 하얀 새끼 고양이가 있었다. 포근한 솜뭉치 같기도 하고 눈동자 색깔도 예뻐서 내 손으로 옮긴 후 품에 안았다. 맙소사! 새끼 고양이가 발톱을 켜고 나의 가슴팍을 찍었다. 새끼 고양이의 얇고 날카로운 발톱이 옷에 끼었고, 피부에도 상처가 났다. 나와 친구는 깜짝 놀라 둘 다 고양이를 손에서 놓쳤다. 고양이의 유연함을 그때 처음 알게 된 것 같다. 고양이는 내 옷에서 분리된 후 바닥으로 떨어졌는데 멀쩡히 착지하였고 나는 다행이다 싶으면서도 고양이의 발톱 공격에 단단히 혼이 난 상태였다. 그 이후로 고양이는 나에게 기피 동물이 되었다.

고양이에 대해서는 신경 쓸 일 없이 지냈는데, 얼마 전 회사가 이사하면서 고양이와의 전쟁이 시작되었다. 이전 입주자 중 캣맘이 있어서 길고양이에게 마당 한쪽을 내어주고 먹이도 주면서 돌봤던 모양이다. 터줏대감쯤 되는 고양이 네 마리가 출입구에 어슬렁거리거나 볕 좋은 곳을 찾아다니며 드러눕기도 하고, 식사 시간이 되면 현관문 안쪽으로 거침없이 들어오기도 했다. 나는 소스라치게 놀라 빗자루 같은 기다란 물건을 들고 고양이들을 위협하며 밖으로 쫓아냈다. 웃기는 건 고양이들이 마당을 자기네 영역으로 여기면서 다른 고양이가 기웃거리면 하악질로 사납게 쫓아내는 것이었다. '와, 이 녀석들. 여기가 무슨 자기네 집인 것처럼 다른 녀석은 발도 못 붙이게 하네. 빌붙어 사는 주제에.' 녀석들이 괘씸했다.

그런데 여기에 더해 화단이 고양이 화장실이 되어가고 있었다. 어느 날부터 희한하게 파리가 자꾸 늘어나는 듯하더니 구린 냄새 — 고양이 변은 육식의 결과물이라 냄새가 지독하다 — 까지 나는 것이었다. 화단을 보니 고양이 똥이 여기저기에서 발견되었다. 흙을 파헤쳐놓고 제대로 덮은 곳도 있고, 그냥 풀 위에 싸질러 놓은 것도 있었다. 그 주변을 똥파리가 시끄럽게 날아다니고 있었다. 돌보는 사람 없는 길고양이는 괘씸한 정도가 아니라 생활에 손해를 끼치는 존재가 되었다.

길고양이를 마당에서 내쫓으려고 다양한 방법을 써봤지만 소용없었다. 결국 마당에 어슬렁거리는 고양이를 위협하며 쫓아내는 일은 그만두었고, 실내를 기웃거리면 빗자루로 바닥을 '탁' 쳐서 놀라 도망가게 하는 정도로 접근을 막았다. 화단은 흙바닥이 있는 곳은 어김없이 고양이 화장실이 되어서 치우기를 그만두고 잡초들이 자라도록 그냥 두었는데, 풀이 무성해지니 고양이의 출입이 줄어들었다.

회사 마당을 제집인 것처럼 드나드는 치즈냥

고양이와 마당을 함께 쓰고 있으니 반려라고 해야 하나? 고양이를 쫓아내기 위해 특성을 공부하고 더 잘 알게 되었으니 이 무슨 상황이란 말인가? 고양이와의 불편한 동거는 여전히 지속되고 있고, 녀석들은 나를 보면 슬금슬금 자리를 피한다. 그 정도 눈치는 생긴 것 같다. 고양이를 좋아하는 냥집사들도 많지만, 나는 아무리 예쁘고 얌전해도 고양이가 싫다. 뭐라고 설득해도 싫다.

카페인 주의

자려고 누웠는데 잠이 안 온다. 보통 잠드는 시간은 11시 30분쯤이지만 12시가 넘고 새벽 2시, 3시가 되어도 정신이 멀쩡하다. 다음 날 일과를 생각하면 자야 하는데 잠이 오지 않아 미칠 지경이다. 잠을 자려 이렇게 누워보고, 저렇게 누워보고, 엎드려도 보고 애써봤지만 잠이 오지 않아 생각해 본다. 평소 머리만 닿으면 잠들 정도로 잘 자는 편이었는데 여느 때와 뭐가 다르기에 잠이 오지 않을까? 별다를 것 없이 평범한 하루를 보냈고, 운동도 적당히 했고, 전날 잠을 지나치게 많이 잔 것도 아니다. 도대체 왜 잠이 안 오는 것일까? 설마 저녁 5시 무렵 회사에서 마신 커피 때문에?

의문을 해소하기 위해 며칠간 시험을 해보았다. 시험 결과, 늦은 오후에 마신 커피 때문이라는 것이 밝혀졌다. 서너 시쯤 지나서 마시는 커피나 피로회복제 같은 카페인 음료가 잠드는 데 영향을 미치고 있었다. 커피를 마시는 날과 마시지 않은 날이 달랐고, 디카페인 커피는 영향이 미미했다. 커피 때문에 잠들지 못하는 경우는 없었는데 나이 들고 보니 카페인 한 모금이 나의 하루 컨디션에 영향을 주는 형편이 되었다.

종류에 상관없이 카페인은 정신을 바짝 들게 만드는 강력한 물질이다. 고등학생 시절 야간자율학습 시간을 함께하던 간식 중 절반 이상에 카페인이 포함되어 있었던 것 같다. 믹스커피, 콜라, 초콜릿 같은 것들이다. 정신이 번쩍 드는 자극적인 맛과 친구들과의 수다로 학업 스트레스를 풀곤 했다. 대학

입학 후 본격적으로 아메리카노를 접했고, 홍차, 녹차 등 다양한 차 맛을 알게 되었다. 카페에 앉아서 추가로 주는 커피를 홀짝홀짝 마시며 동기들, 선후배들과 보내는 시간을 즐겼다. 지금도 집이나 회사에서 커피와 차는 항상 함께하며 커피머신을 사용하거나 핸드드립으로 커피를 내려 마시는 일이 자연스러운 일상이 되었다.

한두 해 전까지만 해도 커피나 차를 마시는 일상이 아무렇지도 않았지만 지금은 신경 써서 차를 고른다. 홍차 종류 대신 곡류차를 마시고, 굳이 커피를 마시고 싶으면 디카페인을 선택한다. 커피를 너무 사랑해서 매일 아침 원두 60알을 손수 세어 커피를 만들어 마셨다는 베토벤은 말년에 의사로부터 건강을 위해서 커피와 와인을 끊으라는 조언을 들었다고 한다. 나는 베토벤처럼 커피 중독은 아니라서 다른 기호품으로 대체할 수 있지만, 카페인이 함유된 커피, 차 종류가 익숙하고 맛과 향이 더 좋기는 하다. 그래도 소소하나마 건강관리 차원에서 카페인 섭취는 자제하기로 마음먹었다. 커피는 오전에만 마시고, 오후에는 카페인이 없는 음료를 마시는 것으로 정했다. 그렇게 하고 나니 잠드는 문제가 해결되었고 몸의 컨디션도 한결 나아졌다. 이전처럼 무엇을 먹어도 아무렇지 않으면 좋겠지만 신체의 한계가 체감되기 시작한 만큼 카페인은 주의하련다.

나와 함께하는 법

남홍선

우리 가족은 한 지붕 아래 모두 모여 산다. 하나의 천장을 공유하는 한 지붕이 아닌, 하나의 옥상을 공유하는 한 지붕이다. 한 건물 안에 층을 나눠 함께 살아가는 우리 집, 그 안에는 다양한 형태의 가구가 존재한다. 노인 부부 가구, 반려동물 양육 1인가구, 비혼 동거 가구, 그리고 임산부 가구까지. 우리가 한 건물에 모여 살게 된 이유, 함께 살아서 좋은 점, 내가 이 집을 떠나지 못하는 이유, 그 안에서 찾아낸 자유, 그리고 지금 혼자 사는 내가 터득한 '함께'와 '혼자'의 균형에 관해 이야기해 보려 한다.

사랑은 깎아먹는 것

지금은 사라졌지만, 어린 시절 내게는 꽤 심한 복숭아 알레르기가 있었다. 하지만 그건 진짜 알레르기가 아니라 푸드포비아나 교차반응에 가까웠을지도 모른다. 자주 먹지 못해서였을까, 복숭아는 어린 나에게 사랑의 상징이었다. 나는 복숭아털에 민감하게 반응하는 편은 아니었지만, 그 털을 삼키고 나면 목이 간지러워 얼음물을 벌컥벌컥 마셔댔다. 그런데도 복숭아를 먹고 싶다는 욕심은 커서 엄마를 종종 곤란하게 했다. 목을 긁고 기침하면서도 복숭아가 먹고 싶다며 떼를 썼고, 엄마가 깎아주지 않으면 일부러 온몸을 긁어 피부가 벌겋게 부을 때까지 고집을 부리곤 했다.

이런 나에게 복숭아를 먹이려면, 엄마는 흐르는 물에 복숭아를 칫솔질해 털을 다 재워야 했다. 신기하게도, 손수 복숭아를 까주시는 엄마의 뒷모습을 보면 그까짓 간지러움은 참을 수 있을 것만 같았다. 몇 조각만 먹으라며 걱정하는 엄마 앞에서 나는 포크를 들고 꽂게 춤을 추곤 했다. 포크 춤이 끝날 무렵 접시에 예쁘게 깎여나온 복숭아는 엄마의 사랑 같아 나를 행복하게 했다. 찐득한 과즙을 흘리며 복숭아를 맛있게 먹는 내 옆에는 늘 엄마가 함께 있었고, 딸부잣집 막내였던 나는 그 시간이 너무도 소중했다. 지금 생각해보면 딸 셋을 키우는 부모님에겐 아주 귀찮고 번거로운 일이었을 것이다. 왜 이리 칠칠치 못한지, 애는 또 왜 이리 얌전하지 못한지 말이다. 나는 복숭아 상자를 들여다보다가 몰래 손가락으로 눌러 괜히 명을 내곤 했다. 멍든 복숭아는 빨리 먹어야 한다며 엄마에게 매미처럼 매달려 조르기 위해서였다. 그건, 사랑받고 싶다는 나만의 방식이었다.

엄마의 사랑 같아 나를 행복하게 했던,
접시에 예쁘게 깎여 나온 복숭아

그러던 어느 날, 복숭아 러버인 내 앞에 천도복숭아가 나타났다. 딱딱하고 부드럽지도 않은 그 과일이 내 앞에 놓일 때, 나는 방에 들어가 숨어버렸다. 그 천도복숭아가 더 이상 엄마가 나를 아끼지 않는다는 신호처럼 느껴졌기 때문이었다. 천도복숭아는 손에 집히면 바로 씻어 먹일 수 있으니, 시간과 정성을 들여 그만큼의 관심을 줄 만한 가치가 없을 때 사주는 것으로 생각했다. 그래서일까, 그 과일이 집에 들어오는 날엔 나도 모르게 더 어린아이처럼 굴었다. 부모님의 마음이 그렇지 않았다는 걸 지금은 알지만, 그 시절 나에겐 천도복숭아의 달콤한 맛이 마냥 시리게만 느껴졌다.

칼에 닿기 전 동그란 형태의 복숭아를 처음 마주했던 건, 할머니를 뵈러 가던 길에 들른 시장에서였다. 상인이 얇은 껍질을 과도로 벗겨 건넨 작은 복숭아는 입에 넣자마자 녹아 없어졌다. 입 안을 굴러다니는 작은 조각이 참으로 감미로웠고, 웃음이 절로 났다. 복숭아를 먹고 나오는 웃음에 입꼬리를 올리면, 과즙이 입 밖으로 흘러 새어 나올 정도로 달콤했다. 나는 나의 볼처럼 말캉한 복숭아를 혼자 먹고 싶어, 부모님께서 과일을 사 오라고 돈을 쥐여주시면 괜스레 종종 곯아 터지기 직전의 복숭아를 골라오곤 했다. 새까맣게 문드러져 팔리지 않으면 당일에 폐기될 과일. 나는 그 복숭아의 촉감이 장난감처럼 부드러워 마음에 들었다. 그리고 빨리 먹어야 한다는 변명으로 엄마를 독차지할 수도 있었다.

다 물러터진 복숭아를 아이가 사 가니, 상인들은 덤도 얹어주었고, 그러면 어린 나는 '선물을 받았네.'라는 기쁜 마음에 봉투를 흔들며 집으로 향했다. 엘리베이터 안에서 봉투를 열어보면 과즙이 흥건하게 터져 나온 복숭아들로 가득했고, 난 그 봉투 안을 손으로 헤집어 복숭아를 뜯어 먹으며 집으로 들어가곤 했다. 넉넉지 못한 형편이었기에 성하지 않은 과일로 가득한 봉투를 보이면 부모님께 혼이 나기 일쑤였다. 현실을 알기에 마음대로 할 수 있는 일은 그리 많지 않았고, 나는 한동안 과일을 좋아하지 않게 되었다.

그 마음들을 묻어둘 수 있을 때쯤, 나는 처음으로 납작 복숭아를 먹게 되었다. 유럽 여행 중 우연히 들른 시장에서 본 납작 복숭아는 한국에서 보던 복숭아와는 달랐다. 볼이 익은 색을 닮은 붉은 기운이 감돌았고, 진한 사랑을 농축해놓은 듯 단단한 모양이 잘 터지지 않을 것처럼 보여 마음에 쏙 들었다. 사실 유럽 여행을 갔을 때 복숭아가 날 살렸다고 해도 과언이 아니다. 알 수 없는 매캐한 향들이 음식마다 배어 있었고, 그 흔한 패스트푸드점의 햄버거조차 낯설기만 해 음식을 사는 족족 버렸다. 음식에 낯을 가리는 건지 이럴 바엔 아무것도 먹지 않는 것이 낫겠다는 걸 택하고, 결국 한국에서 챙겨온 음식들로 버티고 있을 무렵 시장에서 만난 것이 납작 복숭아였다. 맷돌 호박 같기도 하고, 도넛 모양 같기도 한 그것이 복숭아라니, 익숙하면서도 새로웠다. 구매하자마자 옷에 껍질을 쓱쓱 문댄 후 털을 대충 털어내고 한입 아작 베어 물었다. 떫기도 달기도 한 맛은 그다지 입에 맞지는 않았지만, '복숭아는 사랑'이라는 기억 때문인지 그 양분을 참고 삼키고 싶었다. 정말 신기했던 것은 털을 생각하지도 못할 만큼 기침이 나지도, 목이 간지럽지도 않았다는 것이다. 타지에서의 고독함이 어린 시절 식탁에 앉아 떼를 부리다 한 입 얻어먹은 핑크빛 추억으로 덮이는 순간이었다. 그렇게 나는 한국을 넘어 유럽의 복숭아까지 섭렵하며 나름의 사랑 안에서 여행을 잘 마칠 수 있었다.

복숭아는 지금도 내게 아주 특별한 과일이다. 비록 몇 천 원 짜리 과일일지라도 복숭아는 사랑을 아주 가득 받았던 그 기억 안으로 이끌어주기도 하고, 관심이 필요했던 어린 날의 나에게 애정을 쏟아줄 기회가 되기도 한다. 그리고 그 마음들이 쌓여 이제는 원하는 만큼 마음껏 복숭아를 사 먹을 수 있는 어른이 되었고, 가족들에게 깎아줄 수 있다는 것이 행복이라는 것도 알게 되었다. 이십여 년 전의 내가 이제는 성인이 되었으니, 그리고 무엇이든 혼자 해낼 수 있는 사람이 되었으니 어린 날의 나에게 복숭아를 많이 선물해 주고 싶다.

그럼에도, 함께

12월 25일, 크리스마스 저녁. 불빛 가득한 거리에서 사람들이 웃고 있을 그날 밤, 우리 가족은 아주 큰 불 앞에 서 있었다. 한 건물에 모여 사는 우리 가족 중, 가장 꼭대기 층에 사는 첫째 언니의 집에 불이 난 것이다.

우리 가족은 한 건물에 모여 살았다. 1층엔 부모님, 꼭대기 층엔 신혼의 첫째 언니, 그리고 그 사이엔 나와 둘째 언니. 그날도 우리 가족은 여느 때처럼 1층 부모님 댁에서 다 같이 저녁 식사를 했다. 아주 평온한 날이었다. 식사를 마친 후에는 각자의 집으로 흩어졌다. 둘째 언니와 옷에 대해 통화를 하던 중이었다. 밖에서 "불이야!"라는 외침과 함께 매캐한 탄내가 코를 찔렀다. 누군가 '쿵쿵쿵' 계단을 뛰어 내려오는 소리에 '무슨 일이 벌어졌구나.' 싶었다.

"언니, 잠깐만 조용히 해봐."

핸드폰을 든 채 현관문을 열자, 형부의 사촌 동생이 계단에 서 있었다.

"누나, 큰일 났어요."

"무슨 일이야?"

"위에, 불이 났어요."

나는 재빨리 둘째 언니의 집 문을 두들겨 부모님께 알리라며 소리쳤고, 곧장 첫째 언니의 집으로 향했다. 하지만 눈앞에 보이는 언니의 집은 이미 연기가 자욱해 안으로 들어갈 수 없는 상태였다. 어떻게든 불을 끄려고 소화기를 찾아 계단을 오르내렸지만, 급한 마음으로 가득했던 나의 눈에는 들어오지 않았다.

1층에 계신 부모님께 상황을 알린 후 나는 재빨리 위 골목으로 뛰었고, 눈앞에 보이는 가게들을 향해 외쳤다.

"도와주세요! 불이 났어요! 제발 도와주세요!"

자정이 지난 시간, 가로등 밑은 조용했고, 그 목소리를 도와

줄 사람은 없었다. 골목에 있던 비상 소화장치는 낡아 있었고, 그 안의 소방호스는 작동하지 않았다. 그때 문득 편의점이 떠올랐다. 나는 바로 그곳으로 뛰어가 입구 옆에 있던 소화기를 품에 끌어안고 말했다.

"제가 꼭 새 걸로 다시 사드릴게요. 제발 한 번만 빌려주세요!"

소화기를 들고 돌아왔을 때는 이미 늦은 것이었을까. 집 앞에는 소방관들이 있었고, 창문 밖으로도 연기가 새어 나오고 있었다. 맨발로 뛰어다녔지만, 아픈 줄도 몰랐다. 편의점에서 받아 온 소화기를 아빠에게 건넨 후 빨리 불을 끄러 올라가자고 했지만, 이미 비상 소화기를 사용해 봐도 효과가 없었다며 소방관들은 건물에서 멀리 떨어질 것을 경고했다.

'지금이라도 물을 뿌리면 살릴 수 있지 않을까. 이 건물이 다 타는 것은 막을 수 있지 않을까.' 너무 많은 생각들이 머리를 헤집었다. 집에서 멀리 떨어지라는 말 외에는 말하지 않는 그들이 미웠다. 연기는 이미 집을 삼켜내고 있었고, 내가 할 수 있는 일은 아무것도 없었다. 겨우겨우 편의점에서 빌려온 그 빨간 쇳덩어리도, 불 앞에서는 무엇도 아니었다. 그저 바라보는 것밖에 할 수 있는 것이 없어 답답했다.

모든 가족이 대피했는지, 집에 남은 사람은 없는지 질문하는 소방관들의 말에 우리 강아지들이 떠올랐다. "아직 강아지가 못 나왔어요. 얼른 데리고 올게요." 소방관은 개를 데리러 들어가겠다는 나를 막았다. 밖에서 불이 꺼지기를 기다리기엔 그 아이들의 영혼이 먼저 사라질까 걱정이 되었고, 강아지들이 없으면 살 수가 없으리라 생각했다. "안 돼요, 가야만 해요."라며 난 버텼다. 결국 울먹이는 나를 소방관들은 놓아주었다. 2층 계단으로 오르자 열기가 상당했다. "쾅." 하고 유리가 터지는 소리와 함께 첫째 언니 집 앞 복도에 있던 상자들이 굴러 내려왔다. 우리 집 문 앞에 도착했을 땐 강아지들이 짖고 있었다. 디지털 도어락을 열자, 집 안은 숨조차 쉴 수 없는 연기로 차오르고 있었다. 나는 두 마리를 한 팔에 한 마리씩 들쳐 안고, 빠르게 1층으로 뛰었다. 양손에 개를 안고 나오는 나를 보며 둘째 언니는 강아지 한 마리를 받아주었다. 첫째 언니는 생후 한 달도 되지 않은 아들을 품에 안고 울고 있었다. 언니의 신혼집, 아기가 사용할 물건들과 새 옷들은 한 번도 쓰이지 못한 채 그대로 타들어 갔다.

  소방관들은 도착했지만, 소방차가 오지 않아 화재진압이 늦어졌다. 큰 골목에 모두 주차가 되어 있어 진입할 수 없는 것이 원인이었다. 형부와 함께 골목을 막고 있는 모든 차의 차주들에게 전화했다. "차 좀 빼주세요. 소방차가 못 올라가요. 긴급한 상황입니다." 전화를 받지 않는 차주들에게는 문자를 남겼다. 하지만 돌아오는 답은 없었다. 그사이 집은 타들어 갔다. 애석하게도 타올랐다는 말이 더 적합하다. 창문이 터지는 소리에 한 집 한 집 이웃들이 나오기 시작했다. 어찌 된 일인지 묻는 그들의 물음에 나는 답하지 못했다. 나의 강아지들은 놀라 얌전해져 있었고, 첫째 언니의 강아지는 끝내 화마에서 나오지 못했다. 그렇게 그 아이는 애착 소파 밑에서 잠이 들었다. 불 앞에서 우린 너무 작았고, 아무것도 할 수 없었다.

  방 안의 난로에서 시작된 불은 집 전체로 번졌다. 소방관들은 맞은편 건물의 난간으로 우리 가족을 피신시켰고, 우리는 한 줄로 서서 불타오르는 집을 바라봤다. 무언가 할 수 있기를 바랐지만, 괴물 같은 불 앞에서는 할 수 있는 것이 없었다. 소방관들은 내가 불을 끄러 집에 들어가고 싶다고 말하면 강하게 제압했고, 소방호스로 물을 뿌려달라고 하면 "안 됩니다. 이미 늦었습니다. 대기해야 합니다."라는 말뿐이었다. 너무 답답했다. 하지만 몇 톤의 물이 집에 부어지긴 했다. 모든 게 다 타버리고 난 뒤였다. 집이 사라지는 동안 뭐라도 해야 할 것만 같았다. 그래서 강아지들을 계속 안고 있을 수 없어 친구에게 도움을 요청했고, 감사하게도 친구는 택시를 타고 와서 빠르게 데려가 주었다. 이후 나는 힘이 빠져 마당이 있는 맞은편 집 철문에 기대어 앉았다. 활활 타올라 주황색이 된 우리 집, 그 집을 보는 아빠의 표정을 나는 잊을 수 없을 것이다. 바닥에 맨몸으로 앉은 나는, 그 상황을 지켜보는 것 말고는 아무것도 할 수 있는 게 없었다.

그때 우리 집은 사라져가고 있었고, 주변은 굉장히 냉담했다. 경찰관과 조사관들이 딱 내 앞에 서서 대화를 나누며 나를 바라보던 눈빛이 종종 떠오르고, 펑펑 터지던 창문의 굉음은 기억에서 지울 수가 없다. 우리 집과 스무 걸음 넘게 차이가 나는 먼 거리에 있었음에도 얼굴이 시큰거릴 만큼 뜨거웠다. 이후의 시간은 혼돈 그 자체였다. 허망하게 활활 타오르는 건물을 보던 가족들의 얼굴은 절대 잊히지 않는다. 지금도 내 기억 속에 선명하다. 내 앞을 지나다니는 소방관들과 경찰관들로 정신이 없었고, 과호흡이 온 듯 나는 손으로 얼굴을 막은 채 숨을 쉬고 있었다. 한 살도 채 되지 않은 조카는 울다 지쳐 잠이 들었고, 첫째 언니의 초콜릿색 강아지는 살아나오지 못해 통곡 소리가 울려 퍼졌다. 누구도 아무 말도 하지 못했다. 집이 무너지는 동안, 우리는 그 앞에서 서로를 지켜보았다. 몇 시간이 흘렀을까. 불은 잠잠해졌지만, 우리의 마음은 더 타들어 갔다.

화재가 어느 정도 진압되자 소방관들은 철수를 준비했고, 경찰은 경위 조사를 위해 해가 뜨면 경찰서에 오라고 했다. 형부의 사촌 동생은 구급차에 실려 갔고, 형부는 전화를 받느라 정신이 없었다. 공무원들은 당장 머물 곳이 있는지, 도와줄 친척이 있는지 물었지만, 그 말들이 귀에 들어오지 않았다. 당장 혼이 나가도 이상할 리가 없었다.

"중요한 귀중품만 챙기세요." 소방관의 안내에 따라 우리는 집 안으로 들어갔다. 계단을 오르는 내내 탄내가 진동했고, 천장에서 물이 뚝뚝 흘러 어깨를 적셨다. 우리 집 문 앞은 첫째 언니 집에서 나온 타버린 짐들로 가득 차 있었고, 문은 열리지 않았다. 겨우 난간을 타고 넘어가 짐들을 한쪽으로 밀어낸 뒤 문을 열었을 때, 집 안은 물바다였다. 흰 벽지는 갈색으로 그을려 있었고, 바닥은 천장에서 떨어진 물로 흥건하게 젖어 있었다. 책상 위 노트북에도 물이 고여있었다. '망했다.' 그 순간엔 그 말밖에 떠오르지 않았다. 생각할 겨를도 없이 가족들은 뿔뿔이 흩어졌다. 엄마와 언니들은 이모네 댁으로, 나는 강아지를 데려간 친구의 집으로 향했고, 아빠는 차 안에서 밤을 새웠다. 혹시 잔불이 남아 아래층과 옆집으로 불이 번지면 어떡하나 하는 마음에 걱정이 되어 떠날 수 없었다고 했다.

가족 모두가 흩어진 후 우리는 메신저로 그 어떤 대화도 나누지 못했다. 모두 충격을 받아, 어떻게 해야 할지 몰랐을 것이다. 나는 그날 밤 낯선 이불 속에서 해가 뜰 때까지 울었다. 사이렌 소리와 고함치던 사람들의 소리, 차가운 시선들, 그 모든 게 나를 괴롭혔다. 그날 밤 내가 잃은 것은 우리 집, 우리 가족이었다. 한 건물에 모여 사는 우리 가족에게 집은 삶에서 큰 중심축이 되었던 전부, 단순한 집이 아닌 곧 삶이라고 할 수 있는 것이었다.

아침이 되자 우리는 모두 집으로 돌아왔다. 아직도 연기가 피어오르는 집의 철문을 열고 들어가자, 전기를 내려 불이 모두 꺼진 1층 부모님 집 안에는 엄마와 첫째 언니가 앉아 있었다. 말을 나누지 않아도 눈을 보면 통하는 것이 있었다. 인사를 한 후 내 집이 있는 2층으로 향했다. 까만 발자국들, 그을린 벽. 녹아내린 플라스틱 박스들이 여기저기 널브러져 있었다. 궁금한 마음에 열어본 내 집은 엉망이 되어 있었다. '아, 가구들을 다 바꿔야 하나. 옷도 다 버려야겠지. 전자기기들은 켜지긴 할까.' 생각이 많았다. 현실이었다. 이것들을 다 어떻게 처리하나, 또 새로 사야 하나, 머리가 복잡했다. 이제야 눈에 들어온 실상에 불이 시작된 3층, 첫째 언니의 집에 올라가 봤다. 집 앞에는 노란색 경찰 통제선이 쳐져 있었다. 그 너머로 보이는 아기의 신발, 형부의 장비들, 새까맣게 타버린 잔해들이 내 머리를 멍하게 만들었다. 무거운 마음으로 내려간 1층 부모님 댁에서는 첫째 언니가 울고 있었다. 강아지 사체를 찾고 싶어도 경찰 조사가 끝나지 않아 들어갈 수 없었기에, 더욱 비통했을 것이다. 눈앞에 두고도 손쓸 수 없다는 것, 그 현실은 말로 다 할 수 없는 고통이었다.

화재 후 마주친 전소된 언니의 집

우리는 다시 살아가기 위해 모였다. 대책을 마련하고자 가족들이 모였어도 처음에는 어떻게 해야 할지, 내가 지금 무엇을 하는 것이 최선일지 감이 오지 않았다. 하지만 얼이 빠진 채 있기엔, 해야 할 일들이 너무 많았다. 나는 주민센터와 구청에 전화를 걸어 도움을 요청했다. 하지만 돌아온 답은 "받을 수 있는 경제적 지원은 없다."라는 말뿐이었다. '정말 망했구나.'라는 생각으로 절망감에 빠져있을 때 주민센터에서 경로당을 임시 거처로 제공해 주었고, 우리는 그곳에서 3일을 지냈다. 잠을 자고 나오면 일하러 가고, 경찰서에 다녀오고, 탄 집을 들여다보고, 그것들을 반복했다. 나는 친구의 집에서 신세를 지며 출퇴근했고, 주말마다 집으로 돌아왔다. 집은 조사가 끝날 때까지 손도 댈 수 없었다.

전소된 언니의 집에 들어갔을 때, 벽 콘센트 주변에서 "틱 티 디딕, 틱"하는 소리를 들은 적이 있다. 이와 비슷한 소리가 들릴 때면, 나는 일하다가도 종종 아빠가 집을 보던 얼굴을 생각했고, 그 옆에서 우리 가족들을 돌보던 엄마가 떠올랐다. 그럴 때면 '꼭 성공해서 다시 이 집안을 일으켜야겠다.'라는 생각에 사로잡히곤 했다. 하지만 현실은 생각보다 쉽지 않았다. 길을 지나다 사이렌 소리가 들리면 눈물이 나고 숨이 가빠오며 사람이 정지되는 듯한 느낌을 받았다. 그 후로 나는 귀가 아플 만큼 이어폰 속 음악을 가장 크게 트는 습관이 생겼다. 차라리 귀가 아픈 것이 나았다. 그렇게 머리까지 아프고, 귀가 안 들리고 나면 세상이 조용해졌다.

우울했다. 암울한 시간의 연속이었다. 익숙하지 않은 공간에서 낯선 하루들을 보내며 밤마다 나는 울었다. 익숙한 모든 것이 사라진 그 밤, 유리 깨지는 소리, 누군가의 고성과 침묵들 사이에서 나는 점점 무너졌다. 심장이 멈출 것만 같았다.

지금 생각해보면 그때의 나는 대책을 마련할 때 손을 놓고 있던 첫째 언니를 보며 답답해했고, 그걸 감싸는 엄마의 모습에 짜증이 났던 것 같다. 멈춰 있는 시간이 길어지자 나와 둘째 언니의 화도 점점 마음속에서 쌓여갔다. 무엇이 문제인지, 왜 늦어지는지, 도울 수 있는 것이 있는지 질문을 해도 "제발 가만히 있어라.", "안 그래도 머리 아프다." 등의 말 외에 돌아오는 답은 없었다. 가장 윗집에 사는 첫째 언니네 집에서 시작된 불로 아래 집들도 방전이 되고 물에 잠겨 많은 짐을 버려야 했다. 이에 대해 무책임한 태도로 일관하는 첫째 언니의 행동에 나와 둘째 언니는 마음이 굳어갔고, 가족들과의 갈등은 심해졌다.

어떤 슬픔은 말로 다 하지 못하고, 어떤 고통은 입을 닫게 한다. 일관된 태도로 버티는 첫째 언니로 인해 우리는 결국, 자매가 아닌 남이 되어버렸었다. 지쳐가던 때, 할 수 있는 선택은 없었다. 그러다 문득 남이 되어버린 우리 자매들을 보며 '깨달았을 때는 이미 늦었나?' 하는 생각이 가득했지만, 속절없이 타버린 마음을 붙잡고 싶었다.

'이게 과연 내가 지키고 싶던 것들이 맞는가. 우린 왜, 이렇게까지 멀어져야 했을까. 더는 이렇게 살면 안 된다. 어려울수록 뭉쳐야 한다. 잘못되지 않도록 붙잡아야 한다. 다시 일어나야 한다.' 마음속으로 몇 번을 되뇌었다.

집에 불이 나고, 정신없이 아이를 돌보는 첫째 언니를 두고도 형부는 일을 나갔다. 집수리에 집중할 수 없는 상황이라 생각했고, '집을 복구할 비용이 부족하구나.' 싶어 나는 야간 아르바이트를 시작했다. 9시부터 6시까지 회사에서 근무 후 퇴근하고 나면 집에 가서 옷을 갈아입고, 아르바이트를 하러 바로 집을 나섰다. 새벽 3시까지 펍에서 음식을 만들고, 청소하고, 술을 제조하고, 서빙하는 일을 했다. 가족으로 다시 뭉치고 싶었다. 멍이 들어도 그 마음으로 버텼다. 하지만 몸이 힘드니 사람이 미운 마음도 쉽게 들고는 했다. 왜 더 나은 대책을 세우지 않는지, 해결 방안을 공유하지 않는지, 내 집과 짐은 어떻게 되는지 말이다. 이에 대해 논의하고 대화를 나누고 싶어도 되돌아오는 말이 없었기에 나는 몇 번을 포기했다.

하지만 나의 주축이었던 내 가족을, 그리고 내 집을 다시 일으키고 싶어 멈추지 않았다. 살갗이 데면 얼음에 대면 그만이다. 빙판길에 넘어지면 절뚝이면서 아르바이트를 가면 되고, 잠을 못 자 입술이 터지면 당분간 아무것도 안 먹으면 된다는 마음이었다. 그렇게라도 살아야 했다. 아주 고되었다. 너무 힘들었다. 왜 나에게, 왜 우리 가족에게 이런 일이 생긴 건지, 하늘이 무심했다. 화합하고 싶어 집에 들어가도 대책을 묻는 나는 적이 되어 있었고, 나의 시도들이 평화를 깨고 작은 다툼을 만들 때도 있었다.

지금은 그날로부터 시간이 꽤 흘렀다. 많은 인부의 손을 빌려 집은 복구되었고, 피해는 다시 메꾸어 갔다. 그날의 사건이 추억은 못 되어도 가릴 수 없는 큰 기억으로는 남는다. 그날 이후의 시간들로 조금은 거리감이 생기긴 했으나 가족 간의 결합도 어느 정도 회복되었다. 누군가는 여전히 그날을 꺼내지 않고, 누군가는 마음속에 그 불을 묻은 채 그 집에서 다시 상처에 밴드를 붙이고 살아간다.

내가 아직 이 집을 떠나지 못하는 건 부모님이 이 건물에 살고 계시기 때문이다. 한 건물에 모든 가족이 모여 사는 것이 바람이었던 부모님. 그 바람을 들어드리고자 뭉친 우리. 그 꿈은 한때 불에 타 사라질 뻔했지만, 우리는 그 위에서 다시 살고 있다. 하지만 이건 사는 게 아니지 않나 싶게 버겁게 느껴질 때도 종종 있다. 그럼에도 다시 일으켜 더 큰 건물을, 더 안전한 공간을 마련해 그쪽으로 이주할 수 있을 때까지는 나만큼은 무너지지 말고 열심히 살아가야 한다고 다짐한다. 불은 모든 것을 태웠지만 우리는 다 타기 전에 멈춰야 하는 법을 배웠다. 그리고 그날의 불은 우리를 무너뜨렸지만, 나는 반드시 다시 세울 것이다. 이전보다 더 단단하게. 그 마음으로 꼭 새로운 시작을 열어 보답하고자 한다.

밥 먹자, 내려와

하루에 한 번은 듣는 말, "밥 먹자, 내려와." 참 일상적이면서도 감사한 말이다. 내 자식이라고 한들 어찌 매일같이 밥을 차려줄 수 있을까. 부모님의 마음에 놀라고, 또 감탄한다.

우리 아빠는 당뇨로 인해 병원에서 건강 관리와 생활 습관

교정을 권유받으신 적이 있다. 그럴 때도 엄마는 딸자식들 복날이라 밥 먹인다며 백숙, 닭볶음탕, 초계탕 등 푸짐한 한 상을 차려주셨다. 물론 감사하지만, 부모님의 건강을 생각해 우리는 "밥 차리지 마세요.", "누가 먹는다고 그래요.", "안 먹고 싶어도 억지로 먹어야 하잖아요." 등의 모진 말을 한 적이 있다. 그러고 나면 항상 '왜 그랬나.', '왜 그 사랑을 거절했나.' 방에 누워 후회하고는 했다. 우리 엄마의 음식은 세계 1등이니까, 그리고 나를 위해 베푼 사랑에 상처를 주었으니까 말이다. 하지만 때론 그런 거절이 필요하다. 지금 엄마는 무릎 통증으로 수술을 앞두고 있고, 아빠는 인슐린 주사를 맞기 시작하셨다. 건강한 식사를 해야 할 필요는 충분히 충족되었다. 어느 날 병원에서 검사 결과를 받고 난 뒤, 아빠는 충격을 받으셔 "정말 건강한 식사를 하자."라며 큰소리를 치신 적이 있다. 허나 재미있게도 우리 아빠는 말과 다르게 정말 건강한 상을 차리면 반찬 투정을 하신다. 그 곤혹을 겪는 엄마와 심통이 난 아빠를 보면, 한편으론 너무나도 귀엽다. 현실은 은퇴한 후에도 남편의 밥을 차려야 하는 아내이지만, 나도 저렇게 늙어갈 수 있을까 하는 생각이 들고는 한다. 60대가 되어서도 반찬 투정을 할 수 있는 사이가 있을까. 상황은 어지러웠으나 그 모습은 참으로 사랑스러웠다.

밖에서 친구들과 약속이 있어 밥을 먹고 온 날에도, 혹은 다이어트를 핑계로 식사를 거르고자 하는 날에도, 엄마는 어김없이 "밥 먹자, 내려와."라며 부르신다. 식단 관리 중이니 밥 연락은 하지 말라고 당부했을 때도, "소고기 구웠어.", "살 뺄 때 먹어도 된대.", "소금도 안 뿌렸어."라며 전화를 주신다. 그도 그럴 것이 엄마는 사회생활에 지치고, 바깥 사람들에게 갈려 피곤해진 딸들을 보면 챙겨주고 싶으셨을 것이다. 그리고 "밥 먹자."는 핑계를 대야 세 딸이 엄마를 보러 올 테니까. 엄마의 마음을 나는 백번 이해한다.

가끔은 그 연락들에도 "먹지 않겠다." 답하면 섭섭해하는 엄마에게, "그럼 살쪘다는 말을 하지마."라며 짜증을 내기도 했다. 하지만 나를 찾지 않는 모습은 또 서운하게 느껴진다. 세 딸과 한 남자의 변덕은 여름 장마만큼이나 심하다. 그걸 다 받아주는 우리 엄마가 참 대단하다. 무엇을 먹을 건지, 어디서 먹을 건지, 누구와 먹을 건지 미리 공유한다면 갈등도 없을 텐데 우리는 이제 더 이상 공유하지 않는다. 한번은 "내일 저녁은 갈비다. 다 모여라."라고 전날 모두에게 공지했지만, 당일 저녁이 열무국수가 되었던 때가 있었다. 아빠가 시원한 게 먹고 싶다고 했기 때문이다. 또 단체카톡방에 메뉴를 알려주신 후 메시지를 읽고 답한 사람이 거의 없어, 몇 명만 모일 줄 알았는데 뒤늦게 언니네 가족이 내려와서 추가로 재료를 사러 나가는 일도 있었다. 우리에게 사전 안내는 의미가 없는 것이다.

어쩌면 엄마가 반평생 가정을 위해 매일같이 주방에 있다는 사실은 누군가에겐 안타까운 삶으로 보일 수 있다. 하지만 그것이 소소한 행복이라 애써 말해주는 엄마에게 나는 그저 감사한다. 내가 만든 음식을 맛있게 먹어주는 가족들, 그리고 일을 그만두고 난 뒤 나눌 수 있는 사랑의 방식. 그 표현을 나는 이제 배부르게 먹으려 한다. 항상 배불리 먹어 비만이긴 하지만, 언젠가는 이 사랑도 더는 받아먹을 수 없는 날이 올 테니까.

어미 새가 하염없이 입을 벌리는 새끼들에게 매일같이 먹이를 물어다 나르느라 점점 말라가는 다큐멘터리를 보면 늘 애잔했다. '엄마'란 그런 걸까, 엄마가 되면 다 그런가. 청춘을 다 포기하고도 웃음이 나는 것이란 이런 걸까. 우리 엄마와 아빠를 보면 나도 그런 어른이 될 수 있을까 하는 생각을 자주 한다. 여리지만 강한 사람, 굳세지만 유연한 사람.

'밥' 하나를 주제로 잡아도 우리 집에서는 수만 가지 에피소드가 나온다. 머릿수가 많은 만큼 입도, 손도, 눈도 많기 때문이다. 그 안에서 매년 빠지지 않는 주제는 김장과 밑반찬, 다이어트, 계절별 식재료이다.

유년 시절 군것질을 좋아하던 나에게 엄마는 빵과 떡, 건강

간식들을 배워 손수 만들어주셨다. 청소년기에 만들어주신 호두강정은 지금까지도 잊을 수 없다. 얼마나 고소하고 달콤했는지, 언니들에게 빼앗길까 봐 숨겨두고 아껴 먹었다. 너무 아껴 먹느라, 견과류 특유의 쩐내가 나도, 나는 매일 한 조각씩 아끼며 먹었다. 지금도 엄마가 기억하실지는 모르지만, 나는 그 호두강정의 맛을 찾기 위해 많은 가게를 뒤져가며 수없이 사 먹어봤다. 하지만 지금까지도 같은 맛을 내는 강정은 찾지 못했다. 우리 할머니의 호박이 잔뜩 들어간 된장고추장찌개처럼, 나에게 호두강정은 엄마를 기억하게 할 것이다.

그러니 엄마, 이 글을 본다면 나 호두강정 다시 만들어줘. 레시피도 꼭 알려줘. 엄마가 아이가 되면 내가 꼭 만들어줄게. 나에게 친구들과 선생님께 나눠주라고 몇 상자나 해준 것처럼, 나도 엄마의 친구들에게 나눠 줄 수 있을 만큼 만들어볼게. 그리고 그때가 오면 누가 만들어주었는지 꼭 기억해줘야 해, 막내딸이 해준 거라고 자랑도 해줘야 해. 알았지?

여느 집들처럼 고생하지 않고 김치를 사서 먹으면 조금은 편하실 텐데, 엄마는 꼭 직접 담그신다. 배추김치, 갓김치, 총각무, 오이소박이, 파김치, 깍두기, 열무김치 등 세상 모든 김치를 담근다. 손이 큰 탓에 우리 집은 기본 100포기 이상씩은 김장한다. 전날 밤부터 한 두 시간씩 쪼개어 잠을 자며 소금

물에 담가둔 배추를 뒤집고, 물을 빼고, 아주 고되게 김장을 한다. 아마 고춧가루부터 빻았다면 난 못한다고 백기를 들었을 것이다. 그리고 그 덕에 나는 또래 중 요리를 꽤 잘하고 칼을 능숙하게 다룰 수 있는 능력을 갖추었다. 나름의 덕도 본 셈이다. 하지만 그 많은 김치를 우리가 다 먹는 건 아니다. 친척, 부모님의 친구, 시댁 등 여기저기로 퍼진다. 사실 우리가 먹는 것은 반도 안 되지 않을까 싶다. 며칠간 김장캠프를 하고 나면 다들 골병이 나지만 1년치 김치가 가득한 풍경은 늘 뿌듯하다. 2025년에 이런 정을 나눌 수 있는 집이 얼마나 될까. 그런 점에서 우리 가족은 참 '가족 같다'.

반찬도 부모님 드실 만큼만 하면 덜 힘드실 텐데, 대식구가 한 번이라도 모이는 날엔 그마저도 부족하다. 그래서 늘 넉넉히 해두신다. 그리고 종종 예쁜 반찬통에 담아, 퇴근하고 오는 딸들에게 들고 올라가라며 싸주신다. 다 같이 1층에 모여 먹으면 좋으련만, "쉬고 싶다."라는 말로 딸들은 각자의 집에서 밥을 먹는다. 가끔은 밥 먹을 때만 내려오는 딸들이 참으로 미울 법도 한데, 엄마는 싫은 소리 한 번을 안 하신다. 나였으면 "내가 식모냐 이것들아." 하고 화를 낼 법도 한데 말이다.

나만 사는 내 집엔 쌀이 없다. 전기밥솥은 있으나 1년 넘게 쓰인 적이 없다. 부모님과 밥을 먹는 게 당연하다고 여겼기에,

따로 밥을 지을 일이 없었던 것이 그 이유이다. 부모님과 다투고 1층 부모님 집에 내려가지 않는 날이 되어서야 비로소 가스레인지에 불이 켜진다. 라면을 끓이기 위해서다. 이럴 때도 엄마는 쇼핑백에 반찬을 담아 언니를 통해 전달해주신다. 참 사랑이다. 한 외국인 친구가 "한국에선 '밥 먹자.'라는 말에 모든 의미가 담긴 것 같다."라고 한 적이 있다. 그 말처럼 우리는 화해할 때도, 인사할 때도 밥 먹자는 말을 한다.

시골에서 형부가 옥수수나 나물들을 들고 오는 날이면, 우리는 1층에 모여 껍질을 까고 찌고 포장해 냉동고에 넣는다. 이처럼 한 옥상을 공유하는 한 지붕 아래 집들은 무엇을 하든 함께이다. 혼자서 배달 음식을 시켜 먹은 지도 꽤 오래되었다. 한 건물에 모여 살기에 주 출입구는 하나다. 열쇠로 출입하는 대문 앞에 서서 배달 기사님이 오실 때까지 대기할 수도 없는 노릇이고, 기다린다고 한들 음식을 받을 때 가족들과 마주하면 난처하다. "혼자 먹냐? 치사하게."라는 농을 듣기 때문이다. 2만 원이면 끝날 식사비가 10만 원이 넘는 순간이 된다. 그래서 자연스레 다 같이 먹을 때가 아니면 자제하게 된다. 어쩌면 이것도 장점이다. 1인 가구의 식비를 아껴주고, 다이어트를 도와주는 시스템.

미니멀리즘을 실천하는 딸도 있어, 부모님 댁에는 냉장고가 다섯 대다. 다량의 식재료를 자기 집에 두기 싫으니 1층에 몰아

놓은 결과다. 그리고 변덕이 심한 가족들에게 더 맛있는 음식을 해주고 싶은 엄마의 마음 창고다. 그것들을 보면서 아빠는 "더 넣을 곳이 없으니 치워라. 사지 말고 비워라." 하시면서도 정작 밥상을 차려드리면 "입에 안 맞는다. 원하는 것이 없다. 새로운 것 없냐."라며 편식하신다. 쉽지 않다 우리 집, 고마워 엄마.

세 딸 중 한 명이라도 다이어트를 시작하면 부모님 댁은 아주 풍요로워진다. 과자, 고기, 과일 등 종류를 가리지 않는다. 카카오톡 가족 단체대화방에 "1층에 내려두었어! 가져다 먹어."라는 말로 작은 마켓이 열리는 셈이다. 정말 재미있다. 함께 하는 것, 함께 살아가는 것. 밥이라는 주제로도 이리 재미있는데, 함께하면 얼마나 많은 에피소드가 있겠나. 기회가 된다면 모여 살아보시길 모두에게 추천한다.

이처럼 한 건물에 부모님과 모여 사는 것은 장단점이 넘쳐난다. 음식은 늘 함께 나눌 수 있고, 돌봄도 가능하고, 경제적으로도 효율적이다. 무엇보다 가장 큰 장점은 '가까이 산다'는 것. 장점만 적어도 백 장은 적을 수 있을 것이다. 그 반의 반만큼 단점도 있지만, 나는 이 집이 좋다. 가끔은 '이 집을 나가야지.'하고 다짐할 때도 있지만, 한 건물에 가족들과 함께 산다는 것은 참 행복한 일이다.

2025년의 우리 가족

잘할 수 있을 거야

어릴 때부터 나는 '어디서든 필요한 사람, 누구에게나 도움을 줄 수 있는 사람, 무엇이든 해낼 수 있는 능력을 갖춘 사람'이 되고 싶었다. 치열한 경쟁이 펼쳐지는 강남 8학군에서의 성장환경과 아들로 태어나지 못한 셋째 딸이라는 꼬리표도 영향을 미쳤겠지만, 아마 부모님의 과보호도 큰 이유 중 하나였을 것이다. 그리고 친가 사촌 언니들과의 끝없는 비교도 명절의 전통처럼 우리 집에선 너무나도 자연스러웠다. "누가 이번에 모의고사 만점을 맞았다더라. 누구는 전국대회에서 상을 받았다더라." 이런 말들은 부모님의 어깨를 높여주는 동시에, 그 기대에 보답하기 위해 나를 자극하기에 충분했다. 1~2살 터울의 남씨 성을 가진 딸 다섯 명이 매년 경쟁하며 집안의 승기를 다투었다. 수상, 대입, 연봉 등이 그 기준이었다.

대학교에 입학한 뒤에는, 성인이 되었다는 마음에 법적인 테두리 안에서 할 수 있는 건 다 해보고 싶었다. 하지만 부모님의 과보호로 포기한 길이 많았다. 그래도 자격증을 취득하고 능력을 키우는 일만큼은 응원해 주셨다. 단, 그 시야 안에 서라면 말이다. 그래서 나는 스무 살 이후부터 매년 자격증을 한 개씩 취득해 왔다. 국가 자격이든, 민간 자격이든 구분을 두지 않았다. 자격증 중에는 펫푸드 자격증도 있었다. 반려동물 수제 간식과 펫 베이커리 자격증. 우리 집 강아지가 내 옆에 붙어 음식 냄새를 맡을 때마다 펫 푸드에 대해 배우고 싶은 마음이 커져 공부하게 된 자격증이다. 자격증을 취득한 후에는 블로그에 나만의 레시피와 후기를 올렸고, 곧 수업 의뢰가 들어왔다. 적성에 맞다는 생각이 들어 점점 활동 범위를 넓혀 갔다. 그리고 그 무렵 책쓰기 프로그램들도 하나씩 수강하기 시작했다. 대학 교수님, 출판사 대표님들을 만나며 시와 에세이를 배우고 책을 냈다. 책을 쓰면서 나는 나 자신에게 수없이 많은 질문을 던지고 또 돌아보았다. 나는 왜 이렇게 살아가는가, 꿈꾸던 어른이 되었는가, 나는 그에 대해 만족하는가, 미래에도 이렇게 살 것인가... 이러한 질문들을 끊임없이 던지고 내 생각들을 글로 써 내려가며 앓기도, 성장하기도 했다.

사실 내가 1인가구로 사는 데에는 가족의 영향이 컸다. 스무

살이 넘어서도 무엇 하나를 해보려 하면 부모님께 허락을 받아야 했고, 그 흔한 연애도 간섭이 심했다. 엄마는 내가 서른이 된 지금도 '위치추적 앱'을 설치해 줄 것을 요구하신다. 대학교 때부터 그랬다. 집에 늦게 들어오면 앱으로 위치를 확인하고, 전화하시거나, 직접 데리러 오셨다. 해외에 나가더라도 내 위치를 확인하는 건 필수였다. 이건 때로는 부담이었다. 요구가 아니라 강요였고, 권유가 아니라 강압이었다. 반항심이 들면 앱을 지우거나 GPS를 꺼 버리기도 했다.

나는 어릴 적부터 꿈이 원대했고, 하고 싶은 일도 많았다. 하지만 부모님이 제어하는 경우가 다반사였다. 그래서 한때는 가족들을 미워하기도 했다, 그렇지만 탓했다는 표현은 쓰고 싶지 않다. 워킹홀리데이, 한 달 살기, 타지 생활 등 다양한 도전을 해보고 싶었지만, 부모님의 울타리는 늘 높았고 단단했다. 10대 때부터 위치추적 앱이 필수가 된 만큼 엄마는 나를 과보호 혹은 울타리에 넣기를 반복했고, 그 영향으로 나는 한때 자존감이 바닥을 친 적도 있었다. 내가 무엇을 하려 시도하거나, 어딘가 새로운 곳에 가보려 하면 엄마는 말했다.

"안 돼."

"어려울걸."

"넌 못해."

"엄마는 네가 그걸 하지 않았으면 좋겠어."

이 말들은 내 생각을 묻어버리곤 했다. 그럴 때마다 나는 한숨을 쉬며 말했다.

"엄마가 이러면 난 아무것도 못 해. 내 사기 좀 꺾지 말아줘."

물론 모든 상황을 원망하지는 않았다. 엄마가 한계를 설정한 덕에 내 스스로 벽을 넘지 않아 안전했던 시절도 있었기 때문이다. 하지만 마음속 응어리는 조금씩 쌓였다. 그 알갱이들은 '내가 입양한 강아지가 세상을 떠나면, 나도 한국을 떠난다.'라는 결심을 하게 했다. 부모님의 노년을 옆에서 함께하고 싶어 요양원 설립에 대한 고민을 진지하게 한 적이 있지만 더 미뤄도 된다고 생각했다. 아직은 어리기에, 아직은 젊기에 경험을 더 쌓고 나서 부모님과 함께 살아도 될 것이라고 생각했다. 이에 대해 아무에게도 말하지는 않았으나 엄마에게는 알려주고 싶었다. 그래서 엄마와 여행 유튜버들이 출현하는 TV 프로그램을 보던 날 아주 자연스럽게 물었다.

"엄마, 내가 저렇게 해외에서 산다고 하면 어때?"

"네가 잘할 수 있다고 하면 보내줄게."

내 나이 서른이다. '서른에 내 인생 내 마음대로 하지 못한다면, 난 어떻게 내 앞날을 그려낼 수 있을까.' 하는 현실에 숨이 막혔다. 하지만 화로는 사람을 설득할 수 없다는 것을 잘 알기에 이런 내 마음을 엄마에게 알리려고 차분하게 말했다.

"엄마, 엄마가 나를 걱정하는 마음 아주 잘 알아. 하지만 이렇게 감싸다 보면, 엄마가 안 계실 때 나는 아무것도 못 하는 사람이 되어 있을 거야. 그러니 앞으로는 '네가 잘할 수 있으면 하게 해줄게.'가 아니라 '넌 잘할 수 있을 거야. 다만 엄마가 걱정하니 연락 자주 해 줘.'라고 말해주면 좋겠어."

이 말을 들은 엄마는 눈물을 글썽이셨다.

돌이켜보면, 내가 다재다능한 사람이라는 걸 세상에 증명하고 싶었던 것도 결국 부모님께 인정받고 싶어서였다. 집 밖에서 박수갈채를 받으면, 나에 대한 신뢰가 생기면, 그때는 엄마, 아빠도 나를 믿어주리라 생각했다. 엄마의 걱정이 나를 깎아내릴 때도 있었지만, 나는 그 마음이 사랑에서 비롯된 것임을 알고 있다. 그렇기에 앞으로의 내 인생만큼은 내 선택 안에서 후회 없이 살 것이다. 언젠가 이 집이 재개발되면, 한 건물에 같이 살던 우리는 흩어질 것이다. 그때는 지금의 시간을 그리워하며 웃고 있겠지. 그러니 지금을 행복이라 여기자. 이 사랑 안에서 맘껏 헤엄치고, 즐겨보자.

* * * * *

나는 지금 혼자 산다. 하지만 혼자라는 사실이 꼭 고립을 뜻하지는 않는다. 복숭아를 좋아하면서도 두려워했던 어린 날의 기억, 불 앞에서 서로를 붙잡던 가족들과의 순간, 하루에 한 번은 들려오던 "밥 먹자."라는 부모님의 말, 그리고 흔들릴 때마다 스스로에게 몇 번이고 되뇌던 "잘할 수 있어."라는 다짐까지 그 모든 것이 내 안에 함께 살아 있다.

혼자라는 시간은 내게 생각할 여유와 스스로를 다잡는 힘을 주었다. 반대로, 함께하는 순간들은 내가 다시 일어날 수 있는 이유가 되어주었다. 혼자는 나를 단단히 세우고, 함께는 나를 부드럽게 감싼다. 그 둘 사이에서 나는 비로소 균형을 배운다.

어쩌면 삶이란 늘 혼자와 함께 사이를 오가며, 그 사이에서 무너지지 않고 살아내는 일인지도 모른다. 혼자가 무겁게 다가올 때는 함께를 떠올리면 되고, 함께가 벅차게 느껴질 때는 혼자로 물러나면 된다. 그 사이를 오가며 균형을 잡는 것, 그것이야말로 내가 살아가는 방법이다.

나는 여전히 배워가는 중이다. 하지만 분명한 건, 나는 더 이상 '혼자'와 '함께'를 따로 떼어 생각하지 않는다는 점이다. 혼자 있어도 함께의 흔적이 내 곁에 있고, 함께 있어도 나만의 자리가 지켜져야 한다. 그 균형 위에서 비로소 나는 나와 함께 살아갈 수 있다.

삶이란 결국 '나와 함께하는 법'을 배워가는 과정인지도 모른다. 혼자와 함께 사이에서 흔들리면서도 무너지지 않고, 천천히 중심을 찾아가는 과정. 그 속에 서 있는 지금의 나는, 혼자여도 괜찮고, 함께여도 괜찮다. 그것이 내가 터득한 삶의 모양이다.

낯선 곳에서 새로운 길을 걷다

박래진

이순(耳順)에 즈음해 은퇴하고 나니, 시간 여유가 생겼다. 그래서 코로나 때 만료된 여권을 다시 발급받았다. 미사용 마일리지가 해마다 차감되고 있었는데, 이제 마음 가는 대로 움직일 시간이 생겼으니 여행을 시작할 때가 된 것이다.

내 안에서 가보지 않은 외국에 대한 열망이 자꾸만 고개를 들었다. 익숙함 속에 갇혀 있던 감각을 깨우기 위해 낯선 곳에 나를 밀어 넣어 조금쯤은 헤매 보고도 싶었다. 다만 모르는 세계를 탐험해 보고 싶기는 해도, 오랜만에 떠나는 여행인 만큼 출발부터 길을 잃기는 싫었다.

다낭에서 겪은 달콤함과 씁쓸함

그러던 어느 날, 홈쇼핑에서 베트남 다낭/호이안 5박 6일 패키지여행 방송을 보았다. 그동안 직장 생활로 바빠 해외에 나가 본 적이 오래되었기에 워밍업 차원에서 패키지여행을 해보는 게 낫겠다 싶어 예약했다. 예전에 유럽 5개국에 패키지여행을 다녀온 경험이 있고, 베트남 하노이로 출장을 가본 적은 있지만, 관광지인 다낭에는 가보지 못해서 오랜만에 패키지여행을 다녀오는 것도 좋을 것 같았다.

다낭 콩카페, 루프탑, 비나힐 테마파크, 호이안 올드타운, 마블 마운틴, 코코넛 바구니배 투어 등 개별로 갔다면 놓쳤을 곳들을 버스로 효율적으로 다닐 수 있었고 가이드도 친절하게 잘해주었다. 숙박은 5성급 해변 리조트였고, 전용 바닷가 덕분에 해 뜨기 전 고요한 바다에서 수영을 즐길 수 있었다. 따뜻한 베트남의 이국적인 바다를 온몸으로 느끼며, 그 자유로움에 깊은 힐링을 경험했다. 식사는 신선한 과일·야채·고기와 베트남 향토 음식이 뷔페 형식으로 제공되어 좋았다.

문제는 마지막 날에 생겼다. 투어를 떠나기 전에 두 군데 들를 곳이 있다고 했는데, 첫 번째는 침향을 파는 곳이었다. 가이드는 여행기간 동안 우리 팀에게 베트남 침향이 좋다는 애기를 반복하며 세뇌하듯 말했다. 그리고 마지막 날, 우리를 침향 가게로 데려갔다. 한국 제약회사 출신이라고 본인을 소개한 직원이 흰 가운을 입고 시연을 하며 '베트남 정부가 보증한다.'라고 설명했다.

내키지 않았지만, 그동안 정들었던 일행들이 모두 구매했고 가이드가 우리에게 매우 잘해 준 것도 떠올라서 사지 않을 수 없었다. 그다음에는 루왁 커피 판매장에 갔다. 한국에서 유학했다는 베트남 여성이 유창한 한국어로 루왁 커피 시음과 피부 클렌징 시범을 보이자, 또 주변에서 사기 시작해서 어쩔 수 없이 커피와 클렌징 로션을 샀다.

분위기에 휩쓸려 모든 것이 순식간에 이루어졌다. 한국에 돌아와 침향과 커피를 먹어보고 나서 후회했지만 이미 늦었다. 만약 다시 패키지여행을 가게 된다면, 나는 또다시 그 분위기에 못 이겨 똑같은 실수를 반복할 것만 같다. 그래서 앞으로 패키지여행은 가지 않기로 했다.

아슬아슬한 후쿠오카의 야경

'혼자 여행'의 출발점으로 일본 후쿠오카를 선택했다. 코로나 전 가족 온천 여행으로 다녀왔지만 기억은 희미했고, 도쿄나 오사카가 벅차게 느껴져 난이도가 낮은 도시부터 연습하기로 했다. 날짜별로 가고 싶은 장소와 먹을 것을 엑셀에 정리했고, 목적지를 먼저 정한 뒤 주변의 구글 평점 높은 맛집을 묶는 방식으로 계획했다. 작은 도시이지만 볼 것, 할 것, 먹을 것이 의외로 많았다. 이번 여행에서 처음 eSIM을 이용해보니 편리했고, 디지털 기기의 도움을 크게 받으며 혼자서도 세상과 연결될 수 있음을 실감했다.

아무도 재촉하지 않는 여유로운 일정 속에서, 계획에 없던 곳에 시선이 닿으면 그대로 발걸음을 옮겼다. 우연히 마주한 풍경과 순간들은 여행의 작은 선물 같았다. 거리를 걷다 보면 사람들로 북적이는 매력적인 식당들이 눈에 들어왔고, 일본어 메뉴를 스마트폰으로 번역한 뒤 연습한 일본어 문장으로 주문했을 때 작은 기쁨을 느꼈다. 종업원이 바로 알아들어주는 순간, 조용한 성취감을 느꼈다.

일본 여행에서 다양한 카이센동을 맛보는 시간은 작은 위로 같았다. 식당 안에는 여행자들과 현지인들이 어우러져 있었다. 일본의 해산물 요리는 한 그릇에 정성스럽게 담겨 색감과 질감이 어우러졌다.

여행 내내 돈코츠 라멘이나 덴푸라, 모츠나베 같은 기름진 음식은 피했다. 대신 신선한 스시와 카이센동을 즐겼다. 한국에서 먹던 것보다 가격도 저렴하고 맛도 좋았다.

후쿠오카 도착 다음날인 수요일에 110엔 스시집으로 유명한 하카타 토요이치에 갔는데 문이 닫혀 있었다. 근처의 카이센동 맛집 쇼쿠도미츠로 발길을 옮겼지만 그곳도 휴일이었다. 다른 날 다시 하카타 토요이치를 찾았을 때는 메뉴에 스시 종류가 너무 많아 무엇을 골라야 할지 잠시 망설였지만 익숙한 스시들을 중심으로 골라서 맛보았다. 쇼쿠도미츠는 약 1시간을 기다려 입장했는데, 그릇 위에 정성스럽게 올려진 해산물이 예뻐서 잠시 바라보다가 젓가락을 들었다.

다음날, 150년 된 요시즈카 우나기야 장어덮밥 집에 갔다. 엘리베이터를 타고 내린 곳은 비즈니스 예약 손님만 들어가는, 매우 깔끔하고 정돈된 실내장식이 인상적인 층이었는데, 나에게 뭔가를 일본어로 묻기에 끄덕이자 직원은 바로 좌석으로 안내했다. 일본 장어덮밥은 한국 장어보다 식감이 더 쫄깃하다는 느낌을 받았고, 나오면서 보니 일반손님이 식사하는 층은 별도로 있다는 것을 알게 되었다. 대화가 통하지 않은 일이 뜻밖의 행운으로 연결된 추억이었다.

식사 후 후쿠오카 타워 전망대로 이동했다. 나는 새로운 도시를 여행할 때는 가장 높은 곳에 올라 도시 전체를 내려다보는 걸 좋아한다. 63빌딩과 비슷한 높이의 후쿠오카 타워 전망대에 올랐을 때, 지진이 잦은 일본에서 높은 건물에 있다는 사실이 문득 떠올랐고, 도시의 불빛은 아름다우면서도 마음 한쪽이 아슬아슬했다. 그 야경은 낭만과 불안 사이를 오가는 묘한 긴장감으로 다가왔고, 흔들릴 듯 말 듯한 감정 속에서 낯선 도시와 조금 더 가까워진 기분이었다.

그날 밤, 라라포트 쇼핑몰 앞에서 건담을 마주했다. 어렸을 때 마징가Z, 로봇 태권V를 보면서 자랐지만, 건담은 나에게 다소 낯선 존재였다. 아파트 8층 높이의 거대한 건담 로봇은 매우 정교하게 제작된 듯 보였고, 밤이 되자 로봇의 팔이 움직이고 LED 연출이 더해졌다. 일본에는 거대한 건담이 네 곳에 있는데, 후쿠오카의 건담 로봇이 가장 크다는 얘기를 들었다. 움직이는 로봇을 바라보며 '참 일본스럽다.'는 말이 저절로 떠올랐다.

여행의 마지막 날, 돈키호테에 들렀다. 한국 관광객이라면 한 번쯤은 꼭 찾는 곳. 창고처럼 물건이 빼곡히 쌓여 있고, 손글씨로 적힌 설명들이 정겹게 느껴졌다. 낯선 이들과의 짧은 교류도 혼자만의 여행에 작은 위로가 되었다. 여행이 끝나간다는 아쉬움 속에서, 그 따뜻한 순간들이 오래도록 기억에 남을 것 같았다.

인상적인 대만의 원시림

2024년 11월, 첫눈이 거세게 내린 그날은 잊을 수 없는 하루가 되었다. 오후 2시 비행기를 타기 위해 낮 12시쯤 인천공항에 도착해 수속을 마친 뒤, 게이트에서 기다리고 있었다. 수백 명의 승객과 함께 저녁 6시가 되어서야 폭설로 인해 결항됐다는 방송이 나왔다. 대부분의 승객은 두꺼운 옷을 수화물로 부치고 가벼운 옷차림으로 탑승을 준비한 상태였기에, 매서운 추위 속에서 12시간 가까이 오들오들 떨며 기다려야 했다.

항공사는 물 한 잔조차 제공하지 않았고, 출발할 것처럼 계속 지연시키다가 결국 결항 소식을 전하면서도 "윗선의 지시"라며 책임을 회피했다. 무책임한 대응에 승객들의 고함과 불만이 터져 나왔다. 결항 방송 이후에도 이런저런 이유로 승객들을 게이트에 붙잡아두다가, 자정이 되어서야 입국장으로 이동시켰다. 공항 밖으로 나오니 집에 갈 생각에 눈앞은 캄캄한데, 세상은 새하얗다.

우여곡절 끝에 새벽 3시에 복정역까지 갔다. 온 세상이 하얗게 뒤덮이고 도로에 차가 거의 없던 그 시간, 스마트폰으로 집에 가는 방법을 검색하니 30분 후에 심야버스가 온다고 했지만 믿기지 않았다. 그런데 정말로 버스가 왔다. 구세주 같았다. 복정역에서 수내역까지 버스를 타고 가는 동안 제설차

외에는 차가 없었고, 안심이 되어서인지 그제서야 바깥 풍경이 눈에 들어왔다. 온 세상이 정말 새하얗고, 밤하늘은 눈에 반사된 빛에 물들어 천 년 전의 성남 모습을 보는 듯했다. 폭설로 인해 집에 돌아오는 길이 험난했지만, 그 덕분에 평소엔 볼 수 없던 성남의 설경을 만날 수 있었다.

2025년 3월, 다시 대만행 비행기를 타기 위해 인천공항으로 향했다. 지난번 여행에서는 예약한 호텔과 현지 패키지 투어 등 모든 계획이 엉켜버려 마음 한 켠에 불안이 남아 있었다. 탑승 게이트에서 우연히 산업은행에서 함께 일했던 후배를 만났는데, 어머니와 단둘이 대만 여행을 간다고 했다. 놀랍게도 나와 같은 비행기였다. 대만 공항에 도착한 뒤 시내로 향하는 전철 안에서 이런저런 이야기를 나누다 보니 어느새 목적지에 도착했고, 인사를 끝으로 헤어졌다. 예상치 못한 만남 덕분에 여행의 시작이 조금은 따뜻하게 느껴졌다.

그 따뜻한 기운을 안고 8일 동안 중정기념당, 국립고궁박물관, 타이베이 101, 시먼딩, 용산사, 예류지질공원, 지우펀, 베이터우 온천, 우라이 온천, 스린·닝샤·랴오허제 야시장 등을 둘러보았다. 그중에서도 중정기념당에 들어섰을 때의 웅장함과 엄숙한 분위기가 특히 인상 깊다. 자연스럽게 미국의 링컨기념관을 찾았던 기억이 떠올랐고, 흥미롭게도 중정기념당의 주인공 장제스와 우리나라 이승만 대통령이 똑같이 1948년에 초대 대통령으로 취임했다는 사실이 겹쳐졌다.

두 기념공간은 국가의 위기와 전환점에서 리더십을 발휘한 지도자를 기리는 상징적인 장소였다. 문득, 우리나라에는 이승만 대통령을 위한 이런 기념공간이 왜 없을까 하는 생각이 들었고, 각 나라가 역사적 인물을 기억하고 기념하는 방식이 다르다는 점이 새삼 마음에 남았다.

세계 4대 박물관으로도 불리는 국립고궁박물관은 유물이 워낙 많아 3개월에 한 번씩 전시품을 대거 교체한다고 한다. 한국인 관광객을 인솔하는 가이드도 많았는데, "우리 유물도 모르면서 중국 유물을 이해하려 애쓰지 말라."는 어떤 관광객의 우스갯소리가 이상하게 마음에 와닿았다.

대만은 우육면, 밀크티, 아침식사, 야시장으로 유명하다. 그래서 나는 미리 평점이 높은 우육면 맛집들을 조사해 여러 곳을 다니며 맛을 비교해보았고, 춘수당·행복당·우스란 등 다양한 밀크티도 즐겼다. 대만식 아침과 아종면선 같은 길거리 음식, 야시장에서 만난 후추빵·굴전·타로볼 튀김, 석가모니 머리 모양을 닮은 과일 쓰지야, 이름조차 알 수 없는 음식들까지, 이리저리 돌아다니며 맛보는 일 자체가 즐거움이었다.

타이베이 101은 롯데월드타워와 비슷한 곳인데, 관광객으로 인산인해를 이루어 표를 사서 올라가려면 긴 줄을 서야 했다. 마케팅 수준이 한국과 아주 다르다는 느낌이었고, 현지의 상술이 얄미울 만큼 부러웠다. 스토리텔링을 잘한 결과라고 생각된다. 87층부터 92층에 설치된 660톤의 거대한 댐퍼는 지진이나 강풍으로 인한 흔들림을 줄여주는 장치라는데, 아주 귀엽게 생겼다. 롯데월드타워도 댐퍼를 보여준다면 지금보다 관광객이 훨씬 많지 않을까 하는 생각이 들었다. 타이베이 101에서 내려다본 야경은 롯데월드타워에서 보는 풍경과 비슷했다.

우라이 온천은 타이베이 시내에서 약 두 시간 떨어진 깊은 산속에 있다. 우람하게 솟은 산들은 원시림 나무로 빽빽했고, 협곡은 깊고 날카로워 한국에서 보던 산과는 확실히 달랐다. 더 높고 더 험하고, 어딘가 야생 그대로 살아 있는 듯한 묘한 두려움과 매력이 함께했다. 흐르는 강 한쪽에서는 온천수가 솟아나 지역 주민들이 온천을 즐기며 수영을 했고, 케이블카를 타고 우라이 온천마을에서 가장 높은 산 정상에 올라가보니 작은 호수와 놀이시설, 산책로, 호텔이 있었다. '운선락원(雲仙樂園)'이라는 표지판이 있었는데, 그야말로 낙원 같았다. 산꼭대기에서 유유자적하게 시간을 보내다가 저녁 무렵 마지막 케이블카를 타고 내려와 우라이 온천 호텔에서 하룻밤을 묵었다. 하늘에는 별이 정말 많았고, 아침에는 새들의 맑은 지저귐에 눈을 떠 문을 열자 창밖에 대나무가 보여 기분이 좋아졌다. 자연 속에서 보낸 이 시간이야말로 진정한 힐링이었다.

'라만차의 이달고 돈키호테'의 나라 스페인

일본과 대만에서 단련된 경험으로 지난 5월, 난이도가 가장 높다고 느꼈던 스페인에 도전했다. 스페인여행을 결심한 데에는 돈키호테의 영향이 컸다. 책을 읽으면서 내 모습의 많은 부분을 돈키호테에서 보았고, 마드리드 스페인 광장에 돈키호테 동상이 있다는 걸 알고 나서는 마음이 더 기울었다. 『돈키호테』는 세계문학사에서 가장 위대한 소설 중 하나로 자주 언급되는 작품이다. 어릴 때 동화책이나 요약본으로 본 기억은 있지만 자세한 내용은 몰라서 도서관을 찾았다. 책장을 넘기다 깜짝 놀랐다. 번역본의 종류도 많고, 1부와 2부로 나뉜 각각 천 페이지 남짓의 두꺼운 책이었다. 제목도 길었다. '라만차의 기발한 이달고 돈키호테'. 여러 번역본을 비교해보다가 가장 읽기 편해 보이는 한 권을 골랐다.

1부는 1605년, 2부는 1615년에 출간됐다. 우리나라로 치면 임진왜란이 조금 지난 시점이다. 내가 알고 있던 건 산초와 로

시난테, 풍차를 향해 돌진하는 돈키호테 정도였다. 책 속 세계는 훨씬 넓고 복잡했다. 등장인물만 백 명이 넘고, 당시 스페인의 신분과 계급, 생소한 관습 때문에 이해하기 어려운 부분도 많았다. 풍차를 적으로 착각하고 돌진하는 익숙한 장면도 있었고, "이룰 수 없는 꿈을 꾸고, 이루어질 수 없는 사랑을 하고, 이길 수 없는 적과 싸우고, 견딜 수 없는 고통을 견디며, 잡을 수 없는 저 하늘의 별을 잡자..."라는, 학생 때 좋아했던 구절도 있었다. 이해하지 못한 대목이 적지 않았고 읽는 데 오랜 시간이 걸렸지만, 마침내 책장을 덮었을 때 1600년대 스페인을 여행한 기분이 들었다. 책 한 권으로 세상을 새롭게 본다는 것, 그것이 고전의 힘이 아닐까 싶다.

도서관을 나서니 눈앞의 자동차와 내 자전거가 낯설게 보였다. 몇 시간 동안 1600년대로 들어가 있다가 나오니, 그 시대의 눈으로 세상이 비쳤다. 자전거가 언제 만들어졌는지 궁금해 검색해보니 1800년대였다. 세르반테스는 자전거를 몰랐겠구나. 만약 『돈키호테』가 지금 쓰였다면, 로시난테 대신 자동차를 타고 다녔겠지. 문명의 이기에 대해 생각했고, 그 덕분에 우리가 누리는 편리함에 감사함을 느꼈다. 그런 시선은 며칠 동안 이어졌고, 여행을 준비하는 내 마음에도 자연스럽게 스며들었다.

여행은 2주간 바르셀로나-마드리드-세비야-그라나다를 거쳐 다시 바르셀로나로 돌아오는 일정으로 계획했다. 여행 준비를 하면서 가장 걱정됐던 건 소매치기와 빈대 문제였다. 호신용 호루라기, 도시 간 이동 시 짐을 묶는 자물쇠, 도난방지 가방, 스마트폰 분실방지 스트랩, 신용카드 스키밍 방지 카드까지 꼼꼼히 챙겼고, 여행에 대한 기대는 일부러 낮췄다. 무엇보다 14시간 동안 좌석에 앉아 있어야 한다는 사실이 가장 두려웠다. 젊었을 땐 비행기를 타는 것만으로도 설레었는데, 이제는 그 설렘보다 현실적인 불편함이 먼저 떠오른다.

비행기 옆자리 승객은 패키지여행으로 스페인과 포르투갈을 둘러본다고 했다. 혼자 떠나는 내 여행을 부러워하며, 자기는 관광을 가지만 나는 여행을 한다고 말했다. "관광은 소비이고 여행은 성찰이다."라는 그의 말이 오래도록 마음에 남았다. 준비된 코스를 따라가는 패키지여행이 소비라면, 혼자 떠나는 여행은 나만의 길을 찾아가는 성찰이라는 생각이 들었다. 그 말은 이번 여정의 의미를 다시 되새기게 했다.

가우디의 흔적을 따라 걷는 바르셀로나

바르셀로나에 저녁 무렵 도착했다. 체크인을 마친 뒤, 주변 맛집을 찾아 감바스 알 아히요와 생맥주, 엠파나디야, 치즈케

이크를 맛보며 밤거리를 걸었다. 낯선 도시의 공기와 불빛이 낯설면서도 묘하게 익숙했다. 다음 날은 호텔에서 추천한 1일 버스 투어를 선택했다. 처음 마주한 도시를 한눈에 파악하고 싶었기 때문이다.

2층 오픈 버스에 올라 얼굴을 스치는 바람을 맞으며 이어폰으로 들려오는 설명을 들었다. 고딕 지구, 람블라스 거리, 콜럼버스 기념탑, FC 바르셀로나 홈경기장, 에스파냐 광장을 지나며 도시의 결을 느꼈다. 내려서 걷고 싶은 곳에서는 잠시 산책도 했다. 바르셀로네타 방파제에서는 바닷물에 발을 담그며 지중해의 온도를 느꼈고, 몬주익 올림픽 스타디움에서는 황영조 선수가 떠올라 마음이 뭉클했다. 도시의 활기와 사람들의 자유로운 표정이 인상적이었다. 바르셀로나는 생각보다 더 크고, 더 다채로웠다.

FC 바르셀로나의 홈구장인 캄프누 경기장에 도착했을 때, 거대한 엠블럼이 눈에 들어왔다. 그 순간, 내가 입고 있던 네이비색 바람막이의 의미를 처음으로 깨달았다. 수년 전 무심코 구입한 나이키 바람막이에 새겨진 'FCB' 문양이 바로 바르셀로나 축구 클럽의 상징이었다는 사실을 이제야 알게 된 것이다. 전날 한 스페인 사람이 내 옷을 보고 "FC 바르셀로나 팬이냐?"며 엄지를 들어 보였던 일이 떠올랐다. 이후에도 길거리나 카페 등에서 사람들이 웃으며 엄지척을 해주는 일이 반복되었다. 당시엔 왜 그런 반응을 보였는지 몰랐지만, 알고 보니 내가 바르셀로나 팬처럼 보였던 것이다.

공교롭게도 내가 머물던 기간에, FC 바르셀로나와 레알 마드리드의 라이벌전인 엘 클라시코가 열렸다. 바르셀로나가 2-1로 승리한 그날 밤, 도시는 축제의 열기로 들끓었다. 거리로 쏟아져 나온 사람들은 함성을 지르고, 노래를 부르며, 전봇대 같은 구조물에 올라가 소리를 질렀다. 람블라스 거리와 카탈루냐 광장은 팬들로 가득 찼고, 깃발과 응원가가 도시를 뒤덮었다. 그 축제는 단순한 경기의 승리를 넘어, 바르셀로나 사람들의 지역 정체성과 자부심을 드러내는 문화적 표현이었다. 나는 그날, 무심코 입은 바람막이 덕분에 그들의 기쁨 속에 자연스럽게 녹아들 수 있었다.

다음 날은 가우디 투어를 신청했다. 한국인 가이드의 설명을 들으며 카사 밀라, 카사 바트요, 구엘 공원, 사그라다 파밀리아 등 가우디의 흔적을 따라 걸었다. 단순히 건축물을 보는 것이 아니라, 그 안에 담긴 상상력과 자연에 대한 경외를 느끼는 시간이었다. 중간에 바르셀로네타 해변 식당에서 해산물 빠에야와 빵, 레몬 맥주로 점심을 먹고, 해수욕을 즐기는 인파 사이로 낭만적인 산책을 했다. 대기가 맑고 습도가 낮아서인지, 파란 하늘 위로 뭉게구름이 유난히 크고 하얗게 보였다. 그 풍경은 마치 그림 속을 걷는 듯했다.

사그라다 파밀리아는 1882년에 착공해 140년 이상 지어지고 있는 성당이라는 사실만으로도 경외심을 불러일으켰다. 해가 지는 시간에 맞춰 '탄생의 파사드 타워' 입장을 예매해 둔 덕분에, 성당 내부에 들어섰을 때는 스테인드글라스의 빛과 높은 천장이 어우러져 마치 다른 세계에 온 듯한 느낌을 주었다. 외부에는 수많은 조각이 새겨져 있었고, 탄생의 파사드는 예수의 탄생과 성장, 수난의 파사드는 십자가의 길과 고난을 섬세하게 보여주었다. 독실한 가톨릭 신자였던 가우디는 당시 높은 문맹률을 고려해 성경 이야기를 조각으로 남겼고, 글을 읽지 못해도 시각적으로 메시지를 이해할 수 있도록 했다.

가우디의 건축물은 하나같이 독특했고, 그 안에 담긴 철학과 상상력은 도시 전체를 감싸고 있었다. 그의 흔적을 따라 걷다 보니, 바르셀로나가 왜 예술의 도시라 불리는지 조금은 알 것 같았다. 그날의 바람과 빛, 건축과 사람들 속에서 나는 바르셀로나와 조금 더 가까워졌다.

예술과 우연이 만든 마드리드의 하루

바르셀로나에서 며칠을 보낸 뒤, 고속열차로 약 2시간 45분,

600km를 달려 마드리드에 도착했다. 호텔에 짐을 내려놓자마자 프라도 미술관으로 향했다. 줄을 서서 기다리던 중, 한 스페인 남자가 내 겉옷을 보고 "FC 바르셀로나 팬이냐?"고 물었다. 마드리드 사람들은 레알 마드리드의 라이벌인 FCB를 좋아하지 않는다는 걸 알기에, 나는 서둘러 "아니요."라고 대답했다. 그는 옆에 있던 아들을 가리키며 "레알 마드리드 선수가 되는 게 아들의 꿈"이라고 했다. 나는 리오넬 메시처럼 훌륭한 선수가 되라고 말했다가 가족의 표정이 굳는 걸 보고 급히 "아니, 크리스티아누 호날두처럼요."라고 정정했다. 그제야 가족들은 환하게 웃었다. 짧은 대화 속에서 톨레도가 마드리드에서 출퇴근할 정도로 멀지 않다는 이야기를 들었다. 먼 곳이라 단념하고 있었는데, 그 말이 용기를 주었다. 나는 그 자리에서 스마트폰으로 톨레도행 기차를 예약했다. 여행은 이렇게, 우연이 계획을 바꾸는 순간에 더 깊어지는 것 같다.

프라도 미술관 안에서는 고야, 벨라스케스, 엘 그레코의 작품 등을 감상했다. 몇 달 전 성남에서 들었던 미술사 강의와, 입장 전에 AI에게 추천받은 작품들이 큰 도움이 되었다. 무엇보다 작품의 크기가 압도적이었다. 루브르에서 본 모나리자의 크기를 회화의 기준쯤으로 여겨왔던 미술 문외한인 나는,

눈앞의 거대한 캔버스에 적잖이 놀랐다. 인물은 실물에 가까웠고, 화폭은 층고 높은 전시실 벽을 거의 가득 채웠다. 그림 앞에 서 있는 것만으로도 숨이 막히는 듯한 감정이 밀려왔다.

관람을 마친 뒤 마요르 광장의 웅장한 정경을 스치고, 마드리드의 중심인 푸에르타 델 솔 광장을 지나 곰과 마드로뇨 나무 동상 앞에서 잠시 숨을 고르며 섰다. 스페인 광장으로 향하는 길에는 이베리코 하몽과 생맥주를 맛보고, 광장을 바라보는 카페에서 추로스를 초콜릿에 찍어 먹으며 카페라테 한 잔으로 아픈 다리를 달랬다. 광장 중앙에는 세르반테스의 거대한 기념비가, 그 앞에는 돈키호테와 산초, 로시난테의 동상이 자리하고 있었다. 나의 여행 시작이 돈키호테였기에, 온종일 걸어 지친 밤이었지만 이 광경은 꼭 마음에 담아두고 싶었다. 마치 먼 길을 돌아, 이야기의 시작점으로 되돌아온 느낌이었다.

다음날 아침, 계획에 없던 톨레도행 기차를 타기 위해 아토차역에 도착했다. 아토차역은 서울역보다도 훨씬 더 넓고 복잡한 구조였다. 스페인 최대 규모의 철도 허브답게, 고속열차와 근교선, 지하철, 장거리 열차까지 수많은 노선이 얽혀 있었고, 유럽에서도 손꼽히는 규모라는 사실이 실감났다. 스마트폰 속의 티켓을 실물로 교환하는 데 시간이 걸렸지만, 다행히 기차를 놓치지 않았고 약 40분 만에 톨레도에 도착했다.

기차에서 내려 모퉁이를 도는 순간 언덕 위 도시의 전경이 눈앞에 펼쳐졌다. 처음 마주한 이국적 풍경은 마치 시간 여행을 떠난 듯한 신선한 충격을 주었다. 나도 모르게 "와우!" 하고 감탄하자, 옆에 있던 외국인이 앞으로 계속 '와우'를 외칠 거라며 웃어 보였다. 중세의 시간이 멈춘 듯한 이곳은 한때 스페인의 수도였다고 한다.

기원전 2세기부터 존재해 온 톨레도의 좁은 골목을 따라 걷다 보면, 거친 돌담과 고풍스런 성당, 멀리 흐르는 강이 어우러져 조용하고도 깊은 아름다움이 만들어진다. 그날, 혼자 여행 중이던 스페인계 미국인을 만나 서로 사진을 찍어주며 인사했고, 함께 투어 버스를 타고 톨레도 대성당을 비롯한 중세 건축물들을 돌아보았다. 낯선 이와의 짧은 동행이었지만, 오래된 도시 풍경 속에서 나눈 순간은 뜻밖의 따뜻한 기억으로 남았다.

가톨릭과 이슬람 문화가 공존하는 도시들

다음 날, 마드리드를 떠나 남쪽 안달루시아 지방의 세비야로 향했다. 고속열차로 약 2시간 30분, 500km를 달려 도착한 세비야는 또 다른 분위기의 도시였다. 호텔에 짐을 풀고 대성당으로 향했다. 인터넷에서 판매하는 입장권이 매진되어 매표소에서 조금 더 비싸게 구매해 입장할 수 있었다. 대성당 내부는 규모부터 압도적이었고, 곳곳에 진열된 찬란한 유물과 예술품들이 눈을 사로잡았다. 특히 네 명의 왕이 콜럼버스의 관을 들고 있는 조각상의 의미[4]를 듣고 나니, 작품이 더 깊이 이해되었다.

세비야 대성당의 조각상

대성당을 나와 알카사르 입장 시간에 맞춰 이동했다. 세비야 알카사르(Real Alcazar de Sevilla)는 스페인에서 가장 오래된 왕궁으로, 이슬람과 기독교 건축 양식이 혼합된 무데하르 양식의 대표적 건축물이다. 현재도 왕실이 사용하는 공간

---

4) 네 명의 왕은 당시 스페인의 네 왕국을 상징하며, 관이 땅에 닿지 않도록 들어 올린 모습은 콜럼버스의 유언인 "죽어서도 스페인 땅을 밟지 않겠다."는 뜻을 반영한다. 앞쪽 두 왕은 콜럼버스의 항해를 적극적으로 지지했던 왕들로 당당한 태도로 고개를 들고, 뒤쪽 두 왕은 회의적 태도를 보였기에 이를 상징하듯 고개를 숙이고 있다.

이며, 유네스코 세계문화유산으로 지정되어 있다. 알카사르는 알함브라 입장을 못 할 경우를 대비해 찾은 대체지였지만, 이슬람과 가톨릭 문화가 섞인 독특한 양식이 아름다워서 그 자체로 충분히 인상적이었다. 정원에 앉아 이국적인 나무와 분수를 바라보며 잠시 쉬었다. '제2의 알함브라'라 불릴 만큼 건축미와 역사적 깊이가 뛰어났고, 드라마 <왕좌의 게임> 촬영지로도 유명하다는 설명이 떠올랐다.

마지막으로 찾은 세비야의 스페인 광장(Plaza de Espana)[5]은 수많은 스페인 광장들 가운데서도 규모가 큰 곳 중 하나였다. 붉은 벽돌과 푸른 세라믹 타일로 장식된 건물들이 거대한 반원을 이루고, 중앙에는 작은 운하가 흐른다. 스페인 각 지방을 상징하는 타일 벤치와 이어지는 아치의 통로가 장관을 만들었고, 석양이 져 밤이 되자 그 아름다움은 더욱 빛났다. 북적이는 식당에서 라보 데 토로, 하몬, 살모레호를 주문했는데, 짭짤하고 깊은 맛이 내 입맛에 잘 맞았다. 여행 중 처음으로 음식이 위로처럼 느껴졌다.

다음날, 고속버스로 3시간 달려서 그라나다에 도착했다. 먼

---

5) 스페인 광장: 스페인 전역 여러 도시에서 사용되는 광장 이름으로 국가 정체성과 통합을 상징하며, 각 도시의 역사·문화·교통 중심지 역할을 한다. 특히 세비야의 광장은 1929년 박람회를 위해 지어진 반원형 구조의 건축물로, 예술성과 상징성이 돋보인다.

저 알바이신 지구[6]와 알함브라가 보이는 전망대를 둘러봤다. 알함브라는 15세기 말, 이슬람 왕조의 마지막 국왕이었던 보압딜이 가톨릭 군주 이사벨 1세와 페르난도 2세에게 항복하며 파괴를 피할 수 있었다. 보압딜은 그라나다를 지키기 위해 전면전 대신 협상을 택했고, 알함브라의 보존을 조건으로 항복했다. 알함브라를 떠나며 눈물을 흘리자, 그의 어머니가 "이미 잃어버린 것을 두고 우는구나. 사내답게 싸워 지키지 못했으니 마땅히 울어야 할 일이다."라고 말했다는 이야기가 전해진다. 그 말은 오래도록 마음에 남았다.

당시 스페인은 카스티야, 아라곤, 그라나다 등 여러 왕국으로 나뉘어 있었다. 카스티야의 이사벨은 어린 시절 궁정에서 추방당해 궁핍한 삶을 살았고, 어머니의 정신질환까지 겹쳐 외롭고 불안한 환경 속에서 성장했다. 오빠인 엔리케 4세 왕은 이사벨을 포르투갈의 중년 왕에게 시집보내려 했지만, 감시를 피해 몰래 도망쳤다. 그리고 이사벨은 스스로 선택한 사람인 아라곤의 페르난도 2세와 비밀리에 결혼했다. 이후 카스티야 왕위 계승 전쟁에서 승리하며 왕권을 확립했고, 부군과 함께 나라를 이끌었다. 오랜 기간 이어진 분열과 전쟁을 수습

---

6) 알바이신 지구(Albaicin): 그라나다의 언덕 위에 자리한 옛 아랍인 거주지로, 좁은 골목과 하얀 집들이 이어지는 중세 이슬람 도시의 흔적을 간직한 지역이다. 유네스코 세계문화유산으로 지정되어 있으며, 알함브라 궁전을 바라보기에 가장 아름다운 전망을 제공한다.

해 방향을 다시 세우고, 콜럼버스의 서쪽 항해를 후원해 새로운 길을 열었다. 레콘키스타[7]를 완성하고 통일 스페인을 이끈 이사벨 여왕의 결단은 단순히 영토를 되찾는 것을 넘어, 분열된 이들을 하나로 모으는 상징적인 사건이었다. 돈키호테를 보러 떠났던 스페인 여행은 이제 이사벨 여왕도 함께 떠올리는 기억이 되었다.

알함브라의 건축은 이슬람 종교의 철학을 품고 있었다. 우상 숭배를 피하기 위해 인물이나 동물 형상을 배제하고, 원·곡선·다각형을 기하학적으로 반복해 신의 무한성과 질서를 표현하는 아라베스크 무늬로 장식되어 있다. 반복되는 패턴의 조화와 균형, 그 정교함과 아름다움에 감탄했고, 마음이 고요해졌다. 비극의 역사를 품고 있지만, 오늘의 알함브라는 스페인에서 이슬람과 가톨릭의 문화가 함께 남아 있는 모습을 가장 생생하게 보여주는 곳으로 느껴졌다.

그라나다에서 바르셀로나로 가는 비행기 표는 오래전에 예매했지만, 정작 방문 목적인 알함브라 입장권은 한 달 전에 매진돼 구하지 못했다. 비행기 표가 취소 불가라서 어쩔 수 없이

---

7) 레콘키스타(Reconquista): 8세기부터 15세기까지 약 800년간 이베리아반도의 기독교 왕국들이 이슬람 세력으로부터 국토를 회복한 전쟁. 1492년 그라나다 정복으로 완성되며 통일 스페인 탄생의 기반이 되었다.

오게 되었는데, 아침 일찍 매표소에 가보니 들어가지 못해 아쉬워하는 관광객들이 많았다. 대신 무료로 볼 수 있는 카를로스 5세 궁전과 정의의 문, 와인의 문, 이슬람과 가톨릭 건축이 융합된 교회, 성벽 외곽 숲길을 따라 걸으며 알함브라의 분위기와 건축미를 충분히 느낄 수 있었다. 궁전 주변을 천천히 거닐며 벽의 무늬와 정원을 오래 들여다봤다. 알함브라는 생각보다 넓고 복잡했고, 그 안에서 오래된 문명의 숨결을 느꼈다.

알함브라 전경을 볼 수 있는 산 니콜라스 전망대(Mirador de San Nicolas)에 올랐다가, 해 질 무렵에는 더 높은 산 미겔 알토 전망대(Mirador de San Miguel Alto)로 옮겼다. 한쪽엔 눈 덮인 시에라 네바다, 다른 쪽엔 알함브라가 한눈에 들어왔다. 석양의 알함브라를 보기 위해 많은 사람들이 수시간째 자리를 잡고 기다리고 있었고, 나 역시 그 풍경 앞에 조용히 앉아 있었다. 기다리는 동안 홍콩에서 온 학생, 폴란드에서 여행 온 IT 엔지니어, 검은 사냥개를 데리고 산책하던 그라나다 남자와 자연스럽게 대화를 나누게 되었다. 그는 얼마 전 한국에 오케스트라 지휘를 하러 다녀왔다고 했고, 개가 유난히 나를 잘 따르는 걸 보며 흐뭇해했다.

우리는 함께 석양의 알함브라를 바라보았고, 완전히 어두워진 뒤에도 한참 동안 그 풍경 앞에 머물렀다. 대화 중에 알게 된 사실 하나는 그라나다에서는 음료를 주문하면 타파스

(tapas)가 무료로 제공된다는 것이었다. 타파스는 스페인에서 술이나 음료와 함께 나오는 작은 안주 또는 요리로, 지역과 바에 따라 종류가 다양하다. 실제로 바에 가서 생맥주를 주문하니 생선튀김이 나왔고, 다른 바에서 상그리아를 주문하니 비프 스튜가 곁들여졌다. 짭짤하고 부드러운 고기의 풍미가 입 안에 퍼지며, 하루의 피로가 녹아내리는 듯했다. 그라나다에서의 마지막 밤은 그렇게 낭만적인 분위기 속에서 천천히 흘러갔다.

예상 밖의 하루, 타라고나로 향하다

밤 비행기로 그라나다에서 다시 바르셀로나로 돌아왔다. 두 번째 방문이라 그런지 마음이 한결 편했고, 이제는 소매치기도 덜 두려웠다. 다음 날에는 바르셀로나 근교 타라고나에 다녀왔다. 로마 시대 유적이 남아 있는 도시다. 사실 타라고나는 계획에 없던 여행지였다. 2주 여정을 마치고 한국으로 돌아가기 위해 바르셀로나로 다시 왔더니 날짜 계산을 잘못해 하루가 남아 있었다. 사그라다 파밀리아 등 웬만한 곳은 이미 가보았기에 AI에게 근교 여행지를 물어보니 시체스와 지로나 같은 유명한 곳을 추천해 주었지만, 나는 로마 유적이 많은 타라고나가 궁금했다. 유튜브를 찾아봐도 타라고나를 직접 소개하는 한국어 영상이 거의 없어 오히려 더 끌렸다. 그 선택이 어떤 결과를 가져올지 궁금했는데, 결과적으로는 아주 잘한 일이었다. 내 무의식이 이 아름다운 도시로 나를 불러낸 듯했다.

타라고나는 로마 제국의 지중해 요충지였다고 한다. 원형경기장, 전차 경기장, 로마 성벽, 수도교, 대성당 등 볼거리가 많다. 그중에서도 나는 수도교[8]가 가장 보고 싶었다. 마드리드에서 톨레도와 세고비아 중에서 톨레도를 선택해 세고비아 수도교를 보지 못한 아쉬움이 남았는데, 타라고나에서 그 마음을 달랠 수 있었다. 수도교는 시내에서 차로 30분가량 떨어져 있었다. 현지인에게 길을 물어가며 어렵사리 도착해보니, 주변에는 몇몇 관광객만 드물게 보였다. 고요한 분위기 속에서 나는 거의 혼자인 듯 수도교를 걸었다. 주변 풍경을 천천히 음미하며 걸은 그 경험은 내게 소중한 추억으로 남았다. 걸음을 옮기며 로마시대에 이 수도교 위로 실제로 물이 흐르던 모습을 상상해 보았다.

---

8) 수도교: 로마시대의 석조 아치형 교량으로 악마의 다리(Pont del Diable)로 불린다. 기원후 1세기에 건설되어 중력만으로 물을 흐르게 하는 기술이 적용되었으며, 현재는 유네스코 세계문화유산으로 지정되어 보존되고 있다.

타라고나의 수도교

마지막 날, 다시 사그라다 파밀리아를 찾았다. 처음과는 또 다른 느낌이었다. 여행을 마무리할 즈음이라서일까, 이 도시와 조금 더 가까워진 기분이 들었다.

스페인에서 보낸 시간은 고생한 만큼 기억에 많이 남는다. 역사적인 곳을 찾아다니며 오래된 골목을 걷고 낯선 풍경을 바라보는 동안, 내 안의 작은 변화를 느꼈다. 여행은 결국 새로운 곳을 보는 것만이 아니라, 익숙한 나를 조금씩 바꿔 가는 과정이라는 생각이 든다.

나는 젊은 시절 뉴질랜드에 이민을 갔고, 미국 대학원에서 경영을 공부하며 시야를 넓혔다. 이후에는 유럽의 덴마크·스웨덴·영국·독일·프랑스·스위스·이탈리아, 북미의 캐나다와 하와이, 동아시아의 일본·중국·홍콩·마카오·오키나와, 동남아의 싱가포르·빈탄·발리·태국, 남태평양의 호주·바누아투·괌 등으로 출장과 여행을 다녔다. 세상은 넓고, 보고 싶은 곳은 많다. 나는 로마 유적지에 깊은 관심이 있어 로마, 폼페이, 타라고나 등 여러 도시를 여행하며 고대 문명의 흔적을 따라가 본 적이 있다. 언젠가는 알제리의 팀가드(Timgad)도 직접 보고 싶다. 팀가드는 북아프리카에서 가장 잘 보존된 로마 유적지 중 하나로, 그 정교한 도시 구조를 눈으로 확인해 보고 싶은 곳이다.

나는 여행 출발 전에 서적과 유튜브로 가고 싶은 곳, 먹고 싶은 음식, 하고 싶은 일 등을 찾아서 메모하고, AI를 활용해 날짜별 계획표를 작성했다. 타국의 낯선 곳에서 한정된 시간 속에 담고 싶은 일정들을 짜는 과정은 은근히 나를 깨어있게 하는 즐거움을 준다. 여행의 시간은 제한적이기에 후회 없이 보내려면 선택과 집중이 필요하다. 모든 것을 다 담으려 하기보다는 내가 원하는 경험에 집중하고 싶었다.

현지에서는 번역기와 지도 같은 디지털 도구들이 큰 도움을 주었다. 이런 기술들은 여행을 편리하게 만들어주지만, 결국 무엇을 보고 어떤 순간을 기억할지는 내 선택이었다. 앞으로도 AI로 여행 계획을 착실하게 준비하되, 작은 우연을 허용할 여유도 남겨두고 싶다. 낯선 곳에서 새로운 길을 걸으며 예상치 못한 경험을 만나는 것, 그것이 여행의 진정한 매력이 아닐까.

여행, 카이로스의 시간

여행을 다녀온 뒤 남는 건 휴대폰 속 수많은 사진이다. 하지만 스마트폰과 PC에 고스란히 쌓인 사진들은 너무 많아, 다시 꺼내보기는커녕 정리조차 버거웠다. 어떻게 하면 좀 더 즐겁게 감상할 수 있을까 고민하다가, 사진을 동영상으로 만들어 두면 편리하겠다는 생각이 떠올랐고, 더 나아가 콘텐츠 제작자의 세계에 발을 들이고 싶어 힐링스페이스의 숏폼 만들기 수업에 등록했다.

나는 가끔 일부러 익숙한 길을 벗어나 새로운 길을 걷곤 한다. 예상치 못한 우연한 만남에서 오는 즐거움을 피하지 않기 위해서다. 어느 날 첫 숏폼 영상을 만들고 돌아오던 길, 탄천에서 평소와 다른 길로 접어들었을 때 새로 생긴 물놀이장을 발견했다. 여름밤 더위를 식히려는 사람들로 북적이는 그곳에서, 두 마리 진돗개와 산책 나온 부부를 만났다. 대화를 나눠보니 남편은 덴마크인 셰프였고 아내는 한국인 음식 콘텐츠 유튜버였다. 마침 나 역시 예전에 덴마크 정부 기관에서 농무관으로 근무하며 식품산업을 담당했던 경험이 있어 덴마크와 음식, 동영상을 연결 고리로 삼아 대화를 즐겁게 이어갔다.

나는 출장길에 코펜하겐 시내버스를 타고 국경을 넘어 스웨덴 말뫼에 들어갔던 이색적인 경험, 바닷가에서 안데르센 동화의 인어공주 동상을 처음 보았을 때의 신선한 감흥 등을 이야기했다. 또 20년 전, 덴마크 총리와 대규모 경제사절단이 방한했을 당시, 전용기가 아닌 정기편으로 입국했던 일이나 지금은 보기 힘든 모터케이드 행렬, 'Taste of Denmark' 행사를 주최했던 기억, 2천 년 넘은 그린란드 빙하로 만든 맥주를 한국에 소개하려 했던 흥미로운 일화도 함께 나누었다.

이야기를 마친 후 나는 숏폼 영상을 보여주었는데, 부부는 웃으며 끝까지 시청해주었다. 그제야 알게 된 사실은, 그녀가 구독자 400만 명이 넘는 인플루언서였다는 것. 코로나 시기에 유튜브를 시작해 지금의 자리에 오기까지의 이야기를 들으며, 동영상 제작이 가진 긍정적인 가능성과 힘을 실감했다. 그날의 대화는 우연히 얻은 선물 같았고, 무엇보다 이후로는 AI 영상 기술에 대한 관심이 더욱 깊어졌다. 이제 영상은 단순한 사진 정리 도구가 아니라, 나의 감정과 상상을 드러내는 표현 수단이 되었다.

수많은 사진을 영상으로 묶어 감상하면 단순히 편리하기만 한 것이 아니라, 은근한 치유의 감정이 피어난다. 사진을 볼 때는 몰랐던 감정이, 영상 속에서는 새롭게 환기된다. 수업에서 AI 기반의 편집과 영상 기법을 배우다 보니, 사진에 없는 장면도 표현하고 싶어졌다. 문득 학생 시절 읽었던 레마르크의 소설 속 인물, 릴리안 던케르크와 클레르파이트의 비극적 사랑이 떠올라서 최근 다시 책을 꺼내 읽었다. 그리고 AI 이미지 생성 기술을 통해 늘 궁금했던 릴리안을 구현해보았다. 화면 속 그녀는 아직 낯설었지만, 오랫동안 품어온 의문이 한결 가까워진 듯했고, 언젠가는 내가 상상한 그대로의 릴리안을 그려낼 수 있으리라는 희망이 생겼다.

힐링스페이스에서 배운 기술은 이제는 단순한 사진 정리법에 머물지 않는다. 그것은 나의 감정을 돌아보고 표현하는 도구가 되었다. 힐링은 결국, 내가 바라고 기다리던 무언가가 이루어졌을 때 비로소 찾아오는 아주 개인적인 감정이라는 생각이 든다.

이제 나는 사진을 일일이 넘기지 않는다. 음악과 함께 흐르는 영상 속에서, 사진들은 조용히 나를 그 여행의 순간으로 데려간다. 화면 속 풍경은 기억보다 더 또렷하고, 그때의 감정은 다시 눈앞에서 살아난다.

다낭 패키지여행이 시작이었다. 그 경험을 발판 삼아 일본, 대만, 스페인을 혼자 다녀왔다. 여행은 분명 오래도록 기억에 남는 카이로스의 시간이다. 요즘은 AI가 여행 일정을 짜주고, 스마트폰 하나로 식당과 숙소를 예약할 수 있다. 번역 앱은 언어의 장벽을 허물고, 지도 앱은 낯선 도시에서도 길을 찾아준다. 덕분에 여행에 필요한 건 이제 충분한 데이터와 보조배터리 정도가 되었다.

여행 전 가장 걱정했던 건 스페인에서의 소매치기와 절도였다. 다행히 아무 피해 없이 여행을 마칠 수 있었고, 그 사실에 누구보다 크게 감사한다. 다만 여행은 늘 예상대로만 흘러가지는 않았다. 스페인여행 막바지, 날짜를 잘못 계산해 바르셀로나에 예약 없이 도착했던 밤. 캄캄한 거리에서 막막했지만, 그 실수 덕분에 계획에 없던 타라고나를 방문할 수 있었다. 돌이켜보면 그날의 당황스러움이 오히려 뜻밖의 선물이 되어주었다.

인생도 그렇다. 그 순간에는 불행처럼 느껴지던 일들이 시간이 지나면 전혀 다른 의미로 다가온다. 가끔은 돌아가는 길이 더 아름다운 풍경을 보여주듯이.

나의 독립일기

최윤정

 이 글은 '독립일기'라는 제목이 말해주듯, 내가 어떻게 독립적인 삶을 살고 있는지에 관한 이야기이다. 나에 대한 글을 쓰면서, 내 생활의 전반을 지배하는 가치가 자립과 독립임을 확인할 수 있었다. '나는 왜 이렇게 독립에 목을 매는가? 전생에 독립운동가였나?' 하는 엉뚱한 생각까지 들 정도다. 하지만 드러나는 정도의 차이일 뿐 누구나 주체로 스스로의 삶을 결정짓고 싶은 마음은 마찬가지일 것 같다.

 과거의 에피소드가 기억나지 않을 때는 가족들에게 도움을 청했다. 서로의 기억을 맞추고 이야기를 나누다 보니, 사건들은 더 풍부하고 자세해졌다. 같은 역사를 공유하며 교감하는 동안, 새삼 가족의 의미를 되새겼다. 지금의 나를 있게 한 근간을 찾아 과거로 돌아가는 여행을 하며, 내가 얼마나 많은 사랑과 희생, 그리고 헌신 위에 뿌리내리고 있는지 깨달았다. 나는 내가 혼자 저절로 큰 줄로만 알았다. 하지만 부모님의 그 시절 나이를 훌쩍 넘긴 지금, 그들의 삶이 결코 쉽지 않았음을 이해한다. 언제나 든든한 나의 지지자가 되어 주신 부모님께 감사하는 마음 가득하다.

우리 집안의 특별한 교육법

우리 아버지는 작은 도시에서 어깨 꽤나 펴고 산다는 집안의 둘째로 태어났다. 당시는 모두가 경제적으로 궁핍한 시기였다. 대학을 다니지 못하는 사람들이 수두룩했고 딸들은 고등학교까지만 나와도 고학력 소리를 들었다. 할아버지는 홀로 자수성가하여 집안을 일구셨는데, 그 어려운 시기에 아들 넷 그리고 딸 셋을 모두 대학 공부까지 시키셨다. 공부를 마친 자식들이 제 밥벌이 할 수 있도록 기반을 닦아 주셨다. 장사를 하고 싶어 하는 자식에게는 처음 밑천을 대주시고, 장사기질이 없는 자식들은 인맥을 통해 그럴듯한 회사에 자리를 만들어 주셨다. 말하자면 낙하산인 셈이다. 우리 아버지는 할아버지의 도움으로 장사를 시작하셨다. 내가 태어난 것은 그로부터 얼마 지나지 않은 때였다.

내가 어릴 때 아버지는 가게 안의 책상에서 항상 뭔가를 정리하고 기록하셨는데, 동생과 내가 쓰다 버린 짧은 몽당연필을 볼펜대에 끼워서 사용하시곤 했다. 그 모습을 본 우리들은 부모님을 졸랐고, 그렇게 생명이 연장된 몽당연필을 한 자루씩 받아 들고 동생은 슥슥 그림을 그리면서 놀고 나는 일일학습지를 공부하곤 했다. 더 이상은 깎아 낼 속살이 없을 때까지 사용하고 나서 마침내 연필이 우리 손을 떠나게 되면 그게 못내 아쉬웠다. 아마 어린 마음에도, '우리 이렇게 열심히 썼어.' 하는 뿌듯함의 증거물이 사라지는 것에 대한 아쉬움이 아니었을까? 그래서 새 연필을 받을 때보다 볼펜대로 옷을 갈아입고 나타난 몽당연필을 받을 때가 더 즐거웠던 것 같다.

몽당연필로 그림 그리는 자매

우리 부모님은 알뜰살뜰하게 생활을 유지하셨고, 자식들도 그런 태도를 배우기를 원하셨던 것 같다. 내가 학교에 들어가기도 전의 일이다. 나는 더 이상 세뱃돈이나 용돈을 부모님에게 맡기지 않을 만큼 똑똑한 나이가 되었고, 이제 스스로 용돈을 관리하겠다고 당당하게 주장했다. 부모님은 순순히 허락해 주셨고, 그때부터 나는 다람쥐처럼 조그만 동전지갑 속에 차곡차곡 용돈을 모으기 시작했다. 고모와 삼촌에게 받은 동전도, 잔칫날 오랜만에 보는 친척 어르신들에게 받은 지폐도 어김없이 내 지갑 속으로 먼저 들어갔다. 지폐는 네모로 조그맣게 접어 지갑 안에 쏙 들어갈 크기로 만들어 넣었다. 그렇게 모은 동전과 지폐를 전부 꺼내서 하나 둘 세어보는 일이 나의 즐거움이었다. 나는 거의 매일 의식처럼 그것을 확인하는 행위를 반복했다. 내 것이라고 인지하는 최초의 소유물이었고 나에게만 속한 무언가가 있다는 것이 신났다. 다른 물건들은 매번 형제들과 나누어야 했던 반면, 용돈은 온전히 내가 독차지할 수 있는 것이었고 아무도 그것을 나누지 않는다고 뭐라 하지 않았다.

지갑이 조금씩 뚱뚱해지기 시작하자 부모님은 그렇게 보관하지 말고 은행에 저축하라고 하셨다. 은행은 돈을 보관해 주는 곳인데 내가 원하면 언제든지 돌려준다고 하셨다. 이자라는 개념을 함께 설명해 주셨는데 어린 나이에 그것까지 이해하기는 어려웠다. 은행이 왜 내 돈을 보관해 주는지 이상했고,

돈을 맡기는 사람들이 많으면 나중에 내가 돌려달라고 할 때 내 돈이라는 것을 어떻게 아는지, 용돈을 빼앗기고 마는 것은 아닌지 하는 걱정이 들었다. 부모님은 내 이름을 적어서 보관하기 때문에 절대 그럴 일은 없다고 안심시켜 주셨다. 그렇게 해서 나의 통장 만들기라는 순탄치 않은 모험이 시작되었다.

집에서 나와 오른쪽으로 한약방과 조그만 구멍가게, 시계방, 그리고 또 몇 개의 가게를 지나면 바로 은행이 나온다. 은행 앞의 큰 주차장은 한때 우리의 놀이터이기도 했으나 그 구역을 벗어난 적은 한 번도 없었다. 나는 주차장을 가로질러 큰 건물 안으로 들어갔다. 호기심이 일기도 했지만 낯선 것에 대한 두려움으로 마음이 콩닥콩닥 뛰었다. 어른들이 일을 보는 곳은 대개 어린아이들을 귀찮게 여기기 마련이다. 내가 처음 은행문을 열고 들어갔을 때 내게 가장 먼저 다가온 사람은 그곳의 경비 아저씨였다. 첫 번째로 내가 넘어야 할 관문이었다. 주차장에서 놀던 꼬마가 보호자도 없이 은행 안까지 들어오니, 경비 아저씨는 이 대담한 침입자를 막아내야겠다는 사명감이 있었을 것이다. 나에게 은행에 혼자 왜 왔냐고 물으셨다. 나는 소중한 지갑을 내밀며 은행에 저금하러 왔다고 했다. 뜻밖의 대답이었는지 그다음부터는 일이 쉬워졌다. 경비 아저씨는 내게 대기 의자에 앉아 있으라고 했다가 한 창구의 손님이 자리에서 일어나자 직접 데려다주셨다.

이제 두 번째 관문을 넘어야 했다. 내가 지갑을 내밀자 이번에는 창구 직원이 분주해졌다. 대장인 듯한 다른 직원이 다가왔고 나를 상대하던 직원과 함께 뭔가를 들여다보며 이야기를 나누더니, 나에게 지금은 통장을 만들 수 없다고 최후통첩을 내리듯 말했다. 나는 너무 어리기 때문에 바로 통장을 만들 수 없고, 대신 도장과 서류가 필요하다고 했다. 서류는 아마 내 신분을 증명해 줄 수 있는 등본이었던 것 같다. 직원은 혹시나 내가 잊어버릴까 봐 필요한 것들을 종이에 적어 내 손에 들려주었다. 이렇게 나의 첫 도전은 짧은 시간 안에 허무하게 실패로 끝났다.

인생이란 참 쉽지 않다. 나는 집으로 돌아와 부모님께 종이를 보여드렸다. 부모님은 종이를 한참 들여다보시더니, 새로운 과제를 주셨다. 이번에는 은행 가는 길에 있는 시계방에 들러 나의 도장을 만드는 일이었다. 예전에는 시계방에서 도장 만드는 일도 했다. 시계방은 우리 집에서는 볼 수 없는 물건들로 가득 찬 동화 속 세상 같았다. 벽에는 내 몸통만 한 시계부터 아주 작은 시간들이 빼곡하게 걸려있었고, 그 모양이나 색깔도 가지 각색이었다. 꼭대기에 새가 앉아 있는 시계도 있었다. 진열장 안의 손목시계들은 형광등에 반사되어 반짝반짝 빛을 내고 있었다. 시계방 아저씨는 햇빛을 못 쬐고 사는 사람처럼 하얀 얼굴에 금테 안경을 쓰고 있는 사람이었다. 나는 부모님이 가르쳐 준 대사 그대로 또박또박 내 도장을 만들러 왔다고 하고 내 이름을 적었다. 아저씨는 나의 말이 못 미더웠는지 여러 번 내 말을 확인하셨고, 아마 부모님에게도 연락하셨던 것 같다. 그렇게 약간의 우여곡절 끝에 드디어 나의 도장을 가질 수 있게 되었다.

이 일을 계기로 시계방 아저씨는 나의 첫 번째 어른 친구가 되었다. 나는 학교에 들어가기 전까지 종종 시계방으로 놀러 가곤 했다. 손님이 시계를 고치러 오면, 아저씨는 한쪽 눈에 동그랗게 생긴 확대경을 끼고, 시계를 고쳤다. 손목시계의 뒷면을 열면 아주 작은 톱니바퀴들이 맞물려 째깍째깍 돌아가고 있었는데, 아저씨가 시계를 고치기 위해 건전지를 빼면 잠시 그 움직임을 멈추곤 했다. 나는 아저씨가 시계를 고치고 있는 동안 시계 속의 재미있는 부품들을 관찰하기도 했다.

다음 날 아버지는 서류를 준비해 주셨다. 나는 모든 준비를 마치고 은행으로 갔고, 이번에는 아무 문제 없이 통장을 만들 수 있었다. 부모님 말씀대로 제일 앞 장에는 내 이름이 적혀 있고, 다음 장에는 내가 얼마를 맡겼는지 숫자가 찍혀있었다. 지갑과 맞바꾼 통장이라니, 부자가 된 것 같은 생각이 들었다. 내 또래의 아이들이 돼지 저금통에게 동전 밥을 주고 있을 때, 나는 내 이름이 적혀있는 통장을 가지게 된 것이다. 나는 그 사실이 뿌듯했고, 그들보다 더 빨리 어른이 되고 있다고 생각했다. 그렇게 나의 세상은 좀 더 넓어졌고, 어른 친구가 생겼으며, 내가 할 수 있는 것들이 늘어났다.

그때가 생각날 때마다 물어보면 엄마는 일이 바빠서 함께 가 줄 시간이 없었다고 한다. 당시 관공서는 은행보다 훨씬 멀리 있었기 때문에 서류를 준비하는 데 더 많은 시간이 들었을 것이다. 그리고 내 동생들이 그 시절의 내 나이쯤 되었을 때, 차례로 은행에 가서 통장을 만드는 과제를 겪었던 걸 떠올려 보면, 이것은 우리 부모님만의 특별한 교육 방식이었을지도 모르겠다. 아이들이 스스로 해내는 법을 배우고, 누군가에게 손을 벌리기보다는 경제적으로 독립적인 자아로 성장하도록 이끄신 것이다.

빈부의 격차가 크지 않고 대부분이 고만고만한 삶을 살아가던 그 시절엔, 열심히 일하고 근검절약하며 저축하는 것이 최고의 미덕이었다. 우리 부모님은 그 길을 묵묵히, 성실하게 걸어가셨고, 그 모습은 우리에게 절대적인 본보기가 되었다. 몇 해가 지나, 아버지는 할아버지에게서 받았던 장사 밑천을 모두 갚으셨다. 그런 부모님 곁에서 나는 자연스럽게 자립하는 삶을 준비해 나갔고, 누구보다도 단단하게 그 길을 맞이할 수 있었다고 생각한다.

멋진 커리어우먼 되기

나는 대학을 졸업하고 직장을 가지자마자 집에서 독립했다. 누구나 마찬가지겠지만, 나는 간섭받지 않고 스스로 결정하는 온전한 나 자신의 삶을 살기를 원한다. 그러기 위해서는 땅 위에 뿌리내리고 우뚝 서 있는 나무처럼 건강하고 단단한 자아가 있어야 한다. 그리고 무엇보다 스스로의 생활을 영위할 수 있는 경제력이 있어야 한다. 금전적으로 어딘가에 예속되는 순간, 외부로부터의 간섭에 저항하기 어려워지고 심지어는 타인에 의해 내 삶이 결정되기도 한다. 꼬박꼬박 월세나 전세금을 올려달라는 집주인의 요구에 어쩔 수 없이 이사를 해야 하는 경우가 그렇고, 누군가에게 돈을 빌리게 되면 싫은 부탁을 받았을 때도 거절하기 어렵게 된다. 늙어서 아플 때, 돈이 없어서 병원에 갈 수 없는 상황이 된다고 생각하면 무섭기도 하다. 갑질 상사를 참으며 피 터지게 경쟁하는 회사를 꾸역꾸역 다니는 것도 다들 경제적인 이유 때문일 것이다.

나는 독립하면서 경제적으로도 부모님에게 의지하지 않겠다고 결심했고 생각보다 어렵지 않았다. 나의 첫 직장은 작은 회사였지만 사옥이 있었고, 직원들은 소액의 월세를 내고 회사 아파트에 거주할 수 있었다. 회사와 가까워 따로 교통비도 들지 않았다. 이렇게 월세와 생활비, 그리고 소소한 나를 위한 투자를 제외하고는 고스란히 저축할 수 있었다. 첫 월급을 받았을 때의 뿌듯함을 아직도 기억한다. 쥐꼬리만 한 월급이지만, 한 달 동안 고생한 내 노동의 대가였다. 거대한 톱니바퀴처럼 돌아가는 사회 현장에서 어쩌면 아주 작은 톱니바퀴 하나에 기름칠을 하는 수준이었겠지만, 나의 노동이 생산에 사용되고 있다는 사실이 뿌듯했다. 20년 넘는 세월 동안 소비자의 입장에서 살았다면 이제부터는 생산자로서 사회 발전에 일조를 하게 된 것이다.

첫 월급을 받고 아파트 월세를 내고 남은 돈으로 부모님에게 어떤 선물을 드리면 좋을까 행복한 고민을 시작했다. 예로부터 첫 월급 선물은 빨간 속옷이라는 말이 있지만, 그건 너무 시대착오적이지 않나. 부모님에게 어떤 것이 필요할지 잘 모르겠고 해서, 그냥 옷을 사기로 했다. 쇼핑몰을 한참 돌아다니다가 셔츠와 상의를 샀다. 누가 입어도 실패하기 어려운 점잖고 무난한 디자인으로 골랐다. 패션 테러리스트인 내가 고른 옷이 부모님의 마음에 들었는지 잘 모르겠다. 하지만, 부모님은 선물을 받고 매우 기뻐하셨고, 그 모습을 보니 내가 더 행복했다. 나의 모든 첫 경험은 부모님의 첫 경험이기도 하다. 첫아이의 사회생활, 그리고 그렇게 처음 번 돈으로 산 선물은 그것만으로도 부모님에게 남다른 의미였을 거라고 생각한다.

내 노동의 대가가 금전으로 치환되는 신기함, 생산에 기여하는 사회인 신분이 되었다는 자랑스러움, 가족들에게는 내가 의지할 수 있는 존재가 되었다는 뿌듯함... 나에게 첫 월급은 그런 의미였다.

처음에 회사 생활은 나름 재미있었다. 사수도 좋은 성격이라 차근차근 일을 배울 수 있었다. 힘든 순간도 있었지만, 문제가 해결되었을 때의 보람으로 상쇄되었다. 의욕적으로 일을 배우기 시작하자 점점 요령이 생기고 빠른 속도로 일을 해내게 되었다. 그만큼 시간이 남게 되었지만, 업무 중에 남는 시간은 활용하기가 애매하다. 공부를 할 수도 없고 쉴 수도 없다. 일이 없어도 책상에 엉덩이를 붙이고 앉아 무슨 일이라도 짜내서 하든지 아니면 하는 척이라도 해야 했다. 시간이 지날수록 일은 점점 지루해졌다. 매번 사건 사고는 있었지만, 그마저도 똑같은 패턴의 반복이었다. 공급업체가 약속을 지키지 않거나 품질에 이상이 생기면 직원들이 대신 욕을 먹어야 했고, 회사에서는 로비로 모든 문제를 무마하려고 했다. 공급업체를 바꾸지 않는 이상 해결되지 않을 문제였지만, 사장과 공급업체와의 특별한 커넥션 때문에 근본적인 문제는 개선의 여지가 없었다. 그곳에서는 내가 꿈꾸던 멋진 커리어 우먼이 되기는커녕 평생 욕받이로 살다 회사 생활을 마감할 것만 같았다. 암울함은 점점 깊어졌다. 좀 더 잘해보자는 욕심과 절대로 나아질 수 없다는 절망이 충돌하며 매일 기력이 소진되었다. 퇴근하며 하늘을 올려다보면 벌써 머리 위에 내려앉은 어둠처럼 내 인생이 캄캄해 보였다.

그러다 문득 회사를 그만둬야겠다는 결심이 섰다. 머리가 팽팽 돌아가기 시작했다. 커리어에 손상되지 않을 만큼의 경력은 언제까지인가, 새로운 직장은 어떻게 알아볼 것인가, 사옥을 제공하는 회사가 흔하지 않은데 전셋집이라도 얻으려면 얼마가 있어야 하는가. 퇴사 시기를 정하는 데는 금전적인 문제도 상당히 중요했다. 누군가에게 손 벌리는 삶은 살고 싶지 않았다. 그리고 가족들에게 일이 생겼을 때 내가 미력하게나마 바로 도움을 주려면, 어느 정도의 비상금은 항상 보유하고 있어야 했다. 나는 이 모든 것을 감안해서 퇴사할 시기를 신중하게 선택했다. 희한하게 그만 둘 시기를 정하고 나자, 지긋지긋하던 회사 생활이 견딜 만해졌다. 회사를 견디는 것도 나의 의지요, 그 견딤을 끝내는 것도 나의 의지였다. 이제서야 내가 내 삶의 주체로 돌아온 것 같은 기분이 들었다. 꼭 필요한 생활비를 제외하고는 모두 저축하기 시작했다. 여가 시간을 모두 이직을 위한 영어 공부에 투자하면서 친구와의 만남도 자연스럽게 줄어들게 되었다. 그렇게 차근차근 준비를 하던 나는 때가 되었다고 판단되는 시기에 사표를 던지고 회사를 나왔다. 하늘은 유난히 새파랬고 햇빛은 눈부시게 빛났다. 나는 무엇이든 할 수 있을 것 같은 젊은이다운 자신감이 가득했고, 세상은 아름답기만 했다.

'하메'로 살기

'그 후로 왕자와 공주님은 행복하게 살았습니다.' 하고 끝나는 동화의 결말처럼, 인생도 어물쩍 해피하게 넘어갈 수 있다면 얼마나 좋을까. 현실에서 고난의 클라이맥스를 넘겼다고 생각했지만, 사실 고난 뒤에는 더 큰 고난이 기다리고 있을 뿐이었다. 나는 부동산을 방문해서 발이 부르트도록 집을 찾아 돌아다녔다. 부동산에서는 먼저 내 예산을 물어보고, 예산과 비슷한 수준의 집을 보여주었다. 그러자니, 햇빛이 들지 않는 반지하이거나 혹은 골목 안 깊숙이 위치해 치안이 좋지 않은 집이 대부분이었다. 그리고 나서는 예산을 조금 초과하지만 나름 깨끗한 집을 보여준다. 깨끗한 원룸에 햇빛도 잘 드는 집을 보고 나면, 처음 보여주었던 집에는 죽어도 들어가고 싶지 않다. 전세가가 높아야 부동산에 떨어지는 수수료가 높아지니, 가급적 비싼 집을 선택하도록 하는 부동산 나름의 전략인 것이다. 한번은 아주 저렴한 집이 나왔다고 해서 가보니, 허름한 주택이었는데 화장실이 집안에 있지 않고 대문 옆에 있는 것이었다. 70년대에나 있을 법한 집이 아직도 서울 한가운데 남아 있었나. 나는 순간 비참한 생각이 들었지만, 곧바로 그 부동산 업자의 무신경한 장사속에 분노했다. 도대체 여자 혼자 살 집인데 어떻게 이런 집을 소개해 줄 수 있나. 치안도 좋지 않아 보이던 그 집은 심지어 내 예산에도 한참 밑도는 집이었다. 나는 속으로 그 부동산 업자가 돌아가는 길에 돌뿌리에라도 걸려 콱 넘어지길 바라며, 이제 그 동네에는 눈길도 돌리지 않으리라 다짐했다.

시간은 촉박한데 집은 빨리 구해지지 않아서 초조한 날이 계속되었다. 부동산 매물이 마땅치 않아 인터넷 카페와 매물을 소개하는 사이트도 열심히 뒤졌지만 적당한 집이 나타나지 않았다. 나는 작전을 바꿔서 잠깐 쉬어 가기로 했다. 당시에는 룸메이트, 하우스메이트로 살기가 인기였는데, 매물을 소개하는 카페나 사이트에는 룸메나 하메를 구하는 게시판이 함께 활성화되어 있었다. 대학 생활 동안 학교 기숙사에서 지낸 나는 누군가와 함께 지내는 생활도 익숙하다. 게시판에서 적절해 보이는 집을 찾아, 집의 위치와 공동 주거 조건, 그리고 함께 살게 될 하우스메이트를 잘 살펴보고 세 달동안 하메로 살기로 결정했다.

친분도 없고, 같은 공동체에 속해본 적도 없는 생판 남과, 오직 서울에 살고 있다는 이유로 기묘한 동거 생활이 시작되었다. 그때의 하메는 나보다 5살 많은 언니로, 직장을 때려치우고 공인중개사 자격증 취득을 준비하고 있었다. 돈이 점점 바닥나게 되자 자신이 전세로 빌린 집에 하우스메이트를 들이게 된 것이다. 우리는 각각 방을 하나씩 썼고, 주방이나 욕실은 공동으로 사용하고 공과금은 무조건 반반 내기로 했다. 계약서를 쓰고 보증금 이백만 원을 건넸다. 나는 직장 생활을 시작하여 아침 일찍 나가서 밤에 들어왔고, 주말이면 전셋집을 찾아 돌아다녔다. 그 언니는 내가 출근한 후 느지막이 일어나 도서관에 가서 공부를 하다가, 밤에는 지인들과 술을 한잔하고 내가 잠든 새벽에나 집에 들어왔다. 생활 패턴이 달라 거의 부딪힐 일이 없고, 어쩌다 주말에나 얼굴을 보게 될 정도였다.

언니는 술을 진탕 마시고 새벽에 들어와 술 취한 아저씨들처럼 변기통을 붙잡고 속을 게워내기 일쑤였다. 그 소리에 잠을 깨야만 하는 것은 좀 힘들었다. 그와 함께 어울리던 사람들은 같이 공인중개사 공부를 하는 사람들인 것 같았다. 그중 자신보다 나이 어린 한 청년에게 남자로서의 호감을 느끼는 듯했는데, 시험에서 계속 낙방하자 자존감이 바닥을 치고 있었고 연상이라는 나이 차 때문에 차마 고백도 할 수 없는 복잡한 심경으로 보였다. 젊은 시절의 불안과 방황은 누구나 거쳐야 하는 필수 과정과 같은 것이지만, 나는 그 언니를 이해할 수 없었다. 술 마실 시간에 한 자라도 더 외우고 공부하는 것이 차라리 나을 텐데, 무기력감에 술에 빠져 시간도 버리고 건강도 버리는 모습이 한심해 보였다. 하지만 직접 그 입장이 되어보지 않고는 어떻게 그 마음을 알겠는가? 고작 3개월짜리 인연에 내가 그의 인생에 이러쿵저러쿵 입을 대는 것도 주제넘은 일이었다.

나와의 계약 기간이 끝나자, 갓 대학을 입학한 새내기가 그 언니의 두 번째 하메가 되었다. 대학가 근처라 학생들이 많이 거주하는 동네였다. 나중에 그 아이의 부모님이 지방에서 올라와서 그 언니에게 잘 부탁한다는 인사까지 남기고 갔다고 하는데, 나는 왠지 그 아이에게 짠한 마음이 들었다. 그 집은 나처럼 잠시 숙소를 해결할 목적으로 짧은 시간 머물기에는 어떨지 몰라도, 기대와 꿈으로 가득 찬 순진한 학생에게는 그다지 건강하지 못한 환경이었다.

한때는 하메를 구해서 월세를 받고 생활비를 줄이는 것이 꽤 괜찮은 방법으로 보였다. 하지만 사람 잘못 만나면 어떤 무서운 일이 벌어질지 모른다는 걱정에 이내 생각을 접었다. 나의 짧은 하메살이는 기억 저편에 깊이 묻혀 존재감도 없던 사건이었다. 글을 쓰고 있는 지금에야 묻혀 있던 추억을 다시 꺼내 반추해 보니 새삼 궁금해진다. 그 언니는 지금 어떻게 살고 있을까? 공인중개사 자격증은 땄을까? 어쩌면 결혼해서 알콩달콩 하면서 지금도 누군가에게 집을 세 주면서 살고 있을지도 모르겠다.

짠순이의 소비원칙

이제서야 밝히지만, 나의 절약 정신은 부모님에게 교육받은 검소함에 나만의 신공이 더해져 전방위적으로 업그레이드되었다. 내게는 보통 여성들이 '환장'하는 비싼 가방이 하나도 없다. '똥가방'이란 것을 들어본 적이 있는가? 왜 똥가방인고 하니, 루이비통 가방의 줄임말이기도 하면서, 한때 모두가 선호하던 명품에서 이제는 누구나 하나씩 들고 다닌다는 서민 명품 가방으로 전락해 버린 지위를 내포하기도 한다. 한 직원이 휴가 때 해외여행을 다녀오면서 면세점에서 산 200만 원 남짓한 똥가방을 다른 직원들에게 보여주고 있었다. 디자인에 대한 품평과 저렴하게 샀다는 칭찬의 말이 몇 차례 오가며 대화는 끝났다. 200만 원이면 내가 하메로 살 때의 보증금이었고, 요즘 같으면 2~3개월 치 월세에 맞먹는 금액이다. 명품 가방이 자기만족감일지도 모르고 혹은 하나쯤은 갖추어야 하는 필수 소지품일지도 모르겠다. 하지만 '바다 건

너 저 멀리 아프리카에 한 코끼리가 금목걸이를 찼더라.' 하는 이야기처럼 나에게는 멀고 먼 나라의 일이었다. 금목걸이를 찬 코끼리를 직접 본다고 하더라도 아마 나의 첫 반응은 '거참 예쁘네. 별로 쓸모는 없겠군.' 정도 될 것 같다. 나는 주저 없이 금목걸이를 팔아서 맛있는 것을 사먹거나 짧은 여행을 다녀올 것이다.

오랜 기간 나와 함께 일하고 있는 직원이 지금보다 훨씬 젊었을 때였다. 한 달 치 월급을 탈탈 털어서 산 명품 가방을 애지중지하며 들고 다녔다. 브랜드라고는 똥가방 밖에 모르던 내 눈에도 귀여워 보이는 가방이었다. 약간은 복주머니를 닮은 검은색 가방은 층층이 예쁘게 주름잡혀 있었고. 한가운데는 브랜드를 드러내는 반짝이는 금색 로고가 붙어 있었다. 출근해서 책상 옆에 얌전히 걸어두었다가 퇴근할 때면 조심스럽게 들고 총총 사라지곤 했는데 하루는 예상치 못한 비가 쏟아졌다. 일기예보에도 없었던 비가 처음에는 부슬부슬 이슬비로 내리다가 퇴근 시간이 될 즈음에는 가랑비로 바뀌었다. 그 직원은 안절부절못하더니 갑자기 왔다갔다 분주해졌다. 어디선가 큰 비닐을 구해와서는 가방이 비에 맞을세라 비닐로 꼼꼼하게 싸고 나서야 품에 안고 퇴근을 했다. 가방이 아니라 한 달 월급을 들고 다닌다고 생각하면, 조금의 생채기에도 얼마나 마음이 아프겠는가. 나는 물건 때문에 마음이 심란

해지는 것을 바라지 않는다. 내 가방은 인터넷에서 산 몇만 원짜리다. 수납 칸이 많아 물건을 많이 넣을 수 있고 캐리어의 역할을 충실히 수행할 수 있다. 필요한 물건을 이것저것 챙겨 넣고 외출했다가 집에 돌아와서는 방구석에 툭 던져 놓는다. 나는 그냥 그게 편하다.

"사회생활을 하려면 술을 마실 줄 알아야지." 어디서나 듣는 이야기지만, 그럼에도 불구하고 나는 술을 마시지 않는다. 한 모금을 마시고 나면 두 번째는 목구멍에 가시가 걸린 듯 탁 막혀서 더 이상 들어가지가 않는 것이다. 그래서 회식자리에서는 소주 한 잔으로 어영부영 한 시간을 버티거나, 탄산수로 대신할 때도 있다. 오늘 하루가 세상의 마지막이라 생각하면 목구멍에 들이붓지 못할 이유도 없다. 하지만, 내일이 돌아올 것을 버젓이 알고 내가 맡은 책임을 누군가가 대신 져 줄 일도 없으니, 오늘이 마지막일지 모른다는 말은 눈 가리고 아웅 하는, 허울 좋은 자기 기만일 것이다.

  학교에서 친구들과 주량을 확인한다면서 소주 두 잔 반을 마시고, 바로 다음 날 딴 나라를 다녀온 적이 있다. 나는 가만히 서 있는데 땅바닥이 파도처럼 울렁거리고, 하루 종일 아무것도 먹지 않아도 배가 고프지 않은 희한한 4차원 세계였다. 오히려 내가 먹은 것을 다 꺼내놓아야만 했다. 뱃멀미 같은 어지러움과 두통은 무시할 수 없는 부작용이었다. 그런데 나와 같이한 친구들은 멀쩡히 걸어 다니고 밥도 먹고 수업도 듣는 것이었다. 한 공간에 있지만 나는 4차원에, 그들은 어제까지 내가 있었던 3차원에 속해 있었다. 술을 더 많이 마신 친구들은 나의 괴로움을 아무것도 아닌 것으로 치부했고, 나는 그 모습에 왠지 모를 배신감을 느꼈다.

외가댁에는 술을 마시는 사람이 한 명도 없다. 잔치가 있는 날 모여 단체로 식사하시고, 2차 모임도 없이 그 자리에서 "나의 살던 고향은 꽃 피는 산골..." 하고 <고향의 봄>을 부르며 박수 치고 흥을 돋우시는 게 전부인 외가댁 어르신들은 묘하게 순수하다고 해야 할지 시대에 뒤떨어졌다고 해야 할지 모를 특별한 가족문화가 있다. 유전자의 힘을 생각하면 나는 주당이신 아버지의 딸이지만, 맥주 반잔에 픽 쓰러지시는 어머니의 피가 더 진하게 흐르는 것이 틀림없다.

길이 아니면 가지 말라고 했듯이, 나의 술과의 절연은 끔찍한 숙취의 경험과 남보다 해독력이 약하다는 자각에서부터 비롯되었다. 가끔은 한 잔 정도는 괜찮지 않을까 마음이 동하는 날도 있다. 한번은 삼계탕에 딸려 나오는 인삼주를 한 모금을 꼴딱 삼켜봤다. 식당을 나서자 앞서가는 사람이 갑자기 멀어졌다 가까워졌다 하면서 마치 축지법을 쓰는 것처럼 보이고 감각 처리에 이상이 느껴져서 나는 금세 후회했다. 이제

술은 내 인생에서 아웃이다. 친구를 만나면 밥 먹고 차를 마신다. 이편이 차라리 싸게 먹히고 건강에도 좋다. 회사에서도 요즘은 술을 강권하지 않는 문화가 자리 잡아서 좋다.

어릴 때 쓰던 몽당연필처럼 나는 무엇이든 끝까지 오래 쓰는 편이다. 어머니는 입이 짧은 나에게 "밥 싹싹 다 먹어라. 밥상에 올라오기까지 농부 아저씨가 뜨거운 햇살 아래서 논에 물을 대면서 힘들게 농사지은 쌀이다."라는 말을 하셨고, 이 말은 내 마음속에 강렬하게 각인되었다. 그래서 무엇이든 나에게 오기까지 어떤 과정을 거쳤으며 얼마나 많은 이의 정성이 들었을까를 생각하게 된다. 그럼 그 가치를 허투루 생각할 수 없고 가급적 생명을 늘여주고 싶은 마음이 드는 것이다.

내가 가진 것들은 그 용도를 다할 때까지 잘 버려지지 않는다. 치약은 칫솔대나 자 같은 것으로 납작하게 밀어내어 끝까지 짜서 쓰고, 조그마한 비누 조각은 모아서 망에 넣어 사용한다. 통에 들어 있는 샴푸나 세제가 다 떨어져갈 때는 물을 조금 넣고 흔들어서 쓴다. 마음에 드는 옷은 외출복으로 입다가 후줄근한 느낌이 나면 가까운 마트나 도서관 갈 때 입는 마실용으로 용도를 바꾸고, 색이 바래거나 더 추레해지면 집에서 실내복으로 입는다. 그러다 목이라도 늘어날 지경이 되면 그제야 그 옷의 운명은 다한 것이다. 절약하는 습관으로 큰돈을 벌 수는 없어도 지금도 이 습관을 지키며 살고 있다.

사치하지 않는 것, 꼭 필요한 물건만 구매하는 것 그리고 가급적 오래 쓰는 것이 내가 절약하는 방법이다. 어릴 때부터 배운 것처럼, 나는 부모님이 만들어 주신 토양이 있었기에 튼튼하게 뿌리를 내리고 가지를 뻗고 잎을 만들어 홀로 우뚝 설 수 있었다. 조금 느릴 지 몰라도 그 덕에 원하는 경제적 독립을 이루었다. 나 자신이 대견하고, 아직까지 나를 지지해 주시고 자양분이 되어주시는 부모님에게 감사한다. 안분지족이란 이런 것이 아닐까. 남과 비교하지 않고 가진 것에 만족하는 마음이 있어, 삶은 좀더 평온하다.

비움과 채움

'하메' 생활 이후에 내 자산 한도 내에서 무사히 전세를 얻었고, 주민등록등본에는 내가 세대주로 등재되었다. 공식 서류상으로도 나는 독립된 사람이었다. 인생에서 지나야 할 단계를 무사히 넘어선 안도감, 내 스스로 이루어냈다는 성취감이 젊은 혈기와 만나자, 세상은 다시 내 발밑에 있었다. 처음 얻은 전셋집에서 6년을 살았던 것 같다. 집주인은 그다지 욕심이 없어 보이는 노부부였는데, 집값이 들썩이자 동네 집주인들이 앞다퉈 세를 올리고 월세로 전환하는 것을 보고 한차례 전셋값을 올렸고 결국 내게도 월세로 바꾸도록 종용했다. 월세는 왠지 생돈이 드는 것 같아 아까웠다. 세상에 거칠 것 없는 나였지만 타인의 의지로 내 거처가 바뀌어야 하는 상황이 되자 우울했다. 하지만 나는 미련 없이 이사를 결정했다. 이번에는 지하철에서 좀 더 가깝고 방도 하나 더 딸린 집을 구했다. 인터넷을 뒤지고 후기를 참고해서 적절한 이삿짐센터를 결정했고, 포장은 내가 직접 하기로 했다.

나는 스스로 검소하고 씀씀이가 크지 않다고 여겨왔는데, 이것이 큰 착각이었음을 깨달았다. 나이를 먹는 것처럼 살림살이도 자연스럽게 늘어난다지만, 짐을 싸다 보니 많아도 너무 많았다. 평소에는 보이지 않던 물건들이 모든 곳에서 쏟아져 나왔다. 싱크대에는 백화점 사은품으로 받은 접시나 냄비, 그리고 선물 받은 컵이나 자잘한 물품들이 포장지도 뜯지 않은 채 보관되어 있었다. 할인율이 높아 여러 개 한꺼번에 사거나 대용량으로 구매한 세제도 옮기려고 하니 부담이 되었다. 얼마 되지 않은 책은, 여러 권으로 높이 쌓아 노끈으로 묶는 작업을 시작하자 대여섯 묶음이 나왔다. 무엇보다 경악스러운 것은 옷가지였다. 막상 보면 입을 옷은 없는데, 실제로는 넘쳐났다. 볼품없는 몸뚱이지만 평생 체중의 변화가 없으니, 유행이 돌아오면 언제든지 다시 입을 수 있는 것들이었다. 옷의 수명은 무엇보다 주관적이어서, 내 기준에서는 아직까지 생명을 다하지 않은 까닭도 있다.

잘 버리지 못하는 사람은 물건에 추억을 투영한다. 내 경우는 옷이 특히나 그러한데 서랍장을 열면 대학교 때 친구와 시장 투어를 하면서 우연히 함께 산 티셔츠, 동생의 자취방에 들러 이것저것 물건을 채워주고 근처 대형 쇼핑몰에서 산 블라우스, 어머니와 서울의 백화점에서 산 옷 등 예전에 사 둔 것이 많다. 지금은 연락이 끊긴 친구는 결혼해서 일본에서 산다는 소문이 있는데, 같이 시장 구경을 갔던 일이 주마등처럼 떠오른다. 쌍꺼풀 없이 길게 찢어진 눈은 디즈니 만화에 나오는 과장된 동양인의 모습을 닮았는데, 큰 키에 한쪽 다리를 꼬고 앉아 생맥을 기울이는 자세는 시크한 모델 같았다. 자신을 솔직하게 드러내는 그 자신감을 한 때 동경하기도 했다. 동생 자취방 근처에서 쇼핑했을 때는, 따뜻했던 햇살과 대로변 매대 앞에서 복작거리는 사람들 그리고 저렴하게 구매할 수 있어서 뿌듯해했던 일들이 생각난다. 서랍장의 절반은 추억이 방울방울 맺혀 있는 옷들이었다.

한 달 동안 매일 조금씩 짐을 정리하면서, 뭔가 잘못하고 있다는 생각이 들었다. 나는 너무 많은 물건들에 휘둘리고 있었다. 뭐가 있는지 기억하지도, 그리고 사용하지도 못한다면 내게는 필요 없는 물건이었다. 내가 통제할 수 있는 정도만 소유하기 위해서는, 소비를 하는 데 새로운 원칙이 필요했다. 검소함이나 알뜰함과는 다른 문제였다. 제일 먼저 이삿짐을 줄이기 위해 물건을 버리기 시작했다. 두 번 보지 않을 것 같은 책들은 모두 집 앞에 내놓았다. 입지 않는 옷, 그 어떤 추억도 묻어있지 않는 옷은 정리해서 헌옷 수거업자에게 넘겼다. 오래돼서 느려터진 데스크톱은 중고 가전업체에 오천 원을 받고 팔았다. 물건을 구분하고 정리하는 것도 일이었다.

적당히 채우고, 조금 비우기

　나는 가급적 물건을 소유하지 않기로 했다. 필요한 경우에는 버려도 아깝지 않은 중고 가구를 구매하고, 책은 도서관에서 빌려봤다. 하지만 좀더 큰 집으로 이사를 했음에도 새로운 공간에 또다시 이런 저런 살림살이가 채워졌다. 운동을 시작하니 운동복과 운동기구가 생겼고, 새로운 공부를 하면서 책과 교재가 쌓였다. 가랑비에 옷 젖듯 물건이 늘어나니, 처음

이사하면서 꿈꾸었던 미니멀라이프가 되리라는 생각은 가당치도 않게 되었다. 쉽지 않은 현실을 자각하고 나니 실현 가능한 최소한의 목표가 필요했고, 그 후 두 번의 이사를 더 하면서 나만의 기준을 완성했다.

1. 세간살이는 항상 눈에 보이는 것보다 많으므로 반드시 포장이사를 한다.
2. 새로 물건을 살 때는 어디에 보관할 것인지 생각한다. 보관할 곳이 마땅치 않으면 사지 않거나, 기존의 가재도구를 버리고 자리를 마련한 후에 산다.
3. 무슨 일을 할까 말까 망설여질 때는 그냥 한다. 무엇을 살까 말까 망설여질 때는 사지 않는다.
4. 일 년에 한번은 '아름다운 가게'에 기부하고 살림을 줄인다.
5. 충동적인 구매욕구를 자제할 수 없는 때는 차라리 먹을 것을 산다.

특히 두 번째는 구매 기준이 되었다. 새로운 물건이 사고 싶을 때, 집안에 수용할 공간이 있는지를 먼저 생각한다. 공간이 없다면 다른 물건을 버릴 수 있는지 고민해 본다. 적당한 곳이 없다면 아예 구매하지 않는다. 옷도 항상 서랍장에 들어갈 정도만 갖춘다. 꼭 새 옷이 사고 싶다면, 서랍장에 있는 옷은 버리거나 '아름다운 가게'에 기부해서 비우기를 먼저 한다. '아름다운 가게'는 작년에 이사를 하면서 친구의 소개로 알게 되었다. 헌 옷 수거업자에게 넘길 만큼의 중량이 나오지 않아 '아름다운 가게'에 기부했고, 연말정산 때 기부금으로 환급을 받았다.

현명하게 구매하고, 구매한 물건을 아끼는 것만큼이나 비우는 것도 중요하다. 나는 요즘 어떤 물건은 언제 정리할지 그리고 올해는 어떤 물건을 정리할지 집안을 살펴본다. 물건이 많아지는 것처럼, 어쩌면 우리 마음이 번잡해지는 것은 너무 많은 것으로 채워져 있기 때문인지도 모르겠다. 꼭 필요하고 중요한 것만 남기고 좀 더 가벼운 마음이 되고 싶다. 남아 있는 것들을 좀 더 소중하게 생각하고, 또 새로운 것을 받아들일 수 있는 여유를 가지고 싶다.

PART III

혼자와 혼자 사이

테드아찌⁹⁾의 동네 행복 한 바퀴

권태원

  22년간 다니던 IT 회사에서 퇴직한 후 새로운 길을 모색했다. 자기 경영, 셀프 리더십, 독서 코칭, 커뮤니케이션과 같은 주제로 인생 2막을 강사로서 시작했다. 4년 정도 활동하고 있는데 갑자기 코로나19가 창궐하여 더 이상의 강의 요청은 없었다. 인생 2막의 여정을 느리지만 꾸준히 걸어가려고 생각했는데, 온라인에서 진행되는 독서 프로그램에만 가끔 참여할 뿐 모든 게 멈춰버렸다. 비대면으로 진행된 강좌를 수강하고 독서지도사 자격을 취득한 것이 유일한 성과였다. 코로나가 끝나고 엔데믹이 되었지만 오프라인에서 대면으로 진행되는

---

9) 나의 영어 이름이 'Ted'인데 퇴직 후 동네에서 아저씨같이 편한 사람으로 어울리며 살고 싶은 마음에 '아저씨'의 사투리이기도 한 친근한 느낌의 '아찌'를 붙였다.

어떤 프로그램에도 참여할 용기가 나지 않았다. 뭔가 새로운 것을 시작하기 어려웠다. 그러다가 작년 성남시 태평동의 한 문화센터에서 난타, 라인댄스, 캘리그래피 등을 포함한 다양한 프로그램이 여름학기에 개설되는 것을 알게 되어 수강생으로서 새롭게 배우는 계기가 되었다. 내가 가장 좋아하는 존 덴버의 <Today> 가사 'Today is my story and now is my moment.'처럼 사람들과 함께하면서 지금이 소중한 순간임을 느끼고 매일매일을 새로운 날로 살고 있다.

캘리그래피가 회복의 마중물이 되다

누나가 치매인 어머니를 몇 년 동안 모셨는데 작년 봄에는 가족들의 건강까지 악화되어 내가 몇 주 동안 밤낮이 바뀌어 누나와 교대로 어머니를 돌보아드렸다. 하지만 더 이상 지속할 수 없는 상황이 돼서 여기저기 알아보고 건강보험공단에 연락해 누나집 근처 요양원에 모시게 되었다. 무거운 마음으로 요양원에 모셔드린 후 집에 돌아오니 수면 사이클이 깨졌고 건강이 소진되고 있었다. 병원에 입원해 회복을 위한 치료를 받고 싶었지만 1인가구라서 돌봐줄 사람은 없었다. 누나에게 사정을 말하니 "우리 집으로 온나!"라고 하셨다. 카카오 택시를 호출해서 누나집으로 갔다. 비까지 구슬프게 오는 늦은 밤이었다. 한 달 이상 조카의 방에서 거의 누워 지내다시피 했다. 식욕이 사라지고 하루 한 끼 정도 겨우 먹으니 10킬로그램 이상 살이 빠졌다. 다행히 누나와 자형, 조카가 정성껏 챙겨준 덕분에 점차 회복하기 시작했다.

누나집 앞 산책길을 걸었고 자형과 근처의 산을 오르기도 했다. 힘겨웠지만 산 정상까지도 오를 수 있었다. 3킬로미터쯤 떨어진 동네 도서관까지 걸어가 책을 읽고, 필사하고, 커피를 마시고, 국수 가게에서 혼자 식사를 했다. 볼펜으로 글씨를 쓸 때면 손이 미세하게 떨려 글씨가 이전 같지 않았다. 내가 다니던 병원의 원장님은 자신도 비슷한 증상으로 20년 가까이 약을 먹으며 유지치료를 하고 있다고 말했다. 동병상련이라고 위로가 되었다.

운동의 필요성을 느끼고 있을 때 문화센터에서 난타 프로그램이 개설되는 걸 알게 됐다. 하지만 워낙 인기가 있어서 이미 마감이 된 상태였다. 다행히 평소 관심이 있던 캘리그래피는 자리가 남아 있어서 등록했다. 컨디션이 완전히 회복되지는 않았지만 느리게 배운다는 마음으로 시작했다. 박현선 강사가 '나는 모든 면에서 좋아지고 있다.'라고 쓴 작고 예쁜 캘리그래피 액자를 선물로 주셨다. 숙제를 해온 나를 포함한 두 명의 수강생에게 액자를 고르게 했는데, 다른 액자에는 '생각보다 나는 잘 해낼 수 있어.'라고 적혀 있었다.

좋은 글이나 문구를 붓으로 화선지에 썼다. 좋은 문구는 참 많았다. '흐르는 강물에 마음을 보낸다.', '마음 마음 마음 너를 보듯 나를 본다.', '당신 마음 가는 대로 사소서.', '행복한 생각이 건강한 마음이 된다.', '켜켜이 쌓아 올린 화선지는 내일의 보람이 되리라.', '캘리그래피 그대는 참 도도하지만 매력적이야.', '보람 있게 사는 것이 행복한 인생이다.', '삶이 그대를 속일지라도 열심히 살아보세.', '비 당겨 맞지 말아요. 비가 오면 함께 우산을 쓰면 돼요.'와 같은 글귀들이었다. 책 한 권을 읽는 것보다 글 한두 줄이 더 위안을 주었다. 초보지만 누나 가족과 친구들에게 톡으로 공유하기도 하고 SNS에 올리기도 했다.

한 달에 한 번 화선지 대신 A5 카드에 작은 그림을 그리고 편하게 글씨를 써서 친구와 지인들에게 톡으로 보내거나 만날 때 선물했다. 지난여름 혼자 평창으로 여행을 갔을 때는 내가 쓴 캘리그래피 습작을 가지고 가서 땀띠공원의 개천을 배경으로 인증샷을 찍었다. 근처 커피숍에 있는 추억의 CD와 함께 다른 습작을 사진에 담았다. 좋아하는 시와 팝송 가사를 카드나 편지지에 필사해서 친구에게 전해주기도 했고 '찾아가는 시 나눔'도 가끔 했다. 정채봉 시인의 <첫 마음>, 정호승 시인의 <내 등의 짐>, 라즈니쉬의 <삶>과 같은 것들이었다. 올해 봄 학기에는 키링에 글씨를 적고 오븐에 구워 친구와 해외 유학 중인 청년에게 선물했다. 구순의 어머니께는 '울엄마, 당신이 계셔서 참 고마워요.'라고 써서 목걸이로 만들어 드렸다. 여름 학기에는 부채에 글씨를 적는 작업도 했다. 학창 시절에 그림을 잘 그리지 못했는데 이런 작업을 하니 자존감이 회복되었다.

사진에 담긴 캘리그래피 작품

캘리그래피를 배우는 과정이 내 인생 2막의 느린 삶과 같다. 느리지만 매주 꾸준히 글씨체를 배우며 연습한다. 그렇게 배우는 삶은 완성이나 완결보다 즐겁게 배우는 과정 자체가 작지만 소중한 기쁨을 준다. 좋은 삶을 살게 도와준다. 작년에 체중이 갑자기 빠지면서 찾아온 소진 증상은 이제 회복되었다. 충분히 쉬고 마음을 놓고 캘리그래피와 같은 한 가지 활동에 몰입하며 인생 2막의 다음 단계로 가기 위해 다시 시작하고 있다. 인생의 갈림길에서 건강이 바닥을 헤맬 때 도와준 누나 가족과 캘리그래피 강사님께 깊은 감사의 말씀을 드린다. 1년 이상 함께 활동한 연두 반장님과 회원들에게도 고맙다는 인사를 전하고 싶다.

자신의 별을 찾아가는 팟캐스트 동아리 '쏠스텔라'

완연한 봄이 되었다. 문화센터에서 캘리그래피를 마치고 집으로 돌아가는 길이었다. 큰 도로변에 위치한 '성남시 1인가구 힐링 스페이스'가 눈에 띄었다. 그날은 그냥 지나쳤다. 1~2주 후 문화센터에서 집이 있는 방향으로 걸을 때 힐링스페이스가 또 눈에 들어왔다. 들어갈까 말까 잠시 고민하다가 용기를 내어 4층으로 올라갔다. 담당자가 나와서 방문일지에 기록을 권했고 공간 이용에 대해 간략히 설명해주었다. 힐링스페이스는 무엇보다도 수백 권의 책을 편하게 읽을 수 있어서 좋았다. 도서관 같은 절차나 엄숙함이 없어 편했고, 셀프 바에 있는 커피나 차를 마실 수 있는 점도 좋았다.

3월 중순 가천대 식품영양학과 김순미 교수의 '나의 몸, 나의 음식 이야기' 강의가 힐링스페이스 주관으로 진행되었다. 나의 관심사였다. 강사 자신의 체험이 해박한 전문지식과 지혜와 어우러져 많은 교훈을 주었다. "문제는 순환이다.", "잘 먹고 잘 자고 잘 배설해야 한다.", "나와 다른 사람은 체질도 다르고 장내 미생물도 다르다.", "나에게 어떤 식품이 좋은지를 아는 사람은 나밖에 없다.", "어떤 음식이 나에게 좋을지 자기 자신을 관찰하라."... 혈당 피크를 방지하기 위해서는 채소로 시작해 단백질, 그다음 탄수화물처럼 식사순서를 생각해 실천하는 것도 중요하다고 했다. 알고는 있었지만 실천하지 못해온 사항들이었다. 간헐적 단식과 체질에 따른 음식에 대해서도 생각해 볼 수 있는 좋은 기회였다.

퇴직 10년 차가 된 1인가구에게 식사는 즐거움이자 고민거리다. 지인들과 가끔 약속이 있을 때는 식사가 즐겁지만, 혼자 먹는 밥은 인내를 요구하는 수행 같다. 강의를 들은 후 나의 식사습관에 대해 생각하며 개선점을 찾으려고 노력하고 있다. 혼자 식사하는 경우가 대부분이지만 한 끼 한 끼를 소홀히 하지 않고 음식 종류와 순서를 먼저 생각하고, 식사 약속 때는 언제, 누구와 먹을지를 중요시하게 되었다.

힐링스페이스에서 제공하는 강의와 심리검사에 참여하던 어느 날 제시형 동아리에 참여할 것을 권유하는 문자 메시지를 받았다. 문화센터에서 하는 캘리그래피에 더 집중할까, 그

동안 잊고 지낸 글쓰기를 시작할까, 호기심이 생긴 팟캐스트 만들기에 참여할까 고민한 끝에 새로운 분야인 '팟캐스트 제작'에 도전하기로 결정했다. 동아리 결성 모임이 있는 날에는 최소 구성 인원인 6명에 미달하는 3명이 참여했다. 하지만 다음번 모임에 가보니 무려 8명이나 신청해서 공간이 부족할 지경이었다.

팟캐스트 제작 수업은 토요일 오전 성남미디어센터에서 김소영 강사의 지도로 진행되었다. 아이팟(iPod)과 방송(broadcast)의 합성어가 팟캐스트(podcast)라는 설명과 함께 동아리 회원들이 팟캐스트를 이용하는지 물었다. 그때까지 전혀 이용해본 적 없이 처음 배우려고 온 회원도 있었다. 30대에서 60대까지 다양한 연령층이었다. 나는 여러 해 전 팟캐스트를 통해 오디오 강의와 음악을 자주 들었다. 무거운 노트북보다는 가벼운 아이패드를 가방에 넣어 다니다가 카페를 이용할 때 들었다. 그러던 내가 팟캐스트로 방송을 제작하게 되다니! 설레는 마음이 차올랐다.

각자 생각한 동아리 이름을 단체대화방에서 공유하여 생각하는 시간을 가졌다. 여러 가지 참신한 이름들이 있었고 달토끼 님이 제안한 '쏠스텔라'로 결정되었다. 혼자인 '솔로'와 별을 의미하는 '스텔라(stella)'를 합쳐 '혼자이지만 자신의 별

을 찾아 인생 여정을 걷는 사람들이 같이 만드는 팟캐스트'
라는 의미이다. 동아리 대표는 KJ 님인데 다니고 있는 회사에
서 사내방송을 해본 전문가 수준으로, 녹음한 파일을 편집까
지 할 수 있었다. 나는 캘리그래피로 '쏠스텔라'라는 이름을
써서 대화방에 올렸다. 우주를 항행(航行)하는 이미지를 찾아
회원들과 공유했다.

나를 소개할 때는 마치 라디오 방송국에 출연한 것처럼 떨
리는 목소리를 느낄 수 있었다. 혼자 식사하거나 여행하는 이
야기를 하고 싶어 하는 회원이 많았다. 3회차 수업에서 팟캐
스트의 실전 제작 방법을 배우고 엔지니어 역할로 기기를 조
작해보았다. 8명 중 2명은 개인 사정으로 더 이상 참여하지
못해서 6명이 MC 1명, 대화 참여자 6명, 엔지니어 2명으로
나눠 여러 역할을 해보았다. 라디오 대본을 먼저 써보고 제작
에 참여하는 전 과정을 해볼 수 있었다. 수업이 끝나고 오디오
녹음본을 편집하는 소프트웨어를 배우는 시간에는 나를 포함
한 3명이 참여했다.

강사가 지도하는 수업은 모두 끝났지만 6명의 회원들은 지
금도 토요일마다 모이고 있다. 대표가 근무하는 날이면 한 주
후 모인다. 시간 등 여러 가지 제약에도 사설 라디오 방송인
'쏠스텔라'는 식사, 여행, 취미, 인간관계 등 1인가구의 삶을

같이 말하고 녹음하고 공유해 나가고 있다.

지난 늦여름에는 각자의 취미에 대해 6명이 돌아가며 이야기하고 녹음했다. 보드게임, 방 탈출, 바리스타, 걷기, 달리기, 여행, 캘리그래피, 독서모임 등 다양한 취미를 갖고 있었다. '취미를 오래 하면 특기가 된다.', '독서는 앉아서 하는 여행이고 여행은 서서 하는 독서이다.', '학창 시절 국영수로 시작해서 중년에 예체능으로 꽃을 피워야 한다.' 등 좋은 말들이 많이 나왔다. '나에게 취미란 OOO이다.'란 <한마디로 요약하기>에서 회원들은 '나침반', '돋보기안경', '엔도르핀', '에너지', '내가 몰랐던 나를 찾아가는 과정', '삶 자체'라고 답했는데, 각자의 취미에 대해 말할 때면 자신감이 넘치고 목소리 톤도 높아졌다. 무더운 여름을 지나 가을까지 이어지는 다소 긴 여정에도 모두 지치지 않고 목표로 하는 방송 분량을 뽑아 녹음하며 순항하고 있다.

동네 인연과의 소소한 행복

회사와 가까운 곳에 살기 위해 이사 온 낯선 도시, 성남시에는 오랫동안 이웃이 없었는데, 지금은 알고 지내는 사람들이 많아져서 잘 어울리며 지내고 있다. 대부분 문화센터와 힐링스페이스에서 만나 동아리 활동을 함께하는 회원들이지만, 내게 소중한 일상의 행복감을 느끼게 해준 동네 이웃들도 있다.

#1. 퇴사하기 직전 주말이면 동네 커피숍을 찾아 힐링 시간을 가졌다. 특이한 머리 스타일에 개성이 강해 보이는 1인 사장이 운영하는 갤러리 커피숍이었는데, 커피를 이용한 작품을 만들어 가게에 걸어두어서 아기자기하고 예뻤다. 주인이 직접 볶은 아메리카노 커피는 맛있었다. 가끔 시간과 노력이 많이 들어가는 핸드드립 커피도 내려주었다. 혼자 가서 말없이 머물며 몇 시간을 보내곤 했다. 음악을 듣거나 책을 읽기도 했다.

어느 날 사장이 커피숍에서 모임을 하고 싶은데 참가할 의향이 있냐고 물었다. 한 달에 한 번 10명 가까운 사람들이 모여 각자의 주제를 자유롭게 발표하고 공유하는 모임이었다. 모임은 커피, 약선 요리, 한의학, 미술, IT, 자동차 등 다양한 경력의 사람들이 참가해서 1년 가까이 진행되었다. 회사 업무로 바쁘다는 핑계를 대고 나는 발표를 하지 않았다. 당시 IT 회사에 20년 이상 다니고 있었는데 많이 지쳐 있었다.

회원 중 대학 겸임교수인 전자공학 박사가 있었는데 내게 자신의 수업에 와서 한 시간 서평 발표를 해줄 수 있냐고 물었다. 놀랍게도 내가 20여 년 전 졸업한, 부모님이 계신 고향에 있는 대학교였다. 회사 밖 첫 강의였다. 윤석철 교수의 제4의 10년 주기 저작인 『삶의 정도』에서 배우는 자기 경영을 주제로 강의하고 다섯 권을 선물했다. 한 시간이 어떻게 갔는지 모르게 부족할 정도였다. 학생 몇 명이 내가 다니는 회사에 입사 지원을 하고 싶다고 해서 연락처를 알려주며 방문 전에 전화하라고 했다. 교수는 내게 수고했다며 식사를 대접하고 피드백도 해주었다. 참 설레고 보람찬 경험이었다. 강의를 겸해 고향에 1박 2일로 다녀온 후 나의 마음은 회사 안에서 밖으로 점점 향하고 있었다.

#2. 회사를 퇴직하고 강사로 활동한 지 2년이 지나고 있었다. 육군 용사 대상 독서 코칭 강사에 지원해 대전에서 면접을 보고 합격했다. 한 달에 한 번 비무장지대(DMZ) 아래 위치한 사단급 부대를 방문했다. 부대는 시외버스를 2시간 타고 강원도 인제군 원통 시외버스터미널까지 가서 군내 버스로 갈아타고 종점인 버스정류장까지 30분 정도 더 가야 나왔다. 거기서 부대 안 교회 강의장까지는 담당 부사관의 군용차 에스코트를 받아 들어가야 했다. 처음엔 빈손으로 갔지만 두 번째는 마지막 정류장 근처 가게에서 간식을 샀다. 담당 부사관이 용사들이 부탁했는지 물어서 내가 스스로 알아서 사 가는 거

라고 말했다. 그 이후에는 동네에 있는 세계과자점에서 필요한 간식을 미리 준비했다. 가게 사장이 왜 그렇게 많은 과자를 한 번에 사느냐고 물었다. 당시 참여 인원은 40명이나 됐다.

나태주 시인의 시 이야기 『꿈꾸는 시인』, 테드 창의 『당신 인생의 이야기』 등 7개 분야의 책에 대해 코칭 강의를 했는데, 밤낮 교대로 근무하는 힘든 여건에서도 보통 30명 내외의 용사가 해당 책을 읽은 후 한 쪽의 감상문을 제출했다. 빨간 볼펜으로 첨삭하는 대신 파란 볼펜으로 좋은 점 위주로 내 의견을 간략히 써서 그다음 차시에 돌려주었다. 간직하고 싶은 기록이라서 문구점에 들러 복사를 맡겼다. 특히 『한국 중국 일본, 그들의 교과서가 가르치지 않는 역사』를 다룬 차시가 기억에 남는다. 4개 조로 나누어 스케치북에 모둠 활동을 기록하고 상대 팀들이 '좋아요' 스티커를 붙이게 했다. 공감을 많이 받은 2개 조에 책 선물을 했다. 강사로서 책임감과 보람을 함께 느낀, 벅차고 소중한 경험이었다.

가게 주인은 손님 중에서 외국에서 유학 온 대학원생을 인사시켜 주었다. 네팔에서 온 20대 남성이었다. 한국어를 잘 할 줄 몰라 영어로 소통하곤 했다. 힘들어 보여 커피 한 잔 하자고 제안하기도 하고 가끔 식사도 같이 했다. 그다음 해 청년은 대학원을 졸업하고 서울의 한 대학병원에 연구원으로 지원했다. 이력서를 검토해주려고 받아보니 성적도 우수했고 경력도 좋아 보였다. 회사 면접을 처음 보는데 넥타이가 없어 내가 회사 다닐 때 즐겨 매던 걸 빌려주고 한 번만 돌려도 되는 쉽게 매는 방법을 알려주었다. 경력 사항이 좋은 데다 영어 면접도 잘 보아서 합격했다는 연락이 왔다. 무척 기뻤다.

청년은 서울의 직장 근처로 이사 갔지만 지금도 가끔 만난다. 삼겹살과 막걸리를 좋아해서 같이 즐기는데, 최근엔 피자, 치킨과 함께 맥주를 마시고 이자카야에 데려가기도 했다. 청년은 네팔과 태국에 다녀왔다며 친환경 노트를 선물했다. 내가 카드나 공책에 필사하는 걸 톡에서 봤다고 했다. 마음이 참 따뜻한 청년이다.

춘천으로 하루 여행을 다녀온 사진을 톡으로 보냈더니 다음 기회에 나와 여행을 가고 싶다고 했다. 주말이 아니라 주중에 하루 연차휴가를 낼 수 있는지 물었다. 담당 교수에게 평일 휴가 사용을 상의하겠다고 하더니 가을에 시간을 낼 수 있다고 전화가 왔다.

최근엔 한국말로 먼저 인사하고 변화하는 모습이 좋아 보인다. 낯선 나라 한국으로 온 때가 코로나19가 시작된 2020년이라고 한다. 어려운 시기를 같이 견뎌낸 그의 현재와 미래에 응원의 박수를 보낸다. 동네에서 알게 된 좋은 인연이다.

#3. 나의 회사 동료가 일찍 전직하여 여러 IT 회사에서 20년 이상 일하다가 퇴직한 후 택시기사로 제2의 인생을 살고 있는데, 동네에서 교류하는 인연이 되었다. 내가 몇 년 전 소진될 뻔했을 때 죽을 사서 집으로 찾아와 준 감사한 분이다. 최근에 만났는데 일과 가정에서 힘든 시간을 보내고 있었다. 내가 할 수 있는 건 그의 이야기를 들어주고 공감해주는 것뿐이었다. 인생 전환의 시기에 그가 잘 견디고 이겨 나가길 두 손 모아 빈다.

서울의 짐[10]

7080 가요 클럽에서 연주하는 시각장애인은
일이 끝난 후 프라이드치킨이 생각나
서울을 택시로 달린다
그 많은 시각장애인을 집에서 일터로 약속장소로
달리게 해준 택시기사는
자신의 짐을 내리고 전철에 탄다
말없이 자신의 몸과 마음의 고통을 나누려 한다

---

10) 2025년 여름, 전 회사 동료와 만나서 그가 겪은 삶의 이야기를 듣고 집으로 돌아오는 길에 짧은 글이 툭 튀어나왔다. 우리 모두 거대 도시의 구조적 경쟁을 안고 살아가고 있다. 누구나 언젠가는 이런 삶에서 벗어나 자신을 찾아가는 여행을 꿈꾸고 있지 않을까?

춘천 닭갈비에 소주 한 병 입으로 넣으며
자신의 짐을 녹인다

아픔으로 살을 도려낸 사람은
치료를 받으러 서울로 달린다
고통과 작별하려고 자신의 짐을 내려놓는다
서울 빌딩 속 짐과 자신의 짐은
싸움의 대상이 아닐지 모른다
견뎌야 할 몸과 마음의 짐이다
자신의 짐을 내려놓으면 안 된다
그 짐은 원래부터 내려놓을 대상이 아니었는지 모른다
서울의 짐은 오늘도 우리를 살아가게 한다

누군가 나에게 찾아와 말해준다
짐 없는 인생, 고통 없는 삶은 없다고
짐과 고통이 나를 여기까지 오게 했다고

여행에서 만나는 새로운 오늘

　여름에는 거의 여행을 떠나지 않는다. 조금만 움직여도 땀이
많이 나서 빨리 지치기 때문이다. 최근 다녀온 평창 여행은 예

242

외다. 준비 없이 갑자기 떠났는데 여행을 다녀오니 에너지가 회복되었다. 캘리그래피와 책 쓰기 수업, 팟캐스트 제작 등 세 가지 활동이 진행되는 중이었다. 동시에 여러 활동을 하다 보니 나 스스로를 돌아보는 시간을 갖지 못했다. 힐링스페이스의 역동적인 지원과 강사의 열정적인 지도에 내가 제대로 부응하지 못하고 있는 게 아닌가 하는 생각이 들기도 했다. (그럼에도 나는 나아가는 방향이 맞다고 느끼고 있으며, 나만의 속도로 느리지만 꾸준히 가고 있다고 말하고 싶다.)

 카트린 지타는 『내가 혼자 여행하는 이유』에서 라즈니쉬의 '여행의 세 가지 유익'[11]에 대해 말하면서 홀로 여행을 떠나 본 사람만이 무엇이 소중한지 알 수 있다고 한다. 민박집을 떠나기 직전 이 책이 나에게 말을 걸어왔다.[12] 코로나19 기간에 영화관의 서가에서 우연히 알게 된 책인데, 민박집의 책꽂이 위에 떡하니 자리 잡고 있는 걸 보니 자세히 읽어 보고 싶은 생각이 들었다. 자주 이용하는 인터넷서점에서 찾아보니까 절판된 상태였는데 동네 중고서점에 갔더니 이 책 한 권이 나

---

11) "여행은 당신에게 적어도 세 가지의 유익함을 줄 것이다. 첫째는 세상에 대한 지식이고, 둘째는 집에 대한 애정이고, 셋째는 자신에 대한 발견이다." (『내가 혼자 여행하는 이유』, 카트린 지타, 박성원 옮김, 걷는나무, 2015년, 5쪽)

12) 민박집에서는 이 외에도 『스콧 니어링 자서전』, 『고독이 필요한 시간』, 『자존감 수업』이 내 눈길을 끌었다. 방명록에 한 권 한 권에 대한 내 느낌을 간단히 남겼다.

를 기다리고 있었던 듯 책꽂이 아래쪽에서 손짓을 했다. "스스로 대접할 줄 아는 여행자만이 세상의 대접을 받는다.", "어리석은 사람은 방황하고 현명한 사람은 여행한다."라는 부분을 읽으며 혼자 여행하는 이유에 대해 생각했다. 그러면서 코로나19가 엔데믹으로 전환되었을 때 여행을 떠났던 기억이 떠올랐다.

어느 날 여행을 떠나고 싶은 마음에 무작정 리무진 버스를 타고 인천국제공항으로 갔다. 내가 생각했던 인천의 한 섬으로 가는 버스가 공항에 있는 줄 알았는데 찾을 수 없었다. 공항 안을 한 바퀴 돌고 음료수도 한 잔 마신 뒤 항공사 체크인 카운터로 가서 "마일리지로 일본 시즈오카로 갈 수 있나요?"라고 물으니 직항이 없다고 한다. "후쿠오카로 가는 비행기는 언제 탈 수 있나요?"라고 물어보니 다음 날부터 가능하다고 했다. 예약이 가능한지 문의했더니 유류할증료 이외에 3만 원을 추가로 내면 마일리지를 사용해 항공권 발권을 해줄 수 있다고 해서 5년 만에 해외여행을 갈 수 있는 티켓을 확보했다.

집으로 돌아오는 길에 6년 이상 사용해 저장 공간이 거의 없고 느려터진 휴대폰부터 바꾸기로 결심하고 통신사 대리점에 들렀다. 용량이 512GB로 넉넉하고 듀얼 화면인 최신형으로 구입했다. 오늘이 가장 중요한 날이고 이제 내가 살고 싶은 대로 살아가는 것이 중요하다는 걸 새삼 깨달은 순간이었다.

1인가구라서 여행 떠나는 걸 알리거나 상의할 사람은 없었다. 멀리 있지만 내 건강을 염려하는 누나에게만 알리고 여행을 다녀왔다. 4박 5일 동안 후쿠오카와 나가사키의 곳곳을 많이 걸었다. 원자폭탄 희생자를 추념하는 나가사키평화공원에 갈 때 전차를 이용한 것 외에는 대부분 도보 여행을 했다. 후쿠오카에서는 윤동주 시인이 투옥되어 사망한 옛 후쿠오카 형무소(현재 후쿠오카 구치소)를 방문한 후 근처 카페에서 시인의 시 <자화상>을 필사하기도 했다.

여행을 다녀온 직후 새로운 삶의 시도로 '도보 배송' 일을 시작했다. 처음에는 동네에서만 하다가, 출퇴근 시간대가 아닐 때는 버스나 전철을 이용해서 반경을 넓혔다. 하루 두 건, 많을 때는 네다섯 건을 여행지를 다니듯이 처리했는데, 특히 새로운 장소에 가볼 때가 좋았다. 한 번은 성남에서 서울 한남동의 한 주택으로 배송을 완료하고 보니 근처에 리움미술관이 있어서 무료로 개방한 전시를 운 좋게 볼 수 있었다. 국보급 문화재로 지정된 불상이 여러 점 있어서 놀라웠다. 또 홍대 근처에서 일이 끝났을 때는 그날 번 수익으로 태국 음식을 현지 여행을 간 듯 먹어볼 수 있었다. 도보 배송이 나의 여유 시간을 이용하여 고객의 시간을 아껴주는 '시간 배송'이라는 생각이 들었다. 도보 배송은 10월에 시작해서 다음해 2월까지 했다. 그 이후에는 어머니를 돌봐드려야 해서 더 이상 하지 못했다.

평창 여행을 다녀온 월요일 아침, 옷가지를 세탁하러 빨래방으로 갔다. 빨래방 가는 길의 버스정류장에는 출근하는 사람이 많았다. 여행 철이 끝나 다들 일상으로 돌아온 듯했다. 빨래방에는 30년 만에 갔는데, 세탁과 건조를 거쳐 나온 뽀송뽀송한 옷과 수건을 보니 기분이 저절로 좋아졌다. 1주일 내내 빨랫감을 가지고 출근하다시피 했다. 운동화도 처음 세탁을 맡겼는데 3일 후 포장되어 도착한 걸 보니 새로 산 것 같았다. 빨래방의 세탁기는 용량이 15킬로그램 정도로 커서 얇은 이불도 갖고 갔다. 사용한 타월을 내놓으면 깨끗한 것으로 교체해 주는 호텔 생활을 하는 것 같은 착각에 잠시 빠졌다. 전에는 아파트 단지 내 부부가 운영하는 세탁소를 이용했는데, 몇 년 전 폐업했다. 회사 다닐 때 그 많은 양복과 셔츠를 깔끔하게 처리해주어서 참 고마웠는데... 폐업한다는 연락을 받고 맡겨둔 옷을 찾고 감사의 인사를 드렸었다.

빨래방에 다닌 것이 계기가 돼서 무더운 여름날 옷 정리를 시작했다. 퇴직 후 입지 않는 정장과 옷들을 내다버렸다. '정리'란 말을 다시 내 속에서 끄집어낸 것이다. 정리를 하니 마음의 묵은 찌꺼기까지 씻기는 듯했다. 이제 나는 또 다른 숙제인 '책 정리'를 시작할 것이다. 더 많은 것을 추구하기 전에 가진 것을 정리하고 스스로 돌아보는 시간이 소중함을 깨닫게 해준 이번 평창 여행은 나의 삶에서 또 하나의 전환점이 될 것이다.

여행길에 만난 예쁜 담장

여행 얘기를 하는 김에 얼마 전에 읽은 책에 대해서도 말하고 싶다. 교육심리학 박사이자 코치인 김지영 작가가 쓴 『쉬어 달리기』(파지트, 2025년)라는 책인데 멈춤, 쉼, 변화, 전환같은 단어들이 새롭게 다가오면서 '내가 인생 2막에서 멈추었다 쉬어 가기도 하며 또 다른 전환기를 맞고 있는 건가?' 하는 생각이 들었다. 책을 읽으면서 밑줄을 치고 필사하며 메모를 하기도 했다.

좋은 구절을 나누고 싶은 마음으로 책을 몇 권 구입해 지인들에게 선물했다. 커피숍을 15년째 운영하며 책 쓰기를 시작한 분, 대학에서 소프트웨어를 전공하며 여름방학에도 아르바이트하던 대학생, 간호사로서 일하다가 잠시 내려놓고 새로운 도전을 하는 분, 내가 다니던 직장에서 30년째 근속하는 동료... 퇴직한 이후 인생의 전환기에 도움을 주신 분들에게 직접 갚는 건 쉽지 않았는데, 좋은 책을 나눌 수 있어 기뻤다. 내 몸과 마음이 떠나는 것만 여행인 것은 아니다. 내가 사는 동네 가까운 곳으로 그리운 사람들을 찾아가는 것도 여행, 즉 사람 여행이 아닐까.

네 가지 만남

김한준

"최고의 선은 물과 같다. 물은 다투지 않고, 억지로 무언가를 하려 들지 않으며, 만물을 이롭게 한다. 또한 사람들의 시선이 닿지 않는 낮은 곳에 자신을 두어 겸손함을 보여 준다. 그래서 물은 도에 가까운 존재다."

노자의 『도덕경』 8장 <상선약수> 편에 나오는 말이다. 세상을 물처럼 살아가라고들 한다. 쉬운 것 같지만 행하려면 어려운 일이다. 물은 균형이 있으며, 리듬이 있고, 언제나 그 자리에 있는 듯해도 끊임없이 새로운 변화가 있다. 우리의 삶도 흐르는 강물과 비슷하다. 시간과 함께 쉬지 않고 흘러간다. 대부분은 주변 물살에 같이 휩쓸려 어디로 가는 줄도 모른 채 그저 다른 이들이 향하는 곳으로 덩달아 달려간다. 그러다 어느 순간 문득 '나는 어디에 있고, 어디로 향하는가?'라는 질문의 벽에 마주한다. 이때의 고민과 결정에 따라 삶의 물살은 방향을 틀 수도, 그대로 갈 수도, 심지어 역류를 시도할 수도 있다.

우리의 삶도 끊임없이 새롭게 변화하며 흐르는
강물과 비슷하다.

1인가구로 살아가는 시간의 구간도 강물의 여정처럼 삶의 여행 중에 목적지가 아닌, 지나치며 잠시 들르는 경유지일 것이다. 그곳에 머무는 시간과 사연도 사람마다 다를 것이며 물살의 세기와 깊이도 각양각색이리라. 우리가 지금 지나고 잠시 머무는 물길이 잔잔한 여울목이건 휘몰아치는 급류의 계곡이건 우리는 세상, 다른 이들과 관계하고 섞여 흘러간다.

여기 내가 지나온 물결의 이야기 중에 몇 가지를 적어 보았다. 되돌아보면 아쉬움도 여운도 많이 남는 쑥스러운 여정이지만 이런 소소한 역사와 느낌을 다른 이들과 나누는 것 또한 함께 얽혀 흘러가는 세상과의 소통일 것이라 믿는다.

커피와의 대화

커피 한 잔을 마시면서
너를 생각하는 일 있을까
커피 한 잔을 마시면서
너를 그리워하는 일보다
더 뜨거운 일이 있을까

커피를 마실 때면
나는 늘 이렇게만 생각되나니
너의 삶 어느 아름다운 날에
커피 한 잔이 되어 주는 일보다
더 향기로운 일이 있을까

- 〈커피 한 잔〉, 양광모

'커피나무의 열매를 볶아서 간 가루'. 국어사전에 나온 커피
의 정의다. 이성적이지만 감성은 빠진 설명 같다. 내 나름대
로 다시 정의해 보자면 '아프리카 원산지의 나무 열매로 말리

고 가열하고 추출하는 연금술을 거치면 갖가지 감성과 이야기를 향과 맛으로 들려주는 신비로운 과실'이다. 지인의 소개로 우연히 알게 되어 2024년 6월부터 8월까지 격주로 참여한 성남시 힐링스페이스의 커피 교육은 나를 힐링스페이스와 인연을 맺게 해준 계기가 되었다.

교육은 성남시청 인근에 소재한 '박민준 커피랩'에서 진행되었는데, 그간 접하지 못했던 다양하고 전문적인 커피 관련 교육을 받을 수 있었기에 꽤 열심히 배웠다. 특히, '커핑(커피 시음)' 수업은 8~10가지 정도의 커피 원두에 뜨거운 물을 부어 커피를 추출해서 각각의 향과 맛 질감 등 다양한 특색을 짧은 시간에 시음해 보고 후기를 시트에 적는 수업이었다. 처음 접해 보는 전문적인 교육이라 긴장도 됐지만 오감에 최대한 집중하게 되는 매우 흥미 있는 경험이었다. 커피기계 기술자로 시작해서 바리스타, 로스팅 (생커피콩을 볶아 원두로 만드는 과정)까지 섭렵한 강사님의 커피에 대한 진정성과 열정을 느낄 수 있었다. 커피에 대한 이론 강의와 핸드드립, 머신 추출, 센서리(커피의 향과 맛을 구분하는 훈련) 등 개인별 반복 실습으로 수업 횟수가 거듭될수록 나의 미각과 감성도 조금씩 깨어나는 느낌이었다. 함께 수강한 사람들도 모두 커피에 관심과 열정을 가지고 있던 분들이라 수업 분위기도 진지하고 좋았다.

이 교육에서 자극을 받아서 그 후에도 계속 커피에 관심을 두고 배웠던 것들을 조금씩 연습했고, 2025년 봄에는 한 달간의 교육 수료 후에 커피 국제 자격증인 SCA(Special Coffee Association) 중급과정 자격증도 취득했다. 전문적인 커피 교육을 받은 덕분에 매일 아침 '오늘은 어떤 종류의 원두로 어떻게 내려볼까?' 하는 행복한 고민으로 하루를 시작한다.

커피는 마치 여러 색상의 색연필처럼 그날의 컨디션이나 기분, 날씨 등에 따라 매번 다른 종류의 원두를 골라서 다양한 색으로 풍미를 그리게 해주는 쏠쏠한 즐거움을 주는 친구다. 이역만리 아프리카, 중동, 남미에서 오랜 시간과 여러 사람의 손길과 탈바꿈, 그리고 긴 여정을 거쳐 내 앞에 놓인 커피 원두를 갈아서 내릴 때면 내게 그들의 거쳐온 이야기가 향과 맛으로 전해진다. 우리는 매일 아침 무언의 대화를 나눈다. 원두를 고르고, 분쇄기에 적당한 굵기로 갈아서 드리퍼에 원두 가루를 담는다. 물을 끓이고 추출에 적당한 온도가 될 때까지 기다리며 방금 분쇄한 신선한 원두 가루의 향을 맡아본다. 풍미를 풍성하게 하기 위한 원두 불림을 위해 소량의 물을 붓고 뜸을 들인다. 그다음 두세 번에 나누어 적당량의 물을 부으면서 신맛, 단맛, 쓴맛 순서로 추출되는 커피의 연금술을 시행하면

비로소 내 앞에 한 잔의 작지만, 웅장한 서사시가 펼쳐진다. 아프리카 대륙의 케냐, 에티오피아에서 온 친구들은 레몬, 자몽, 블루베리의 상큼한 향과 산미 있는 맛으로 수줍게 첫인사를 하고, 남미 대륙의 콜롬비아에서 온 친구는 초콜릿과 견과의 고소한 향미로 묵직하고 나지막하게 말을 건넨다. 각자 자신이 살았던 대륙, 고향의 이야기를 전하고, 나무 열매에서 원두가 되기까지의 역사를 말해주며, 시간이 지남에 따라 달라지는 뒷맛으로 내게 다시 만나자며 작별의 아쉬움을 전한다.

커피는 예민한 친구다. 분쇄 굵기, 물의 온도, 물을 붓는 방법과 속도, 그리고 추출 시간에 따라 전혀 다른 풍미를 선사한다. 자신을 소중하고 섬세하게 다뤄달라고 매번 달라지는 맛과 향으로 호소한다. 어쩌다 바쁜 날 커피를 대충 내리면 여지없이 내 기대를 외면하고 밋밋한 맛으로 성의 없는 답을 한다. "다음엔 조금 더 소중하게 진심으로 다뤄 달라"고. 예민한 만큼 인간의 환경파괴와 지구 온난화 영향을 많이 받아 아프리카와 중동의 커피들이 멸종해 가고 있다고 한다. 2019년 국제 학술지에 게재된 한 논문은 야생 커피의 약 60%인 75종이 멸종위기에 놓여있고, 2040년이면 전 세계 커피의 90%를 차지하는 아라비카종과 로부스타종이 대부분 멸종할 것이라는 충격적인 예측을 내놓았다. 조금이라도 소중한 벗, 커피와의 아침 인사를 오랫동안 하고 싶어서, 또 이들에게 해를 입히고 있는 인간으로서 미안한 마음이 들어서 일회용품 대신 텀블러를 쓰고, 자동차를 덜 이용하고, 등산할 때 쓰레기를 줍는다. 나의 진심이 아침마다 나누는 우리의 대화에서 전해지길 바라본다.

커피는 1인가구처럼 독립적이고 수줍어하는 친구다. 한꺼번에 여러 잔을 내리면 절대 한 잔씩 내릴 때의 풍미가 나지 않는다. 그래서 핸드드립 조리법도 1인분 기준에 맞춰져 있고, 최대 2인분까지는 그런대로 본연의 맛과 향을 유지하지만, 그 이상의 양을 한꺼번에 추출하면 자신의 개성을 감추고 씁쓸한 맛을 남기며 낯 가리는 듯이 깊숙이 숨어 버린다. 한 번에 한 잔씩, 홀로 있게 해달라 으름장을 놓는 격이다. 언어에서도 흐름과 움직임을 느끼려면 어느 정도 속도를 내서 읽어야 하듯이 커피를 내릴 때도 일정한 흐름과 속도 조절이 필요하다. 마치 멋진 음악의 박자와 리듬에 맞추어 춤추고 싶어 하는 댄서처럼 커피도 내게 그런 감각 있고 섬세한 파트너가 되어 달라 요구한다.

커피를 내리면서 인생의 진정성도 배운다. 사람이건 일이건 소중하고 진심으로 대하고 행하면 그만큼의 화답을 해준다는 삶의 공식을 여러 나라에서 온 커피 친구들에게서 매일 아침 듣고 되새길 수 있어서, 벗이자 멘토 같은 커피와의 시간이 참 좋다. 이 아름다운 대화의 시간이 오래도록 이어지길 소망한다.

책과의 재회: 읽고, 위기를 극복하다

2020년 1월, 코로나의 공포가 온 세상을 집어삼켰고, 세상이 멈추었다. 무역업을 하던 나에겐 사형선고나 다름없는 상황이 닥친 것이다. 발병자의 모든 동선과 사생활까지 노출되고 사람 간의 교류 자체가 통제되는, 상상도 못 한 암울하고 두려운 1년여를 아무것도 못 하고 지냈다. 그러다가 2021년 1월부터는 모두의 걱정과 만류에도 앞뒤 14일씩 무려 한 달간의 지옥 같은 격리기간을 감수하면서 해외 출장을 강행했다.

그 당시 격리 생활은 지금까지도 내게 트라우마를 남길 정도로, 정신적으로 힘들었다. 하지만 그때의 내게는 코로나보다 일을 못 하고 나의 희망과 미래가 사라져 간다는 두려움이 훨씬 더 컸다. 지금 돌이켜보면 사실 그렇게 나가 다닌다고 해결될 일은 거의 없었다. 그저 막연한 불안감과 무엇이라도 해야 한다는 강박감에 그런 무모한 여정을 강행했던 것 같다. 14세기 중세 유럽에 퍼졌던 페스트 이후 최대 감염병이라는 코로나 앞에서는 그 누구도 예측도 조언도 할 수가 없었다. 나는 누구에게도 해법을, 나아갈 길을 물을 수가 없었다.

초조함에 묻혀 지내던 어느 날 답답한 마음에 책을 뒤적이다 "한 시간의 독서로 떨쳐낼 수 없는 불안감은 없다."라고 한 몽테스키외의 문장을 읽고 나서부터는 불안감을 다스리는 방법으로 책을 읽기 시작했고, 아무도 겪어보지 못하고 답을 못 주는 코로나 위기를 극복하는 방법을 책에서 묻고 찾기 시작했다. 그동안 나름대로 책을 읽는다고 생각했지만 사실 재테크나 업무에 도움이 되는 실용 서적 위주의 얕은 읽기에 치우친 인스턴트식 독서를 하고 있었음을 깨닫게 되었다.

내가 찾는 답은 그런 책이 아니라 인류의 일등급 저서인 클래식, 고전에 있었다. 고전 서가에 꽂혀 있던 책 중 우연히 눈에 띈 니코스 카잔차키스의 『그리스인 조르바』, 헤르만 헤세의 『싯다르타』를 읽으면서 답답했던 내 머릿속을 관통하는 무언가를 느낄 수 있었다. 수십 년 동안 책을 읽어왔지만 나는 그때서야 책과의 의미 있는 재회를 하게 된 것이다. 그렇게 한 권씩 시대의 지성들이 후대에 울부짖는 글들을 읽어 가기 시작했다. 처음에는 어렵고 생각할 부분이 많아 느린 속도로 읽어 나갔지만, 어느새 마음과 머릿속에 가득했던 불안과 초조함, 걱정들이 조금씩 사라지기 시작했다.

그렇게 내가 좌지우지할 수 없는 일보다는 할 수 있고 바꿀 수 있는 일을 찾아보기 시작했고 조금씩 다른 길이 보이기 시작했다. 10년간 매달 모임을 하던 독서와 공부 모임에서도 온라인이기는 했지만, 머리를 맞대고 같이 고민하니 여러 대안이 나왔다. 머릿속이 복잡할 때는 시도 자주 읽는다. "시는 가장 좋은 말을 가장 좋은 순서로 나열한 것이다."[13]라는 말이 있듯이 좋은 글을 읽으면 좋은 생각이 차오르고 함축되고 절제된 시 속의 단어에서 내 생각도 정제되고 압축되어 읽는 동안 기분이 좋아지고, 문제 해결의 아이디어도 떠오르곤 한다.

읽고, 사유하고, 실행하는 과정을 거치며 내가 할 수 있는 것에, 같은 고민을 하던 사람들과 함께 생각하고 집중을 하면서 나는 조금씩 일을 못 함으로 인해 생긴 심적, 물질적 손해와 좌절감을 극복해 갈 수 있었다. 읽고, 필사하고, 다시 곱씹으며 성찰하면서 그토록 매달려 고심해도 해결되지 않던 문제의 실마리와 세상 속 의식의 흐름이 보이기 시작했다. 애초부터 모든 원인은 나에게 있었다는 사실을 그때서야 알게 되었다.

'책을 읽는다는 것은 인류의 가장 찬란했던 시간을 골라 여행하는 방법이며, 읽는 사람은 한계를 넘어 어디든 갈 수 있

---

13) 『생각의 도약』, 도야마 시케히코, 전경아 옮김, 페이지2북스(2025), 59쪽

다.' — 내가 읽은 여러 책 속의 독서에 대한 말들을 머릿속에서 편집한 '읽는다'라는 것의 의미이다.

어느 정도 읽다 보니 마음속에서 무언가를 쓰고 싶은 욕구도 조금씩 생기기 시작했다. 며칠에 한 번씩 짧은 일기를 쓰거나 책 속의 좋은 문장을 필사하면서 언젠가는 내 생각을 기록하고 싶다고 생각하던 차에 2025년 2월 성남시 힐링스페이스에서 메모와 글쓰기 강의를 듣게 되었다.

강사님은 "글쓰기란 부담 없이 아무 때고 어디에서나 시작할 수 있고 일상의 메모들도 글쓰기의 좋은 주제가 될 수 있다."라고 하셨고, 실제로 본인도 직장에 다니던 평범한 일상에서 책 쓰기 수업을 들으며 작가 생활을 시작하셨다고 했다. 그런 경로를 통해 책도 여러 권 내고, 출판사까지 운영하게 되었다는 이야기에 나도 읽고, 기록하는 연습을 통해 작가라는 경험해 보지 못한 미지와 설렘의 세상으로 나아갈 수 있겠다는 희망을 품게 되었다. 쓰기의 원천인 다양한 관점과 경험을 위해 더 열심히 책을 읽게 되었고, 도서관 등에서 보다 집중적으로 글쓰기 강좌를 듣고 동아리에도 가입해 활동하고 있다.

내가 살아오고 경험했던 시간을 돌아보니 내게도 세상 사람들이 흥미 있게 읽어줄 것 같은 이야깃거리가 꽤 있는 것 같아서 요즘엔 예전에 여행에서 찍은 사진과 배웠던 악기나 운동들, 그리고 간간이 남겼던 짧은 기록들도 차근히 다시 훑어보면서 나의 이야기 소재를 즐겁게 찾는 중이다. 읽고, 사유하고, 쓰는 과정에서 나의 내면은 성장할 것이고, 수년 전 탈출구가 없을 것 같은 상황에서 길을 찾았듯이 내 앞날과 공존하는 세상을 향해 하나씩 받침돌을 깔면서 앞으로 나아갈 수 있으리라 믿는다.

바다의 속삭임

여행을 좋아한다. 아니, '좋아했었다.'가 맞을 것 같다. 코로나 팬데믹 이후엔 여행 빈도가 없다시피 줄어들었으니 말이다. 내 해외여행의 시작은 중국과의 수교 직후인 1990년대 중반 무렵으로 거슬러 올라간다. 당시 중국은 공산혁명 후 한국인과 외국인에 대한 완전한 개방이 처음이라 외국인 여행에 대해 규제가 무척 심했다. 외국인 전용 호텔과 교통편을 이용해야 했고, 박물관이나 관광지 등의 입장료도 현지인보다 몇 배씩 비싼 값을 치러야 했다. 물론 현지인들처럼 오랜 시간 동안 줄을 서지 않아도 됐지만 당시 넉넉지 않은 학생이었기에 최대한 부담을 줄이는 방법을 찾아다녔다. 궁하면 통한다 했던가. 현지 대학생의 도움으로 학생증을 빌려 3주간의 중국여행을 하는 동안 표준어 못하는 현지 학생 대우와 할인을 받으면서 좌충우돌 다녔던 추억이 새록새록 떠오른다.

그렇게 중국을 시작으로 비교적 가까운 동남아시아 여러 나라, 일본, 호주, 스리랑카를 거쳐 러시아, 이탈리아 등 유럽까지 나의 여행길은 확장되었다. 대부분 혼자 배낭여행으로 다녔고, 혼자였기에 불편함보다는 홀로여서 가능했던 여러 인연과 경험들로 넓은 세상을 알아가는 좋은 기회가 됐다. 당시는 해외여행 자유화 초기라 변변한 안내서조차 없었기에 배낭여행자들의 성서라 불렸던 론리플래닛 영문판 안내서와 현지 숙소에서 정보교환으로 여정을 이어갔던 아날로그 시절이다.

그중 동남아 여행은 내게 스쿠버다이빙이라는 새로운 세계를 알게 해 주었다. 싱가포르에서 시작해서 위로 말레이시아, 태국을 거쳐 캄보디아, 베트남, 인도네시아까지 이어지는 여정을 두 번에 나누어서 했다. 태국을 여행할 때 우연히 들렀던 '코 팡한'이라는 섬에서 당시에는 흔치 않던 한국인 강사분을 만나서 스쿠버다이빙을 배우게 되었는데 3~4일의 짧은 기간이었지만 바닷속 세계의 매력에 빠지게 되었다. 그렇게 나는 바다와 만나게 되었다.

바닷속은 어머니 품속처럼 편안하고
무언의 속삭임을 전해준다.

바닷속에 들어가면 우선 고요하다. 수면 위의 소음은 5미터만 내려가도 들리지 않고 10미터, 20미터 깊이로 내려가면 햇빛도 점차 옅어지다 없어지고 모든 해수면 위의 소리도 사라져서 오직 나의 호흡소리와 바닷속에서 나는 미묘한 해저의 소리만 들려온다. 처음엔 각양각색 물고기들과 거북이, 예쁜 색 산호를 보는 것이 재미지만 점차 수심이 깊어질수록 바닷속 다른 생명체가 아닌 나를 보게 된다.

어머니 양수 속이 그런 느낌이었을까? 편안하고 고요하고 평화롭다. 온전히 나의 호흡과 작은 몸짓에 집중할 수 있고 내면과의 소통도 가능해지는 그 기분. 마치 고요한 방에서 깊은 명상에 빠져드는 그런 느낌이 든다. 깊은 바닷속에도 파도가, 조류가 넘실거린다. 대양을 건너온 물살의 흐름이 내게 말을 건다. "당신은 어디로 가고 있나요?" 나는 바닷속의 매력에,

그 온전한 고요함과 평화로움에 빠져들었다.

　깊은 감동도 현실 앞에서는 맥을 못 춘다고 했던가. 큰 감명을 받은 스쿠버다이빙이었지만 한국으로 복귀해서는 다시 까맣게 잊고 현실의 수레바퀴 위에서 덜컹거리며 살았다. 바닷속은 내 마음 깊은 한편에 묻어둔 채.

　많은 시간이 흐르고 코로나 팬데믹이 막 휩쓸고 지나간 2023년, 나는 마음속 추억의 서랍을 헤집어 홀로 필리핀 세부로 떠났다. 목표는 스킨스쿠버다이빙 어드밴스드 등급 자격증 취득이었다. 그 계기가 된 것은 출장길에 필리핀과 캄보디아를 오가는 비행기에서, 또 호텔에서 멀리 보이던 에메랄드빛 바다가, 오래전 내게 속삭이던 파도가 다시 말을 건 것이었다.

　"난 오대양 육대주를 돌면서 세상과 이야기하며 여행했어요. 그동안 당신은 어디로 향하고 있었나요?" 그 대답을 찾으려고 바닷속으로 이전보다 더 깊이 들어갔고, 더 깊은 내면과도 조우했다. 고요함 속에서 나는 분명히 들었다. "지금처럼 계속 발길질하고 숨을 쉬며 나아가라."라는 목소리를. 나는 계속 삶 속에서 나아갈 것이고, 계속 바다를 찾아갈 것이다. 그리고 파도 소리에, 내 영혼의 소리에 귀 기울일 것이다.

나와의 만남

"오, 나의 영혼이여, 불멸의 삶을 꿈꾸지 말고, 가능의 영역을 남김없이 소진하라." – 핀다로스,『퓌틱 경기의 세 번째 축가』[14]

나는 누구이며 어떤 사람인가? 나는 무엇을 원하며, 세상에서 나의 가치와 쓸모는 무엇인가? 어른이 되고 나서부터 내가 계속 답을 찾고 있는 질문이고, 해답에 다가가기 위해 가능한 한 다양한 경험을 해오면서 살아온 것이 지금까지의 내 삶이라 할 수 있다. 수십 년을 살아오고도 스스로가 어떤 사람인지 모르다니, 한심하다고 생각하는 이도 있을 것이다. 하지만 나는 그렇다. 내가 지금껏 알아낸 나는 '세상사에 관심이 많지만 한 가지를 진득하게 파고들지 못하고 아직도 삶의 뿌리를 찾지 못해 정착하지 못하고 있는 여행자' 정도로 말할 수 있겠다.

대부분의 사람들이 그렇듯이 나도 바쁘게 돌아가는 세상과 얽혀 살아가는 동안 내내 잊고 지내다가 문득 어느 순간 멈춰

---

14) 『시지프 신화』, 알베르 까뮈, 박언주 옮김, 열린책들(2020), 서문

서서 묻어둔 질문을 꺼내어 골똘히 생각하는 과정을 수없이 반복하며 살아왔다. 수학 문제의 풀이법이 여러 가지듯이 삶의 철학이나 문제도 역시 다양한 방식으로 자기만의 해를 구할 수 있을 것이다. 나의 경우는 20, 30대 때는 주로 혼자 여행을 하면서 내면과의 대화를 시도했고, 40대 이후로는 취미활동과 각종 모임 참석 등을 통해 여러 가지 경험과 사람들을 접하면서 그 안에서 나를 찾아가는 여정도 함께 해왔다. 많은 것을 접해보면 그중에 내 안을 파고들어 설레게 하고 온통 집중하게 하는 그런 일이나 사람을 만나게 되지 않을까 하는 생각이었다. 그래서 다른 사람들에겐 내가 많은 취미활동과 세상 경험을 해온 것처럼 보이지만 실상은 계속된 방황과 선택 장애의 연속이었다. 보통의 사람들처럼 세상의 일반화된 시간의 틀에 따라서 학교를 졸업하고, 취업을 하고, 적당한 때에 결혼과 육아를 하면서 평범하지만, 적절한 타협과 소소한 행복을 추구하며 살아가지 못하는 자발적 방랑자인 것이다.

'내 안의 나는 누가 어떻게 깨울 수 있는가?'라는 질문의 답을 찾기 위해 독서와 더불어 내가 선택했던 경험을 나누고자 한다. 바로 춤과 명상이다. 이 둘은 동적과 정적, 외적과 내적으로 상반된 듯하지만 모두 나의 깊은 내면의 뿌리와 이어져 나를 찾아가는 길의 좋은 안내자 역할을 하고 있다.

언젠가 기타를 배우면서 라틴음악에 관심을 두게 되었고, 다양한 경험을 해본다는 핑계로 라틴 댄스를 1년여 동안 배운 적이 있다. 살면서 내가 '춤'이란 걸 배울 거라고는 상상해 본 적이 없었다. 하지만 "내 힘으로 할 수 없는 일에 도전하지 않으면, 내 힘으로 갈 수 없는 곳에 이를 수 없다. 나를 넘어서야 이곳을 떠나고, 나를 이겨내야 그곳에 이른다."라는 백범 김구 선생 말씀처럼 내가 시도하지 못했던 영역에 도전해 보고 싶었다. 처음엔 집과 가까운 분당에서 배우다가 조금 더 많은 수업이 있고 사람들이 모이는 강남으로 옮겨서 배웠다. 다양한 나이와 직업군의 사람들이 일상의 시름을 잠시 잊고 4분의 4박자 리듬에 몸을 맡기는 모습과 라틴음악 특유의 강약 박자는 내 심장도 같은 리듬으로 뛰게 했다.

신에게 문제해결을 갈구하고 해답을 구하는 제사 의식에서 비롯된 인간의 몸짓인 '춤'은 인류의 언어와 미술보다도 앞서 행해진 본능과 감정에 충실한 가장 원초적인 예술 형태이다. 춤에 철저히 빠져들면, 어느 순간 달리기의 '러너스 하이'나 명상에서 말하는 '물아일체'의 단계를 경험한다고 한다. 모든 것이 사라지고 '나'만이 남는 순간, 오롯이 나와 호흡에만 집중하면서 인간이 다다를 수 있는 집중력의 극치에 다다르고 거기서 내 궁극의 실체를 볼 수 있다고 한다. 결국 고대도 현대도 춤은 삼라만상에 대한 인간의 감정 표현과 절대자에 대한 물음과 지혜로운 답에 대한 갈망의 몸짓이고, 답이 정해지지 않은 해답을 찾아 방황하던 내게 그 춤이 강한 울림을 준 것은 어쩌면 당연한 일이었다. 춤이라는 시도해 보지 않았던 매개를 통해 내가 찾던 답을 구하고자 열중했던 것이다. 1년 여 동안의 라틴 댄스 탐구는 내게 정답을 주지는 못했지만, 삶에 새로운 활력을 주었고 나와 같은 부류의 항로를 찾아 떠도는 사람들을 만나게 되었기에 나를 찾아가는 긴 여정 중에 반가운 오아시스 같은 충분한 역할을 했다.

라틴 댄스 다음으로 나를 찾고자 하는 도구로 삼았던 것은 명상이다. 사회생활 초기에 우연한 계기로 명상 호흡을 배운 적이 있다. 나이가 젊고 건강해서였는지, 시작하고 몇 개월 만에 눈이 좋아지고 아침에 일어나면 몸도 가볍고 심신의 건강이 모두 좋아졌다. 너무 좋은 효과에 이건 평생 같이할 수 있는 몸과 마음의 수련이라 생각하고 계속해 나갈 작정이었는데 해외 근무로 1년여 만에 그만두게 되었다. 그렇게 잊고 살았지만, 명상 전에 하는 스트레칭은 아침에 몸을 깨우고 유연성을 늘리는 데 도움이 되어 거의 날마다 해왔고, 덕분에 또래 남자들보다는 꽤 유연한 몸을 유지해 올 수 있었다. 그렇게 20여 년이 흐른 뒤에 다시 우연히 동네에서 명상 수업과 만나게 되었고, 지금까지 2년 가까이 새벽 명상을 하고 있다.

예전과 달라진 점은 나이가 들고, 세상사에 시달리며 잡념이 많아지면서 호흡과 명상에 집중이 잘 안 되고 명상 동작을 할 때도 힘이 든다는 것이다.

새벽에 명상을 통해 세상살이의 번뇌에서 잠시 벗어나 온전히 나의 내면과 만나는 시간은 일상에서 좀처럼 내기 힘든 자신과의 대면의 순간이다. "인간은 잠에 빠졌을 때 자기의 가장 깊은 내면에 몰입할 수 있고, 아트만(영혼, 자아) 속에서 살 수 있다."[15]라는 말처럼 깊은 명상에 빠지면 마치 석가모니가 보리수나무 아래서 잠을 자듯 지긋이 눈을 내리감고 진리를 사유하며 반쯤 자는 상태가 된다. 깊은 명상에 들어 욕심이 없어지고 자비의 공간이 있는 비어 있는 상태를 만들어야 비로소 그 공간에 나를 채울 수 있다고 한다. 결국 모든 것은 나로부터 시작되고 문제의 해결법도 나를 다스리는 일로 귀결이 된다. 모두 알고 있는 단순한 사실이지만 우리는 내 탓보다는 다른 이의 탓을 하면서 조금이라도 위안을 받으려고 한다. 그래서 살면서 생긴 문제들이 풀리고 사라지는 것이 아니라 점점 마음속 방에 높이 쌓여가면서 평안한 삶을 막아서는 것이다. 나의 내면으로 채워야 할 소중한 공간에 근심과 화가 꽉 차버리면 더 이상 나를 생각하고 찾을 수 있는 공간이 없게

---

15) 『싯다르타』, 헤르만 헤세, 박병덕 옮김, 민음사(2025), 19쪽

된다. 가장 본질인 내가 아니라 나 이외의 것, 세상 사람들이 좋다는 것을 무작정 같이 쫓다 보면 정작 소중한 '나'를 잃고 살아갈 수밖에 없다. 한참 나이가 들어서야 되돌아보고, 지나간 시간에 미련을 갖고 안타까운 마음으로 삶을 마치게 된다. 그래서 우리가 할 수 있는 건 매일, 매 순간을 생의 마지막 순간에 미련과 아쉬움이 덜 하도록 나를 충만하게 채우는 일일 것이고, 그렇게 하기 위해 계속 스스로에게 묻고 답을 구하며 살아가야 한다. 나에겐 명상이 그 답을 구하는 평온한 방법이 되어주고 있다.

고대와 근대의 인간을 나누는 철학의 핵심은 '생각한다. 고로 존재한다.'라는 데카르트적 사고의 유무라고 한다. 삶 속에서 끊임없이 '왜'라는 질문을 던지며 살아가지 않는다면 삶의 이정표 없이 내가 무엇을 위해 어디로 가고 싶은지, 존재 이유도 모른 채 그저 다른 이들의 뒷모습을 따라 걷다가 끝나는 수동적인 여정을 하게 되는 게 아닐까? 지식은 우리가 학습을 통해서 배울 수 있지만 지혜는 각자가 찾아야 하는 영역인 것이다. 그 과정을 통해 'Amor Fati(운명애)'라는 말처럼 운명과 삶을 사랑하는 길에 이를 수 있을 것이다. 내가 어디서 와서 왜, 어디로 가고 있는가에 대한 질문이 나를 진정한 충만과 희망으로 인도하는 나침반이 되어주리라 믿기에 바쁜 일상 속에서도 가끔씩 잠시 멈추고 눈을 감고 같은 질문을 반복해 본다.

* * * * *

누구나 어느 정도 삶을 겪으면 한두 가지씩 자기만의 '삶의 꿀팁' 같은 지혜가 생길 것이다. 내가 살아오면서 터득한 삶의 지혜 중에 '커피 신공'이라고 이름 지은 나만의 비법이 있다. 사실 의도하고 시작한 행동은 아니지만 살면서 점점 더 그 효과를 느끼는 중인데 예를 드는 것이 이해가 빠를 것이다.

휴대전화나 전자제품, 자동차 등이 망가져서 서비스센터에 방문할 때 나는 커피를 한잔 사 간다. 보통은 조금 대기하다 담당 수리기사가 배정되어 상담하고 나서 수리하는 절차로 진행이 된다. 누군지 모를 내 고충을 해결해 줄 사람과 만나는 첫 순간에 사 온 커피를 가벼운 인사와 함께 내민다. 대부분은 자못 놀라면서 "아이고 뭘 이런 걸 주셔요, 고맙습니다. 고객님, 무엇을 도와드릴까요?"라고 대꾸한다. 하루 종일 고객들의 불만과 푸념만 들으면서 일하는 그분들에게는 작은 감동이요, 또 그만큼의 부담인가 보다. 많은 경우, 좀 더 친절한 태도로 대해주고, 서비스로 다른 점검을 해준다거나 하는 커피 신공의 효과가 나타난다. 심지어 한 번 더 방문이라도 할 때 면 "아, 커피 주신 고객님!" 하고 알아봐 주기도 한다. 물론 이 런 의중으로 커피를 사 가는 건 아니다.

어느 더운 날 고장 난 냉장고 때문에 짜증이 잔뜩 나서 수 리를 신청하니 나이 지긋한 수리기사님이 방문하셨다. 그 무 거운 냉장고를 꺼내서 이리저리 뜯어보고 수리하고 테스트 하고 땀을 뻘뻘 흘리면서 조립하고 하는 과정을 지켜보면서 내가 냈던 짜증이 죄송해졌다. 나는 조용히 내가 마시려고 미 리 만들어둔 커피에 얼음을 한가득 넣어서 수리기사님께 권 했다. 단숨에 몇 모금을 드시고 나더니 "이렇게 맛있는 커피 는 처음 먹어 보네요. 피로가 싹 가십니다!" 하고 감사하다며 허허 웃으시는 모습에 나도 덩달아 기분이 좋아졌다. '아, 이 런 커피 한 잔으로도 누군가에게 작은 감사와 친절을 전할 수 있는 거구나.'

그때부터 나는 '커피 신공'을 가능한 많이 발휘하며 살고 있 다. 업무차 방문하는 거래처에서도 그 효과는 여실히 드러난 다. 커피는 되도록 내가 맛있게 먹었던 기성 제품이나 평이 좋 은 카페에서 사 간다. 그리고 커피 원두에 대한 간단한 설명도 곁들여 주면, 별거 아닌 검은색 음료 한두 잔에 나는 껄끄러운 거래처가 아닌 환영받는 손님이 된다. 해외 출장이나 여행을 갈 때는 커피 대신 문구점에서 파는 예쁜 연필이나 전통문양

책갈피 같은 작은 소품을 사서 다니며 만나는 현지인들과 아이들에게 하나씩 나눠준다. 이 역시 '커피 신공'과 같은 효과를 발휘하여 생소한 타국에서도 환대받는 이방인이 되게 해준다. 주는 사람도 받는 사람도 기분 좋게 하고 절대로 부작용이 없는 이 마법의 신공이 업무에서, 관계에서, 나의 삶 속에서 서로가 한 번씩이라도 더 웃음을 짓는 인사를 하게 만들어 주고 있기에 기쁘게 계속해 나가고 있다.

"언어는 우리를 잇는 실이고, 그 실을 통해 생명의 빛과 전류가 흐른다."는 한강 작가의 말처럼 우리는 살아가면서 끊임없이 우리의 말과 행동을 통해 실을 만들어 내고 있다. 그 실이 누군가에게 닿아 전류가 흐르면 그 사이에 인연의 빛이 켜지고 그렇게 맺어진 두 가닥의 실은 또 다른 닿음과 연결을 향해 뻗어 간다. '나는 과연 어떤 색과 느낌의 실을 만들어 낼 것인가?'를 생각하며 내가 세상에 낼 수 있는 빛과 연결을 이어 나가고 싶다. 결국 우리에게 필요한 빛은 사랑, 그 따스하고 다정한 마음이 아니던가.

1인가구를 위한 삶의 변주

이보영

음악은 우리의 일상생활을 보다 즐겁고 윤택하게 만들어 준다. 기분이 좋을 때면 콧노래를 부르거나 휘파람을 불기도 한다. 어떻게 보면 인간은 태생부터 울음소리를 시작으로 음에 대한 원초적 본능을 지닌 채, 일상생활 깊숙이 진화해 온 건 아닐까?

나는 음악을 참 좋아한다. 20대 젊은 시절에는 세종문화회관의 '정기 레코드 음악 감상회' 프로그램에 매주 토요일마다 다니기도 했다. 그러한 경험이 영상 업에서 큰 자산으로 쓰이면서 지금까지의 삶 속에 자연스레 녹아 들었다. 곰곰이 생각해 보면 음악은 지금껏 나를 지탱해 주고 생활 속에서 작은 행복을 찾는 데 큰 힘이 되어준 건 분명하다.

요즘 TV를 보면 1인가구 이야기가 하루가 멀다 하고 뉴스는 물론 예능프로그램에까지 등장하며 사회적 이슈로 자리하고 있다. 1인가구라는 단어가 갖는 가장 큰 키워드는 뭘까? 단연 외로움으로 좁혀질 것 같다. 세 가구 중 한 가구가 1인가구란 점이 말해주듯 많은 사람들이 외로움의 그늘 속에 지내면서 우울증 또한 급증하고 있다는 뉴스를 심심찮게 접할 때마다 남 일 아니라는 생각이 엄습해 왔다. 이럴수록 나는 손쉽게 접할 수 있는 음악에 더욱 관심을 집중시켜 왔다. 그래서일까? 일시적인 가벼운 우울감이 있었을 뿐 별다른 치료 한번 받지 않고 잘 지내왔다. 하지만 나이가 점점 들면서 음악의 수동적인 취미만으로는 1인가구의 생활을 근본적으로 치유할 수 없다는 것을 깨닫고 있다.

1인가구의 원인은 결혼 후 이혼이나 사별을 했든가 아예 미혼이든가 두 가지로 갈려진다. 나는 후자에 해당한다. 한창 젊었을 때는 일이 좋아 일에 미쳤던 이유로 결혼할 시기를 놓친 채, 어어 하다 보니 어느새 60대 중반을 바라보며 혼자의 삶을 살고 있다. 젊은 시절 활발하게 사회생활을 할 때와는 달리 60대 중반을 바라보는 긴 세월 동안 홀로 사는 데 익숙한 탓에 말수가 적어지고 대인 관계에서도 점점 소극적으로 변하고 있는 것을 최근 들어 부쩍 느끼고 있다. 이대로 나 자신을 방치해도 되는 걸까? 지금껏 내 삶을 관통했던 음악도 그

때그때뿐, 근본적 대책은 되지 못한다. 그러면 어떤 변화가 필요할까? 하루하루 단조롭게 반복되는 혼자만의 생활 패턴을 어떤 변주로 연주해야 또 다른 행복과 즐거움을 찾을 수 있을까? 많은 고민이 되던 차에 '성남시 1인가구 힐링 스페이스'가 내게로 왔다.

집밥에 대한 자신감

2023년 봄으로 기억된다. 매달 발행되는 성남시 시정 소식지를 읽던 중, 점점 늘어나는 1인가구를 위한 정책으로 힐링 스페이스가 7월 중 개소식과 함께 업무를 시작한다는 내용의 기사를 접하게 되었다. 귀가 솔깃하지 않을 수 없었다. 긴 세월 동안 혼자 사는 삶 속에 매몰되어 상대적으로 점점 소심해지는 데서 벗어나 함께 어울리는 관계로 삶의 질을 높일 수 있다는 생각에 바로 전화를 걸었다. 담당자로부터 정책 취지와 운영 계획, 일정 등 자세한 설명을 듣고 사전 회원가입을 했다.

7월 중순, 성남시 힐링스페이스 개소와 함께 초창기 회원으로 정식 등록되어 활동을 시작했다. 힐링스페이스에서는 다양한 프로그램들을 속속 발표했는데, 그중에서도 특히 요리 교실이 가장 인기 있었다. 아무래도 혼자 살다 보면 먹거리가 취약하다 보니 그러지 않았나 생각이 든다. 나도 요리교실에 수강 신청을 했다. 이어 인문학 특강과 동아리 탐색을 위한 원데이 클래스 프로그램에도 참여했다.

그러다 회원들과 함께하는 데는 동아리 활동이 가장 좋을 것 같다는 생각이 들어서 동아리를 직접 만들어 보기로 했다. 당시는 동아리 지원 체계가 자리잡히지 않았고 힐링스페이스의 자체 홈페이지도 개설되지 않은 어려운 여건 속에서 회원들 스스로 동아리 활동 계획을 세워야만 했던 시기이기도 했다. '균형감 있는 일상생활을 통해 삶의 질을 높인다.'는 목표 아래 먹거리, 건강, 문화 등 세 가지 키워드를 아우르는 동아리 활동 계획을 세우고, 담당 직원의 도움으로 성남복지이음 인터넷 게시판에 모집 공고도 올렸다.

잘 먹고, 건강을 잃지 않고, 적절한 문화생활을 즐기며 사는 것이야말로 모든 사람이 바라는 이상적인 삶일 것이다. 하지만 치열하게 살아가는 바쁜 일상 속에서 이 모든 것을 충분히 누리며 사는 사람들은 얼마나 될까? 많은 이들이 한두 가지는 늘 놓치며 사는 게 현실일 것이고, 특히 1인가구의 삶은 더욱 그러할 것이다. 살아가는 데 가장 필수 요건인 먹거리는 말할 것도 없을뿐더러 운동을 통한 건강과 취미 그리고 각종 문화활동까지 챙긴다는 것은 요원한 일이 될 수밖에 없다. 그런 상황에서 함께 어울리는 동아리 활동을 통해서라도 삶의 질을 조금이나마 높일 수 있다면 1인가구의 생활을 보다 슬기롭고 행복하게 이어갈 수 있을 것이라는 생각이 들었다.

세 가지 키워드 중에서 나는 먹거리에 집중할 계획이었다. 회원들 각각 자기만의 요리법을 공유하고, 매월 한두 차례 맛집 투어를 통해 시식 체험을 한 후에 직접 만들어 보며 맛집 메뉴를 재현해 보는 것만으로도 의미가 있을 것 같았다. 내가 이런 생각을 한 건 집밥에 워낙 관심이 많은 데다 자신도 있었기 때문이다.

집밥에 대한 나의 자신감에는 나름대로 이유가 있다. 무엇보다도 학창 시절에 알바로 한식과 일식을 겸한 비교적 규모가 큰 식당 주방에서 2년여간 일한 경험도 있고, 무엇이든 만들기를 좋아하는 성격이라서 먹거리에 관해선 그다지 큰 어려움 없이 살아온 것이다. 지금은 성남지역자활센터의 아동 급식단에서 20여 분과 함께 양질의 도시락을 만들어 급식이 필요한 아동과 청소년들에게 전달하는 일을 하고 있다. 때론 힘들고 고단하지만, 결식 아이들에게 작으나마 도움을 주고 있다는 점에 위안을 삼고 힘을 낸다. 특히 맛있는 도시락과 간식을 감사히 잘 먹고 있다는 답례 편지를 받을 때마다 큰 보람을 느끼고 있다.

또 하나는 집밥을 만들어먹는 습관인데, 나는 잡곡밥을 무척 좋아해서 집에서 밥을 할 땐, 어떤 잡곡이든 꼭 넣는다. 콩나물밥, 곤드레밥, 시래기밥 등 틈틈이 나물밥도 즐겨 먹는다. 최근엔 호두밥이란 나름의 새로운 밥 메뉴를 '개발'했다. 2024년 겨울이었다. 서너 종류의 견과류를 하루치 양으로 소분한 제품을 늘 사 먹다 하루는 구운 호두 1kg짜리 한 봉을 샀다. 여러 매체의 정보를 통해서 견과류가 건강에 좋다는 건 익히 알고 있었는데, 인터넷을 검색해 봤더니 사람의 뇌와 판박이처럼 닮은 호두가 뇌 건강에 특히 좋다는 글들이 즐비했다. 호두를 1kg이나 산 건 그런 이유 때문이었다. 혼자 먹다 보니 양이 금방 줄지 않고 소비기한은 하루하루 줄어드는데 어떻게 해야 빨리 먹을 수 있을지 고민이 되었다. 어느 날 호두가 듬뿍 들어간 빵을 먹고 있을 때였다. 순간 뒤통수를 맞은 듯 번뜩 떠오르는 생각이 있었다. 빵에는 호두가 들어가는데 밥에도 넣으면 어떨까? 어떤 맛이 날까?

몹시 궁금해서 바로 호두밥을 지어보기로 했다. 2~3인분의 쌀을 씻고 호두알 10개를 서리태 콩 크기로 부숴서 넣고 여느 때와 똑같이 밥을 지었다. 40분 후, 밥솥 뚜껑을 여는 순간 고소한 호두향과 함께 윤기가 자르르 흐르는, 보기만 해도 맛있는 밥이 되었다. 아니나 다를까. 고소한 호두알이 씹히는 식감과 찰밥처럼 쫀득쫀득 찰진 맛이 놀라웠다. 내가 식당을 운영

한다면 손님들께 첫선을 보이고 싶을 정도였다.

할 줄 몰라서, 귀찮아서, 바빠서… 이런저런 이유와 넘쳐나는 인스턴트식품이 한 몫을 하면서 요리는 물론 집밥을 멀리하게 된다. 집밥 예찬론자로 잘 알려진 양희경 배우는 에세이집『그냥 밥 먹자는 말이 아니었을지도 몰라』에서 "집밥은 스스로 나를 위하는 일이다. 사부작사부작거리며 집밥을 해 먹기 시작하면 바깥 밥을 안 먹게 되는 날이 온다."고 했다. 나도 전적으로 공감한다. 하다못해 라면을 끓이더라도 스프만 달랑 넣지 않는다. 4~5개 들이 라면을 사면 길게는 한 달씩 갈만큼 인스턴트식품을 잘 먹지 않지만, 가끔 먹을 때마다 무엇이라도 넣고 끓인다. 심지어는 우유, 바나나를 넣고 끓여 먹을 때도 있다. 라면이 다 끓은 후 식힐 겸 우유를 적당히 넣으면 라면 특유의 자극적인 맛을 중화시켜 줘서 부드럽다. 바나나 라면도 우연히 먹게 되었다. 바나나를 사 놓고 먹다 검은 반점이 생길 만큼 너무 푹 익었길래 라면에 넣어 봤다. 바나나 향의 풍미가 너무 좋았다. 바나나를 넣을 때는 통째로 그냥 넣으면 미끌미끌 식감이 안 좋다. 우유를 반 컵 정도 넣고 믹서기에 갈아서 라면이 끓은 후 먹기 직전에 넣어야 향의 풍미가 산다. 바나나는 익을수록 향이 짙다.

요리는 해볼수록 자신감이 생긴다. 처음부터 거창한 레시피에 매달리기보다 평범하고 간단한 식재료라도 한 번 두 번 자꾸 하다 보면 자기만의 맛을 내는 요리법을 알게 되는 재미가 제법 쏠쏠하다. 그게 집밥이다.

굿모닝 나의 루틴

동아리 만들기에 야심 차게 도전했지만, 참여 인원 부족으로 인해 시작도 못 한 채 의욕을 접어야만 했다. 하나의 동아리 안에 먹거리, 건강, 문화 활동이라는 포괄적인 내용을 모두 넣는 데는 무리한 측면이 없지 않았고, 이제 막 출발한 힐링스페이스에 대한 홍보 부족 등 현실적 문제들이 복합적으로 작용한 결과였다.

두 달쯤 지난 후, 이번엔 커피에 진심인 사람들을 찾는 두 번째 도전을 시작했다. 커피는 많은 이들이 즐기는 기호식품이라서 이번만큼은 큰 기대를 안고 동아리 회원 모집 공고를 올렸다.

커피는 감성을 자극하는 음료다. 나 홀로 사색하며 마시든, 함께 담소를 나누며 마시든, 업무에 집중하기 위해 마시든 일상생활 속 깊숙이 자리한 축복의 음료가 되었다. 국가별로 독특한 방식으로 발전하며 다양한 커피 문화가 형성되었다. 철학자 칸트는 "기호품은 상상력을 자극한다."라고 했고,『커피의 역사』를 쓴 하인리히 야코프는 "커피는 각성 효과를 지닌 기호 음료의 제왕이다."라고 말했다. 이렇듯 전 세계가 즐기는 기호음료로서 감성과 각성의 이중성을 지닌 커피는 오랜 역사를 지니고 있다,

지금으로부터 약 1,400년 전 아프리카 에티오피아의 '카파(Kaffa)' 지방에 염소를 치는 '칼디(Kaldi)'라는 소년이 있었다. 여느 때와 같이 염소를 몰고 산기슭으로 나갔던 소년은 문득 염소들이 전과는 달리 언뜻 보면 마치 춤을 추듯이 활기차게 뛰어논다는 것을 느끼게 된다. 배불리 풀이나 나뭇잎을 뜯어 먹고는 졸기도 하던 염소들이 언제부터인가 너무나 생기 넘치는 것이 아닌가. 생각해 보니 지난 며칠 동안 염소들이 밤에도 잠을 잘 안 잤던 것이었다.

생기에 넘쳐 뛰어노는 염소들의 모습에 이상하다 싶어 가만히 살펴보니, 나지막한 나무의 잎과 붉은 열매를 염소들이 부지런히 따먹는 것이었다. 혹시 저것 때문인가 하여 소년도 그 열매를 따 먹어 보았더니 맛도 달콤한 것이 잠시 후에는 자신도 나른함이 없어지고 정신도 맑아지는 것이 그야말로 팔팔해지는 것이 아닌가. 칼디를 알고 있었던 이슬람 승려 한 분이 전과 달리 생기발랄한 칼디에게 그 연유를 묻게 되었다.

이렇게 되어 커피나무 열매는 이슬람 수도원의 원장 승려에게 전해지게 되었다. 원장 승려는 오히려 이를 사악한 열매라고 생각하게 된다. 그러나 잠을 쫓아내고 심신을 맑게 해주는 커피의 작용은 항상 시간에 쫓기고 피곤했던 승려들 사이에서 급속하게 퍼져 나가게 된다. 항상 잠이 부족하고 엄격한 생활을 하였던 승려들에게 커피는 그야말로 은밀한 신의 축복이었다. 인류의 본격적인 커피 음용은 이렇게 시작되었다고 한다.

칼디의 커피 발견설과 같은 비슷한 내용의 여러 가지 설이 각색되어 전해지고 있으나, 일반적으로 칼디 이야기를 커피의 발견설로 가장 신빙성 있게 많이 인용하고 있다.[16]

커피가 생산되지 않는 우리나라가 커피 소비량은 인구 대비 세계 3위라고 한다. 그만큼 우리나라에서 커피문화는 폭발적으로 성장을 해왔다. 매년 가을 코엑스에서 국내 최대 규모의 커피 행사인 서울카페쇼가 열릴 때마다 발 디딜 틈도 없이 인산인해를 이뤄 커피문화의 성장세를 실감케 한다. (서울카페쇼는 카페와 관련된 모든 업종의 제품들이 새롭게 선보이고 해마다 변화되는 커피 트랜드의 흐름도 어느 정도 파악할 수 있는 좋은 기회라서 나도 매년 참관하고 있다.)

---

16) 『완벽한 한 잔의 커피를 위하여』, 이윤호, MJ미디어, 2004년

하나의 라이프 스타일로 성장해 온 커피문화에 맞춰 커피 수요가 증가하고 소비자의 눈높이도 높아짐에 따라 이제는 단순히 즐기는 것을 넘어 '나'에게 맞는 맞춤형 커피를 찾는 경향이 두드러지고 있다. 커피를 집에서 직접 내려 마시는 가구가 늘어나면서 '홈카페'도 또 하나의 문화로 자리하고 있다. 요즘 우리는 넘쳐나는 정보 속에 살고 있기 때문에 어떤 분야든 쉽게 접할 수 있다. 커피를 깊이 있게 알고 싶거나, 창업 등 특별한 목적이 아니라면 굳이 교육기관을 거치지 않더라도 마음만 먹으면 얼마든지 배우고 익힐 수 있다. 홈카페로 즐길 수 있는 커피 또한 마찬가지다. 추출 방법에 따라 기계 또는 기구 선택의 문제만 있을 뿐이다. 가령 핸드드립 커피는 드립용 기구와 원두만 있으면 유튜브 영상을 따라 하며 쉽게 배울 수 있다.

나는 아침 식사 후 커피를 마시는 일이 루틴으로 굳어져 있다. 커피를 마시면 정신이 맑아지고 기분까지 상쾌해진다. 내게 아침 커피타임은 하루의 시작을 위한 일과를 살펴보는 일종의 의식처럼 치러진다. 하지만 나는 특별한 날 이외에는 커피를 하루에 두잔 이상 마시지 않는다. 적당한 각성을 넘어 중독을 피하기 위한 나름의 방법이다. 하루 한두 잔이면 충분하다. 그것도 주로 오전 중에 즐기는 습관을 들였다.

내가 원두커피를 처음 접한 건 20년 가까이 지난 오래전 일이다. 2008년 한여름이었던 걸로 기억한다. 서울 송파에 사는 친구와 함께 종로에 위치한 한국YMCA 전국연맹이 주최한 바리스타 실무 교육과정을 16기로 마쳤다. 당시에는 눈코 뜰 새 없이 바쁜 영상 미디어 업무에서 한발 물러나 틈틈이 프리랜서로 일할 때라서 어느 정도 시간적 여유가 생겨 가능했다. 그 이후 '나이가 들면 카페를 하고 싶다.'는 생각을 늘 하고 있었다. 하지만 아직도 나는 그 일을 이루지 못한 채, 시시각각 변하는 커피문화에 맞춰 그냥 즐기고 있다. 마음먹은 대로 흐르지 않는 게 인생이란 걸 새삼 느끼고 있다.

나는 핸드드립 커피를 즐긴다. 손수 내린 커피가 내 입맛에 맞기 때문이다. 커피머신으로 추출되는 커피는 맛과 향에 있어서 핸드드립 커피와 확연히 다르다는 생각을 개인적으로 갖고 있다. 커피의 품질을 객관적으로 평가하는 큐그레이더 (Q-grader : 커피감별사)처럼 절대 미각을 갖고 있지는 않더라도 여러 번 반복해서 마시다 보면 맛의 차이를 느낄 수 있다. 대륙별, 나라별 그리고 재배 농장별 커피 특성들을 차례차례 체험하며 맛과 향의 깊이를 더해 가는 미각의 세계로 빠져보는 것도 매력적인 일이다.

미국 스페셜티커피협회 회원이자 커피 감별사로 잘 알려진 세계적인 커피 전문가 마네 알베스는 "커피에 관한 지식이 없더라도 커피 맛을 알려면 한 가지 커피를 여러 번 마셔보며 맛의 차이를 느껴본 뒤, 다른 종류의 커피로 관심을 넓혀 가면서 자기가 좋아하는 커피를 찾아내는 것이 필요하다."고 말한다. 커피는 써. 이게 다일까? 쓴맛, 단맛, 신맛이 혼재된 맛의 조화와, 어떤 변수와 조건 속에서 추출되느냐에 따라 달라지는 수많은 맛의 스펙트럼 속에서 자기만의 맛을 찾아가는 재미에 푹 빠져보면 어떨까?

　내가 커피 동아리를 만들어 보려고 한 것은 이처럼 커피를 좋아한다는 점 외에도 그토록 좋아하는 '마법 같은' 커피를 지금껏 혼자 즐기는 시간이 더 많았기 때문이다. 나이가 들면서 이제는 커피를 사람과 사람을 잇는 매개물로 적극 활용해야겠다는 생각이 점점 더 와 닿았다. 커피는 어디까지나 기호음료이다. 믹스커피면 어떻고 원두커피면 어떠랴. 아프리카, 남미, 아시아 커피면 어떻고 아라비카, 로부스타 커피면 어떠랴. 산뜻한 산미를 좋아하든, 묵직한 바디감을 좋아하든 내 입맛에 맞는 맛과 향이면 그만이다. 중요한 건 함께 어울리며 관계를 맺는 일이다.
　많은 이들이 커피를 즐기고 있어 동아리에 대한 기대가 컸는데, 동아리 결성은 계획대로 되지 않았다. 너무 아쉬웠다. 더구나 두 번째 도전이라 더욱 실망이 컸지만, 오래전에 커피 공부를 한 이후 빠르게 변하는 커피문화의 흐름에 맞춰 일상의 작은 행복으로 맘껏 즐기고 있다는 것으로 위안을 삼아야 했다.

탁구, 그 섬세한 매력에 빠지다

2024년 봄, 동네에 전용 국민스포츠센터가 시범 운영을 거쳐 정식 개관한다는 소식을 접하면서 다시 운동을 시작해야겠다는 생각에 몸이 근질근질해졌다. 때마침 힐링스페이스 개소 1주년을 앞두고 동아리 활동에 대한 지원이 이루어지면서 여러 제시형 동아리가 생겨났다. 그중 탁구 동아리에 가입하게 되면서 두 번의 좌절 끝에 마침내 동아리 활동을 시작할 수 있었다.

건강은 아무리 강조해도 지나치지 않다. 노인 인구가 급격히 증가하고 평균 기대 수명도 길어지면서 건강과 관련된 정보가 여러 매체를 통해 지속적으로 보도되고 정부 정책들도 쏟아지고 있다. 그만큼 건강의 중요성이 국가적 과제인 것이다.

나는 까마득한 소싯적에, 그러니까 열아홉 살 때부터 20대 중반까지 아마추어 복싱선수로 활동한 적이 있다. 그렇다 보니 소위 말하는 운동 신경은 기본적으로 지니고 있어 어떤 종목이든 가리지 않고 운동 자체를 즐기고 좋아한다. 하지만 선

수 생활을 그만둔 이후 40대부터 동네 조기축구 클럽에서 활동한 것 이외에는 이렇다 할 운동다운 운동은 하지 못하고 세월이 흘렀다.

2010년쯤으로 기억된다. 친구의 권유로 송파 올림픽스포츠센터 탁구클럽에 가입하게 되었다. 50대로 접어들어서 제대로 운동을 시작하게 된 것이다. 동네도 아닌데 성남에서 서울까지 열정적으로 다닐 만큼 기초 훈련부터 열심히 배웠다. 선수가 아닌 일반인을 대상으로 한 훈련이었지만 일반적인 동네 탁구클럽의 레슨보다 훨씬 더 체계적이었다.

6개월간의 기초 훈련이 끝나고 차례차례 단계별 훈련이 쌓여가다 보니 어느새 3년 차에 접어들었다. 탁구가 내 몸에 딱맞는 종목이란 것을 이때부터 느끼기 시작했다. 공격과 수비의 기술들을 하나 둘 익혀가며 탁구의 매력에 한껏 빠져들다보니 어느 날은, 운동을 마치고 상쾌한 기분으로 집에 돌아가던 버스 안에서 짧은 글을 끄적이기도 했다.

지름 40mm
무게 2.7g
스포츠 공 가운데
가장 작고 가볍다.

탁구의 매력은 공의 회전에 있다

회전 공에 대한 공, 수의 변화가

그 어느 종목보다 다양하고 섬세하다.

공뿐만 아니라

라켓, 테이블까지 작아

빠른 스피드에 의한

순간 판단력과 민첩성이

매우 요구된다.

 이따금 TV 스포츠 중계를 통해 탁구 선수들의 경기를 볼 때, 공이 엄청난 회전으로 돌며 휘어가는 모습을 아주 느린 화면으로 볼 수 있다. 어떻게 공을 회전시켜 공략할 것인가, 그리고 그 공을 어떤 각도로 수비할 것인가 하는 수싸움은 탁구에서 승패가 갈릴 만큼 중요하다. 회전하는 공에 대한 공격과 수비가 70~80%의 비중을 차지한다 해도 과언이 아니다. 이 말을 뒷받침하는 탁구의 규칙이 있는데, 첫 서브를 넣을 때 공은 엔드라인 뒤쪽 탁구대 위쪽에서 정지된 상태로 손바닥에 올려야 하며, 16cm 이상 수직 높이로 띄워야 한다는 것이다. 공을 가리든지 손가락으로 공을 팅기거나 몸쪽으로 던져서 서브를 넣는 행위는 반칙이다. 공을 가리면 제아무리 훌륭한 선수일지라도 어떻게 날아오는지 모르는 공을 순간적으로 받기 힘들뿐더러 너무 쉽게 승패가 결정되기 때문이다. 탁구에 이런 규칙이 있다는 것은 그만큼 회전하는 공이 중요하다는 것을 말해주는 것이다.

올림픽스포츠센터에서의 활동이 5년 차가 될 무렵 이사로 인해 어쩔 수 없이 운동을 잠시 쉴 수밖에 없었다. 그러다 보니 어쩌다 10여 년을 훌쩍 흘려보냈다.

힐링스페이스의 탁구 동아리 첫 모임 날에는 오리엔테이션이 진행되었다. 다양한 분야의 직업과 30대부터 60대까지 연령대가 골고루 배분되어 있어 운동을 통한 사회관계 형성과 친목 도모에 도움이 될 것이라는 확신이 들었다. 탁구 실력은 제각각이었다. 탁구를 처음 해본다는 완전 초보부터 학창 시절에 잠깐 쳐봤다거나 회사 동료들과 자주 탁구장을 다녔다는 분, 심지어 탁구클럽 회원으로 현재 활동하고 있다는 분 등 각양각색이라 모두들 난감해 했다. 나 또한 그동안 걷기와 자전거 운동은 꾸준히 해 왔지만, 탁구는 오랜 공백 탓에 몸이 예전 같지 않고 잔뜩 녹이 슬어 있었다. 예전에 쌓아 놓은 실력을 어느 정도 끌어 올리려면 족히 3개월은 부지런히 몸을 풀어야만 했다.

회원들의 걱정은 기우였다. 모두들 모임 때마다 즐거운 기분으로 운동에 집중했다. 초보인 분들은 기초 레슨을 열심히 받고, 좀 더 연습이 필요한 부분이 있는 분들은 그에 맞는 레슨에 따로 집중하고, 바로 게임에 들어갈 수 있는 분들은 게임에 열중하는 등 각자 즐겁게 운동하는 모습이 정말 보기 좋았다. 그렇게 두 시간 동안 땀을 흠뻑 흘리며 운동을 마친 다음 다 같이 식사할 때면 밥맛은 말할 것도 없고 더없이 즐겁고 행복했다. 한 가지 아쉬운 점은 모임이 2주에 한 번이라는 것이었다. 운동은 꾸준히 해야 효과를 볼 수 있을 텐데 2주에 한 번은 너무 아쉬웠다. 지원 부족 등 여러 가지 제약이 있었겠지만, 운동이란 특성상 최소한 주 1,2회 정도는 필요하다고 생각했다. 그래서 동아리 활동이 끝난 이후에도 주말마다 이웃 지인들과 함께 국민스포츠센터에서 저렴한 이용료로 지금껏 탁구를 즐기고 있다. 전용 스포츠센터이다 보니 시설은 일반 사설 탁구클럽과 비교가 되지 않을 만큼 청결하고 편리하다. 그럼에도 두 시간 이용료가 무려 열 배가 차이 날 만큼 저렴하다. 이 또한 운동을 적극 장려하기 위한 국가 정책 차원으로 생각된다.

탁구는 순간 판단에 의한 집중력과 빠른 움직임으로 체력 소모가 많다. 그런 만큼 두뇌와 몸의 활동성을 위해서라도 연령대에 상관없이 적극 권장하고 싶은 운동이다. 특히 나이가 들수록 더욱 필요하다고 생각된다. 일반 탁구클럽은 물론 노인사회복지관의 탁구장마다 붐비는 이유도 그 때문일 것이다.

사진·캘리그래피와의 만남

힐링스페이스는 2025년 7월로 개소한 지 2주년이 되었다. 전체 등록 회원 수가 1,250명으로 늘어났을 뿐만 아니라 다양한 분야에 걸쳐 모두 25개의 동아리가 생겨나는 등 양적 질적 성장 변화가 있었다. 개소 첫해 두 번의 동아리 활동의 뜻을 이루지 못했을 때는 실망과 좌절이 컸던 것도 사실이다. 비록 동아리가 결성되지는 못했지만, 균형 잡힌 삶을 위해서는 그런 동아리가 필요하다는 생각에는 지금도 변함이 없다.

힐링스페이스 개소 3년 차에 접어들면서 '유형별로 세분화된 수많은 동아리 중에서 내가 선택과 집중을 할 수 있는 동아리를 찾아보자.'는 생각을 했다. 사실 힐링스페이스 개소 첫해부터 내가 갖고 있던 관심 분야는 예술 문화였다. 단순한 수동적 문화 체험에 그치지 않고 직접 작품 활동을 통해 혼자의 삶을 좀 더 뜻깊고 풍요롭게 펼치고 싶었다.

나는 오래전부터 사진에 취미를 갖고 있었다. 중학교 시절 동아리 형태의 사진반이 있어 우연히 참가하게 되면서 처음으로 사진을 알게 되었다. 물론 당시에는 흑백사진이었다. 대학에서 사진학을 전공할 생각을 하고 있었지만, 뜻대로 되지 않아 산업디자인으로 방향을 바꿨다. 졸업 후 남들이 생각하는 좋은 직장에 취업했으나 분위기가 너무 관료적이고 보수적이라 디자이너로서의 꿈을 펼치기엔 맞지 않다고 판단되어 오래도록 몸담을 수는 없었다.

90년대에 들어서면서 영상이라는 화두가 우리 사회 전면에 등장하게 된다. 직장 생활을 하면서 틈틈이 공부하며 준비한 끝에 하고 싶었던 영상으로 전업을 결심하고 첫발을 내딛게 되었다. 영상은 종합예술이다. 사진, 디자인, 음악 모두 직간접으로 연계된 근접 예술 분야로서 자연스럽게 업무에 녹아들었고 영상에 대한 이해의 폭을 더욱 넓힐 수 있는 계기가 되어주었다. 그렇게 하고 싶었던 일을 맘껏 즐기며 15년을 훌쩍 넘겼다.

직업의 후유증이랄까, 촬영과 편집을 오가며 밤낮으로 모니터를 접하게 되면서 눈의 피로가 가중된 탓에 눈이 점점 나빠지기 시작했다. 거기에다 나이까지 들면서 눈이 급격히 나빠져 남들보다 일찍 눈 수술을 하고 영상 일에서 완전히 손을 떼게 되었다. 그동안 영상으로 인해 뒷전에 밀려있던 사진 작품 활동을 다시 시작하고 싶다는 생각을 하게 된 것도 이 무렵이다.

사진은 지극히 주관적이고 개인적인 활동이다. 함께 어울려 작품을 만들 수 있는 동아리 활동에 관심을 갖고 있던 차에

SNS에서 캘리그래피 게시글을 접하면서 사진과 접목해 보고 싶은 마음이 생겼다. '두 개의 장르를 한 작품으로 어떻게 구성할 것인가?'라는 접근이 무척 흥미로웠다. 사진전은 많이 관람했지만, 캘리그래피가 접목된 사진전은 한 번도 본 적이 없었다. 그런 이유로 더욱 의욕이 생겼다. 마침 힐링스페이스에서 캘리그래피 동아리를 모집함에 따라 지체 없이 가입하고 '더 어울림'이라는 동아리도 함께 결성했다.

'더 어울림(The Eoulrim)'은 감성을 기반으로 사진과 짧은 글, 예쁜 글씨가 어우러져 감성을 극대화하는 협업 아트 동아리다. 예술 문화를 지향하는 동질성을 바탕으로 정서 함양과 친목을 도모함과 함께 매년 1~2회 갈고 닦은 작품을 모아 단체 작품 전시회를 여는 것을 목적으로 하고 있다. 동아리명은 '어울림'이란 단어가 딱 맞았지만 여러 기관, 단체, 심지어 아파트 단지 이름에까지 쓰이고 있어 차별화를 위해 '더(The)' 자를 넣었다.

'2026년 가을 첫 단체전시' 목표를 세워 놓고 현재 다섯 명이 캘리그래피 연습에 매진하고 있다. 하지만 앞으로 헤쳐 나갈 어려운 일들이 산적해 있다. 우선 가장 시급한 문제는 인원 부족이다. 특히 사진 부분이 더욱 그렇다. 현재 사진 활동을 하는 사람은 나 혼자뿐이다. 단체전시회로서 작품의 다양성을 위해서는 최소한 세 명 이상은 되어야 한다. 캘리그래피는 카메라 장비가 있어야 하는 사진보다는 인원 확보가 비교적 수월한 편이지만, 작품 전시 때까지 지속적으로 참여할 의지가 있는 인원이 몇 명이 될지 또한 아직 미지수다.

캘리그래피 동아리에서 활동하는 회원들과 앞으로 참여를 희망하는 분들의 이해를 돕기 위해 대표작 형식으로 <희망>이란 제목의 작품을 액자로 제작해서 힐링스페이스 개소 2주년 기념행사 때 첫선을 보였더니 반응이 좋았다. '사진과 캘리그래피의 만남'이란 협업 작업으로 사진과 글이 서로 어울려 감성을 더욱 돋보이도록 표현하고 구성하는 것은 어려웠지만 함께 고민하고 토론하며 만들어 가는 과정은 재미를 한껏 느끼게 했다.

사진·글: 이보영 / 캘리그래피: 박주희

나는 동아리 활동을 하는 한편으로 도심 속 골목골목을 누비며 사진을 찍는 것도 즐기고 있다. 자연을 무척 좋아해서 여행을 떠나면 아름다운 풍경도 빼놓지 않고 사진으로 남기지만, 일상 속 감성을 사진에 담는 데 더 많은 시간을 쏟는다. 프랑스 시인이자 비평가인 샤를 보들레르는 "도시라는 지옥을 한가로이 거닐 듯 떠돌며 관찰하는 외로운 보행자, 즉 도시가 지극히 감각적인 장소라는 사실을 깨달아 가는 방랑자가 카메라를 손에 쥐게 되면 곧 사진작가가 되는 것이다."라고 말했다. 감성을 포착하기 위해 도심 곳곳을 거닐며 저마다의 소소한 일상을 관찰하다 보면 때론 즐거움으로, 때론 기쁨으로, 때론 작은 행복으로 끊임없이 피어오르는 삶의 향기가 진동한다. 그 향기를 찾아 헤매는 방랑자가 될 때마다 나 홀로의 삶도 덩달아 풍요로워짐을 느낀다.

작가의 말

글쓰기도 출판도 처음이었다. 이렇게 힘들 줄 알았더라면 시작하지 않았을지도 모른다.

힐링스페이스는 힘들 때 손을 잡아주고 길을 비춰준 삶의 숨구멍이자 내면의 회복 공간이었다. 새로운 배움을 위해 오래된 휴대폰을 바꾸고 늘어난 외출과 프로그램 참여를 위해 낡은 옷을 벗고 새 옷을 입었다. 센터와의 만남은 작은 변화를 일으켰고 일상이 조금씩 달라지기 시작했다 매일이 새로운 '처음'으로 채워지는 날들이었다.

그러던 중 또 하나의 문이 열렸다. 회원들의 활동과 힐링 사례를 담은 도서 출간 프로젝트 〈우리들의 힐링 스토리〉에 공저로 참여하라는 제안이었다. 글을 써본 적이 없어 망설였지만 시간이 흐르자 글쓰기는 다시 숨을 쉬고 자아를 찾아가는 길이 되었다. 오래 묻혀 있던 감정이 서서히 깨어났고 타인의 기대 속에서 깊어진 공허함은 문장 속에서 비로소 제 목소리를 찾았다.

올여름은 유난히 더웠다. 그러나 하루의 대부분을 힐링스페이스에서 보내며 글에 몰두했다. 익숙하지 않은 도전이었지만, 낮과 밤을 가리지 않고 마음과 시간을 쏟아부은 경험은 벅차고 값졌다. 서툰 문장에 마음을 다 담기엔 부족했지만 그 부족함을 채우려 진심을 더했다. 밤을 지새우며 문장을 붙잡았고, 몸은 지쳤지만 마음은 끝내 멈추지 않았다. 한때 베르나르 뷔페의 뜨거운 열정이 부러웠는데 돌아보니 나 역시 만만치 않았다.

글을 쓰는 시간은 살아온 모든 날들을 뒤집어 엎었다가 다시 세우는 과정이었다. 봄날의 여행이 꽃망울을 터트리듯, 글쓰기는 선택의 길목에서 나를 확인하고 마음결을 다듬는 걸음이 되었다. 바람과 햇살, 물결과 하나가 될 때 어둠 속에 묻혀 있던 삶의 조각들이 하나둘 빛을 되찾았다.

이제야 어른이 되어 깨닫는다. 존재했던 모든 순간이 이미 행복이었음을. 그날이 오늘일까? 하며 버텨온 날들 속에서 흩뿌려진 거름이 노을빛처럼 마음을 물들이며 작은 열매로 익어갔다. 그 열매를 하나씩 음미하며 오늘에 감사했다. 상처는 흔적이 되었고 흔적은 빛이 되었다. 삶은 그렇게 잃음의 끝에서 다시 피어났다.

길 위에서 늘 함께해 준 아버지의 따뜻한 기억과 성실한 삶에 깊이 감사드린다. 사랑과 지지로 곁을 지켜준 가족과 친구들, 내면을 돌아보게 하고 새로운 발걸음을 내딛도록 격려해 주신 상담 선생님들과 인문학 선생님께도 진심으로 감사드린다. 그리고 지도해주신 강사님과 프로젝트에 함께 참여한 회원분들께도 감사드린다.

힐링스페이스에서의 시간은 하루를 새롭게 읽게 해주었고 힘들 때마다 멈춰 있던 심장에 숨결을 불어넣어 다시 나아가게 했다. 상담과 미술관람, 인문학 강의와 공저 출간 등 다양한 경험을 통해 나는 '존중받을 만한 존재'임을 확인했다. 잃어버린 '나'에게 감사와 위로를 건넬 수 있었다.

마지막으로, 이 글을 읽는 모든 분께 감사의 마음을 전한다. 홀로의 시간을 견디며 묵묵히 길을 걷는 당신의 그 마음만으로도 이미 충분히 아름답다. 언젠가 각자의 자리에서 빛을 피워내기를 바라며, 이 글이 작은 숨결처럼 곁에서 조용히 위로가 되기를 진심으로 바란다. 가 온

내가 작가라니! 1인가구 회원들과 함께 책을 내게 되어 참 행복하다. 작가는 한 번은 경험해보고 싶은 세계였다. 특정 주제의 글보다 내가 사는 이야기를 하고 싶었다. 팟캐스트 제작 동아리에 참여한 것을 계기로 책 쓰기 과정에 합류할 수 있었

다. 거슬러가면 캘리그래피를 시작해 건강을 회복하고 전환점을 찾아가고 있다. 강사와의 '1:1 대화' 시간이 없었다면 책 쓰기에 용기를 내지 못했을 것이다. 가벼워진 마음으로 새로운 곳으로 여행을 떠나려고 한다. 가끔 글을 쓰고 싶은 마음이 차오르면 내 안에서 이야기를 발효시켜 글로 쓰게 될 것이다. 강사님과 열 명의 문동(文童) 같은 회원들께 감사의 마음을 전한다. `권태원`

나는 '할 수 있지만 하지 않을 자유'를 소망한다. 그러나 내 삶에서 꼭 해야 할 일, 그리고 중요한 일 앞에서는 언제나 최선을 다할 것이다. 지금껏 최선을 다해 살아왔고, 앞으로도 그렇게 살아갈 것이다. 그런 의미에서 이번 힐링스페이스 책쓰기 수업에 참여한 것은 내게 무척 소중하고 값진 시간이었다. 특히 책쓰기 수업에서 반장을 맡았던 일은 내게 특별한 도전이자 새로운 경험이었다. 사람들 앞에 나서는 것을 잘 하지 못하는 내가 그 역할을 감당했다는 사실만으로도 큰 의미가 있었다. 글을 쓰는 시간은 즐겁고 행복했지만, 모든 것이 계획대로만 흘러가지는 않았다. 그 또한 값진 경험이었다. 생각하고, 쓰고, 퇴고하는 과정을 거치며 내 삶의 흔적을 돌아보고, 현재를 직시하며, 더 밝은 미래를 그려볼 수 있었다. 혼자 살아도 충분히 행복한 삶이다. `김인철`

단풍나무 잎은 어느새 찬란한 붉은빛을 내보이며 가을이 왔음을 알린다. 지난겨울 폭설과 강풍에 꺾인 가지, 봄에 돋아난 새 가지, 여름 폭우에 생긴 생채기... 나무에는 4계절의 흔적이 모두 담겨있다. 나의 지난 계절, 삶의 흔적들을 글로 내보이는 일은 여간 쑥스러운 게 아니었다. 하지만 책을 읽으면서 언젠가부터 쓰고 싶다는 마음이 생겼고, 이번 기회를 빌려 혼자가 아닌 여럿이 같이한다는 안도감으로 초보의 민망한 습작이지만 마칠 수 있었다.

글 속에 '다정함'이 은은하게 묻어나오게 쓰고 싶고, 그런 사람이 되고 싶다. 이번 글 마지막 문장을 맺은 마침표는 내게는 글쓰기의 새로운 시작을 알리는 첫 따옴표이며, 나의 시절 중에 큰 의미를 갖는 느낌표가 되었다. 함께해준 분들과 혹시라도 읽어줄 누군가에게 설레는 감사를 전한다. 김한준

2025년 여름 더위가 보통이 아니었다. 더위를 핑계로 회사 뒷마당과 화단을 돌보지 않았더니 잡초가 무성하다. 간만에 잡초 덤불을 정리하려고 풀을 뒤적이니 풀, 벌레, 흙, 숨어있던 쓰레기까지 뒤섞여 정신 사납기 이를 데 없다. 귀뚜라미, 꼽등이, 거미, 공벌레, 달팽이 등 각종 벌레가 짧게나마 강렬하게 존재감을 드러내고는 순식간에 어디론가 사라진다. 구슬땀을 흘려가며 한참을 정리했더니 마당이 말끔해졌다.

다양한 이들이 함께 모여 출판 과정을 배우고 글쓰기 작업을 했던 시간은 잡초 덤불처럼 내 삶에서 정돈되지 않은 채 구석구석 처박혀 있던 기억, 감정, 메모, 흔적, 자료들을 꺼내어 정리하고 조직하는 과정이었다. 나의 글이 책으로 만들어지는 과정을 겪는 일은 처음이다. 지금까지 기껏해야 일기, 단상, 보고서, 논문 정도의 글을 써본 게 전부였다. 나의 개인적인 경험과 사건, 감정을 글로 표현하기란 여간 어려운 게 아니었지만 뒤섞여 있던 재료들을 정리하고 나니 마치 거울처럼 나를 반영해 주는 것이 글쓰기의 매력이라는 것, 그리고 글에 대한 에너지를 고도로 집중시켜서 결과물을 내놓는 일이 출판이라는 것을 알게 되었다.

글을 쓰면서 그동안 돌보지 않았던 삶의 고단함이나 소중한 존재들을 다시 돌아보는 시간을 가졌다. 혼자 사는 삶을 그리고자 했는데, 결국 누군가에 대한 소중함과 감사함이 담겼다. 글쓰기를 통해 '나'라는 존재는 단독이지만 '삶'이란 결국 관계를 벗어날 수 없다는 것을 다시 한번 깨닫는다. 그리고 제멋대로 쓴 문장을 전문가의 손길로 다듬을 수 있는 배움의 기회를 얻게 된 것도 소중하고 감사하다. **김현주**

글을 쓰는 동안 여러 번 멈추고, 다시 이어 붙였다. 이야기를 꺼낸다고 해서 화재의 기억이 사라진 것은 아니었고, 복숭아를 맛보던 어린 시절의 설렘도, 밥을 함께 나누던 순간의 따스함도 그대로였다. 다만 예전보다 조금 덜 무겁게, 조금 더 담담하게 그 모든 순간들을 바라볼 수 있게 되었다. 나는 표현에 서툴렀고, 많은 것을 잃기도 했지만, 그 안에서 여전히 잊히지 않는 작은 기적 같은 순간들이 있었다. 누군가의 말 한마디, 함께 나눈 식사 한 끼, 사소한 일상의 향기와 맛이 나를 다시 일으켜 세웠다. 이 글은 끝이 아니라, 작은 시작이다. 여기까지의 마음을 잠시 내려놓으며, 언젠가 또 다른 기록으로 나를 만나러 갈 날을 기다린다. **남홍선**

처음 에세이를 쓰기로 했을 때는 그저 여행의 경험을 나누고 싶다는 단순한 바람이었다. 하지만 글을 쓰는 과정은 생각보다 쉽지 않았다. 기억을 되짚고, 감정을 정리하며, 수많은 사진 속 순간들을 꺼내다 보니 고되면서도 뜻깊은 시간이 되었다.

낯선 나라에서 새로운 길을 걸으며 강하게 느낀 건, 오히려 낯선 풍경과 언어 속에서 내 안의 익숙한 감정들이 더 또렷하게 떠오른다는 것이었다. 그 순간들 속에서 나는 내가 누구인지 조금 더 선명하게 인식할 수 있었다.

여행 후 남은 건 스마트폰 속 수천 장의 사진이었다. 어떻게 정리하고 다시 꺼내볼 수 있을까 고민하다가, 사진을 영상으로 엮어보았다. 기술을 통해 이미지를 이어가는 과정은 잊고 있던 여행의 감정과 분위기를 다시 생생히 불러왔고, 결과는 내게 잔잔한 만족과 힐링을 주었다.

이 글은 단순한 여행기가 아니라, 기억을 정리하고 나를 표현해보려는 작은 시도다. 누군가에게도 그런 여정의 출발점이 되기를 바란다. 박래진

왈츠는 쿵짝짝 쿵짝짝 3박자의 경쾌한 춤곡이다. 춤을 춘다는 것은 즐겁고 행복한 일이다. 왈츠 음악을 들을 때면 너 나 할 것 없이 모두가 어깨를 들썩이며 그냥 흥이 난다. 댄스스포츠 사전에서도 "왈츠는 인생의 행복한 순간들을 낭만적인 감정의 세계로 승화하는 매력을 지녔다."라고 표현하고 있다. 이 글을 읽는 모든 1인가구들이 신나는 왈츠의 리듬에 맞춰 내가 좋아하는 것, 내가 하고 싶은 것을 찾아 마음껏 즐기는 풍성하고 활기찬 삶을 가꾸어 가길 바란다. 이보영

누군가에게 나의 이야기를 들려주기보다는, 자신에게 해주고 싶은 말을 '연희'에게 담아 써 내려갔다. 이야기를 만들어 가면서 연희에게 위로를 건넸고, 동시에 그녀에게 위로를 받았다.

글을 쓰는 동안, 나는 불안과 흔들림 속에서도 어떻게든 나

스스로를 지켜내고 있다는 사실을 확인했다. 연희가 겪는 순간들은 곧 나의 경험이었고, 그녀를 다독이는 말은 곧 나에게 건네는 말이기도 했다. 쓰는 과정은 쉽지 않았지만, 그 안에서 나는 내가 살아가는 방식을 조금 더 이해하게 되었다.

결국 삶은 거창한 사건보다는 작은 일상의 연속이라는 것을 다시 느꼈다. 그 사소한 순간들이 나를 일으켜 세우고, 나답게 살아가도록 이끌어 주었다.

이 글은 누군가에게 전하는 위로라기보다는 나 자신을 향한 고백에 가깝다. 하지만 혹시 이 글을 읽는 누군가가 연희의 이야기를 통해 자신만의 빛을 발견한다면, 그것만으로도 충분히 기쁘고 감사하다. **전윤주**

내 차 사기, 내 집 마련하기, 유럽 여행 가기, 책 쓰기. 매년 나의 버킷리스트를 갱신하면서 이 네 가지는 항상 빠지지 않는 목표였다. 그중 책 쓰기는 가장 이루기 어려운 꿈이라고 생각했다. 도서관을 가득 채운 수많은 책들은 신춘문예나 공모전을 통해 등단하거나, 이미 인지도가 있는 유명인들, 혹은 사람의 마음을 사로잡는 뛰어난 필력을 가진 이들의 몫처럼 보였다. 어릴 적 숙제로 제출했던 독후감상문과 백일장 글짓기 이력이 전부였던 내가 언감생심 책이라니. 마음 속에 가득한 자격지심에도 책쓰기가 여전히 나의 버킷리스트에 남아 있는 이유는 순수한 동경 때문이었다. 여기저기 옮겨 다니느라 친구가 없었던 때 책은 나의 세계였고, 더 큰 세상과 소통할 수 있는 창구였다. 멋진 어른을 보면 그 사람이 되고 싶은 것처럼, 나도 언젠가 좋은 책을 써보고 싶다는 소망이 생겨났고 어른이 되어서도 내내 가슴속에 남았다. 밤하늘을 교교히 비추는 달빛이 손에 잡히지 않아도 보는 것만으로도 충분히 아름다운 것처럼, 버킷리스트를 차지하고 있는 '책 쓰기'라는 세 글자는 언젠가 시도해 보리라는 생각만으로도 설렘을 주는 낭만 같은 것이었다.

생애 최초의 책 쓰기 도전은 내 인생의 특별한 경험이었다. 보잘것없는 글이라도 나의 딱딱한 껍질을 부수고 속마음을 드러내는 작업을 반복해야 했다. 마음 속 감정의 덩어리를 날것으로 꺼내놓고 싶은데, 아무리 기를 써도 그 형태대로 나오지 않았다. 고군분투 끝에 문장으로 풀어낸 감정은 찌그러지고 뒤엉키거나, 원래 크기보다 훨씬 작아져 깊이를 잃었다. 역시 작가는 아무나 되는 게 아니라는 통렬한 깨달음과 나는 자질이 없다는 냉정한 자기 평가를 동시에 마주해야 했다. 그럼에도 글쓰는 작업은 나의 영혼을 좀더 깊게 들여다 보고, 주변의 관계를 다시 생각해 보게 하는 계기가 되었다.

운명처럼 다가온 이번 책 쓰기 프로젝트에 함께 할 수 있도록 해주신 모든 분들께 감사드린다. 서툴고 투박한 나의 이야기를 들어주는 모든 이들에게도 고마운 마음을 전한다. 그저 꿈으로만 간직했던 책 쓰기라는 목표가 이렇게 현실이 될 줄은 몰랐다. 마음에 품고만 있어도 이런 기회가 찾아온다는 사실이 놀라웠다. 책 쓰기 프로젝트가 끝난 지금, 나는 또다시 딱딱한 껍질을 쓰고 본업으로 돌아가겠지만, 이제는 현실주의에서 조금 벗어나 낭만을 가져도 될 것 같다는 생각이 든다. 글을 쓰면서 나를 찾아가는 과정이 좋았고, 특히 가족들에게 감사한 마음을 가지게 되어 매일이 행복했다. 이 모든 경험에 진심으로 감사한다. 최윤정

나의 글쓰기에 많은 영감을 준 힐링스페이스 글쓰기 회원님들의 감성적인 글, 모임마다 준비해준 작은 다과, 강사님의 열정에 대해 진심으로 감사드린다.

책이 출간되고도 글쓰기 모임이 계속 함께 갈 수 있다면 좋겠다는 마지막 바람이 생길 정도로 힐링스페이스 글쓰기는 지난 기억들을 꺼내 나를 뒤돌아볼 수 있게 한 시간이었고, 글을 작성하기 위해 자료수집을 하며 새로운 것들을 탐닉하는 즐거움도 안겨주었다.

초반에는 글쓰기가 어려워 포기할까도 생각해 보았다. (나뿐만 아니라 함께 책을 내기 위해 애쓰는 다른 회원님들에게 민폐가 될 수도 있기 때문에.) 성공하는 사람들에게는 공통점

이 하나 있다는 영상을 어느 날 보았는데 그들의 공통점 세 가지는《1. 하지 말아야 할 것은 절대 하지 않는다. 2. 한다면 한다. 3. 어떤 기분이든 해낸다.》는 것이다. 이왕 글쓰기를 시작하기로 마음먹었으니 나도 완주해야겠다는 생각으로 끝까지 함께하게 되었다. 서툴고 조금은 느리지만 완주해 내는 나의 모습을 상상하며. 황재영

내 속도로 살고 있는 당당한 1인가구들의 이야기

별의별 삶의 온도

1판 1쇄 발행 2025년 11월 30일

지은이   가 온 권태원 김인철 김한준 김현주 남홍선
         박래진 이보영 전윤주 최윤정 황재영
펴낸이   유영택
펴낸곳   도서출판 니어북스
등 록   제2020-000152호
주 소   서울시 송파구 거마로 29
전 화   02-6415-5596
팩 스   0503-8379-2756
홈페이지 https://www.nearbooks.co.kr
블로그   blog.naver.com/nearbooks
이메일   nearbooks@naver.com
디자인   서승연
인 쇄   상지사P&B

ISBN   979-11-991844-3-5 (03810)